Report on Innovation Capacity of National High-tech Zones in China （2021）

# 中国国家高新区创新发展能力研究报告

李小瑛　编著

中国社会科学出版社

## 图书在版编目（CIP）数据

中国国家高新区创新发展能力研究报告.2021／李小瑛编著.—北京：中国社会科学出版社，2022.8

（中社智库年度报告）

ISBN 978-7-5227-0650-4

Ⅰ.①中… Ⅱ.①李… Ⅲ.①高技术产业区—产业发展—研究报告—中国—2021 Ⅳ.①F127.9

中国版本图书馆 CIP 数据核字（2022）第 134790 号

| 出 版 人 | 赵剑英 |
|---|---|
| 责任编辑 | 喻 苗 |
| 责任校对 | 韩天炜 |
| 责任印制 | 王 超 |

| 出　　版 | 中国社会科学出版社 |
|---|---|
| 社　　址 | 北京鼓楼西大街甲 158 号 |
| 邮　　编 | 100720 |
| 网　　址 | http://www.csspw.cn |
| 发 行 部 | 010-84083685 |
| 门 市 部 | 010-84029450 |
| 经　　销 | 新华书店及其他书店 |
| 印　　刷 | 北京明恒达印务有限公司 |
| 装　　订 | 廊坊市广阳区广增装订厂 |
| 版　　次 | 2022 年 8 月第 1 版 |
| 印　　次 | 2022 年 8 月第 1 次印刷 |
| 开　　本 | 710×1000　1/16 |
| 印　　张 | 14.75 |
| 字　　数 | 235 千字 |
| 定　　价 | 79.00 元 |

凡购买中国社会科学出版社图书，如有质量问题请与本社营销中心联系调换
电话：010-84083683
**版权所有　侵权必究**

**全书统稿：**

李小瑛、唐嘉鸿

**各章执笔人：**

第一章　唐嘉鸿

第二章　唐嘉鸿

第三章　谭颖

第四章　徐江

第五章　冉震

第六章　吴俊伟

第七章　黄锦源

第八章　张艳

第九章　谭颖

感谢国家高端智库项目"粤港澳大湾区科技创新发展研究""广州高新区创建粤港澳大湾区社会主义市场经济综合示范区研究"对本书的资助。

# 目 录

**第一章 绪论** ……………………………………………………………（1）

第一节 研究背景 ……………………………………………………（1）

第二节 研究述评和研究意义 ………………………………………（3）

    一 高新区创新能力评价研究 …………………………………（3）

    二 高新区在经济发展中的作用研究 …………………………（4）

    三 高新区发展的影响因素研究 ………………………………（5）

    四 国外科技园区情况 …………………………………………（7）

    五 研究意义 ……………………………………………………（8）

第三节 基本思路与内容安排 ………………………………………（9）

    一 基本思路 ……………………………………………………（9）

    二 内容安排 ……………………………………………………（10）

**第二章 中国国家高新区发展概况** ……………………………………（12）

第一节 国家高新区产生背景与发展历程 …………………………（12）

    一 国家高新区政策的前期探索和第一家国家高新区的

       诞生 …………………………………………………………（12）

    二 国家高新区的发展历程 ……………………………………（13）

    三 国家高新区的新定位——国家自主创新示范区 …………（16）

第二节 国家高新区的空间分布 ……………………………………（17）

    一 早期国家高新区的空间分布 ………………………………（17）

    二 高新区升级及其空间分布变化 ……………………………（18）

    三 当前国家高新区的空间分布特征 …………………………（20）

### 第三节 国家高新区的创新发展 (21)
  一 国家高新区创新投入与产出 (21)
  二 国家高新区创新主体和创新环境 (22)
### 第四节 国家高新区政府管理和发展模式 (23)
  一 政府管理模式 (23)
  二 发展模式 (25)

## 第三章 中国国家高新区创新发展指数体系 (27)
### 第一节 国内外创新发展评价指数 (27)
  一 国外创新指数 (27)
  二 国内创新指数 (28)
### 第二节 国家高新区创新指数体系 (31)
  一 国家高新区创新指数体系的构造 (31)
  二 国家高新区创新指数的计算方法 (39)
### 第三节 国家高新区创新发展 (41)
  一 国家高新区创新发展的总体情况 (41)
  二 三大典型国家高新区的创新发展情况 (52)
### 第四节 本章小结 (56)

## 第四章 中国国家高新区的创新产出分析 (58)
### 第一节 国家高新区创新产出分析 (58)
  一 国家高新区创新产出指数构成 (58)
  二 国家高新区创新产出总体特征分析 (59)
  三 创新产出具有优势的国家高新区分析 (61)
### 第二节 国家高新区创新成果分析 (64)
  一 国家高新区创新成果总体分析 (64)
  二 国家高新区创新成果指数分析 (68)
### 第三节 国家高新区创新企业竞争力分析 (71)
  一 国家高新区创新企业竞争力总体分析 (71)
  二 国家高新区创新企业竞争力指数分析 (75)

第四节　国家高新区创新转化收益分析 (78)
　　一　国家高新区创新转化收益总体分析 (78)
　　二　国家高新区创新转化收益指数分析 (85)
第五节　本章小结 (88)

第五章　中国国家高新区创新要素投入及其对创新产出的影响 (90)
第一节　创新投入产出效应的理论分析 (91)
第二节　国家高新区创新要素投入概况分析 (92)
　　一　国家高新区创新物质资本投入概况 (92)
　　二　国家高新区创新人力资本投入与创新人力资本结构
　　　　概况 (97)
第三节　国家高新区创新要素投入水平评价 (104)
　　一　国家高新区总体创新要素投入水平评价及分析 (104)
　　二　国家高新区创新物质资本投入水平评价及分析 (108)
　　三　国家高新区创新人力资本投入水平评价及分析 (110)
　　四　国家高新区创新人力资本结构水平评价及分析 (112)
　　五　典型国家高新区创新要素投入结构分析 (115)
第四节　基于DEA模型的国家高新区投入产出效率分析 (117)
　　一　DEA模型简介及模型 (117)
　　二　DEA模型应用步骤 (118)
　　三　评价指标体系和决策单元选取 (118)
　　四　实证结果 (119)
　　五　不同类型的创新投入要素对创新产出的异质性分析 (122)
第五节　本章小结 (124)

第六章　中国国家高新区创新环境及其对创新产出的影响 (126)
第一节　创新环境总体描述与分析 (126)
第二节　营商环境 (128)
　　一　政务服务更加高效，四大地区相对均衡 (129)
　　二　政府资金支持力度增强，东部优势依旧明显 (131)

三 东部地区政府硬件支持力度最大，广东、江苏
表现突出 ……………………………………………………（134）

第三节 技术市场环境 …………………………………………（136）
一 国家高新区技术输出金额增加两成，北京中关村
大幅领先 …………………………………………………（138）
二 吸纳技术进一步增长，广东、北京表现突出 ………（140）

第四节 金融环境 ………………………………………………（143）
一 融资金额地区差异较大，北京、广东表现突出 ……（145）
二 风险投资急剧下降，地区发展极不平衡 ……………（147）
三 贷款余额稳步增长，广东表现最佳 …………………（149）
四 创投机构分布不均，东部地区优势明显 ……………（153）

第五节 创新环境对创新产出的影响 …………………………（155）
一 创新环境对创新产出的影响分析 ……………………（156）
二 营商环境、技术市场环境、金融环境对创新产出的
影响及比较 ………………………………………………（157）

第六节 本章小结 ………………………………………………（159）

## 第七章 中国国家高新区创新主体互动及其对创新产出的影响 …（161）

第一节 创新主体互动指数 ……………………………………（162）
一 东部地区创新主体互动指数远高于其他地区，东部
地区指数持续上升，东北地区指数持续下降 …………（163）
二 2019年前20名整体排名变化不大，个别国家高新区
迅猛增长 …………………………………………………（164）
三 头部国家高新区优势现象明显 ………………………（165）

第二节 国家高新区产业集聚 …………………………………（166）
一 产业集聚理论 …………………………………………（166）
二 东部国家高新区企业数量指数显著大于其他地区 …（167）
三 各地区工商注册企业和规模以上工业企业数增速
存在巨大差异，高新技术企业数增速最快 ……………（169）
四 2019年排名前20的国家高新区以珠三角和长三角
地区国家高新区为主 ……………………………………（170）

第三节　产业集群分析 …………………………………… (171)
　　一　东部地区创新型产业集群指数远高于其他地区 ………… (172)
　　二　排名前20的国家高新区主要位于东部地区，深圳
　　　　高新区遥遥领先其他国家高新区 ……………………… (173)
　　三　创新型产业集群发展放缓 …………………………… (174)
第四节　产学研合作分析 …………………………………… (175)
　　一　东部和东北地区产学研合作指数高于中西部地区，
　　　　东部地区产学研合作指数均值逐年上升，东北地区
　　　　产学研合作指数逐年下降 ……………………………… (176)
　　二　产学研合作指数排名前20的国家高新区东部地区
　　　　占一半 …………………………………………………… (177)
　　三　头部国家高新区优势明显，头尾部国家高新区产学研
　　　　合作指数差距明显 ……………………………………… (178)
第五节　案例分析 …………………………………………… (179)
　　一　北京中关村和深圳高新区对比 ……………………… (179)
　　二　2019年无锡高新区的排名快速上升 ………………… (181)
第六节　创新主体互动与创新产出 ………………………… (182)
第七节　本章小结 …………………………………………… (185)

**第八章　京津冀、长三角、粤港澳大湾区和成渝地区国家
　　　　　高新区创新能力比较** …………………………… (186)
　第一节　京津冀国家高新区创新能力概述 ………………… (186)
　　一　总指标情况 …………………………………………… (187)
　　二　分指标情况 …………………………………………… (188)
　第二节　长三角国家高新区创新能力概述 ………………… (190)
　　一　总排名情况 …………………………………………… (191)
　　二　分指标情况 …………………………………………… (192)
　第三节　粤港澳大湾区国家高新区创新能力概述 ………… (195)
　　一　总排名情况 …………………………………………… (196)
　　二　分级指标情况 ………………………………………… (197)

### 第四节 成渝地区国家高新区创新能力概述 (199)
  一 总排名情况 (200)
  二 分指标情况 (201)
### 第五节 四大区域国家高新区创新能力横向比较 (203)
  一 总体比较 (203)
  二 创新环境:四大区域营商环境普遍较优 (208)
  三 创新要素投入:四大区域创新物质资本投入多 (210)
  四 创新主体互动:四大区域创新主体互动各有优势 (212)
  五 创新产出方面:四大区域创新转化收益有待提高 (213)
### 第六节 本章小结 (215)

## 第九章 中国国家高新区创新发展总结 (216)
### 第一节 国家高新区创新发展成效显著 (216)
### 第二节 国家高新区创新发展展望 (218)

## 参考文献 (220)

# 第 一 章

# 绪 论

## 第一节 研究背景

科技革命是现代经济社会的显著特征，创新则是现代经济增长持续不断的源泉。形成于20世纪50年代的美国科技园区——硅谷正是在这样的背景下诞生，并助力美国成为世界超级强国。1978年，中国开启了改革开放的伟大征程。当时北京一大批科研院所科技人员"下海"创办民营高科技企业，形成了中关村电子一条街。1986年3月，王大珩、王淦昌、杨嘉墀、陈芳允等四位老科学家向中央提议跟踪世界先进水平，发展中国高技术。在这样的背景下，1988年5月，经国务院批准，北京市政府成立了以中关村地区为中心的外向型、开放型的新技术产业开放试验区。至此，中国首个高新技术产业开发区（简称"高新区"）诞生。

北京中关村成立不久，国务院在1991、1992年先后批准26、25个国家高新区，初步形成了以东部沿海重点城市、内陆省会城市为主要格局的国家高新技术发展和对外开放的新格局。之后，各省市区陆续成立域内的省级高新区。省级高新区同国家高新区相互配合，共同构成中国20世纪末的高新技术产业发展格局，助推中国高新技术和社会经济发展。

2009年开始，国家一方面开始陆续成立以中关村等老牌高新区为基础的国家自主创新示范区，另一方面，逐渐推动省级高新区升级为国家级高新区。经过十年的发展，形成了遍布全国，集中于京津冀、长江经济带和粤港澳大湾区的169家国家高新区体系（其中62家被赋予国家自主创新示范区）。

现代经济发展得益于科技进步和创新发展。"科学技术是第一生产力"①，"创新是一个民族进步的灵魂，是国家兴旺发达的不竭动力"②。中国党和政府在 20 世纪八九十年代就已认识到科技和创新的重要作用，并制定了 863 计划和科教兴国战略。中国经济经过 40 多年的快速发展，取得了全球瞩目的发展成就。

从 2010 年开始，中国经济增长速度逐渐下行，人口红利逐渐消失，经济从高速增长步入中高速增长，经济结构优化升级，从要素驱动、投资驱动转向创新驱动。同时，一方面，国际上保护主义抬头，国际形势严峻，另一方面，以人工智能、生物技术等为代表的新一轮全球科技革命和产业革命正在进行。在此背景下，党中央、国务院于 2015 年 3 月发文提出创新驱动战略。之后进一步提出供给侧结构性改革与之配合，以推动中国未来经济的高质量发展。

创新驱动离不开产业的发展。中国高新区经过 30 多年的发展，对国民经济和创新驱动做出了重要贡献，成为中国实施创新驱动发展战略的重要载体，在转变发展方式、优化产业结构、增强国际竞争力等方面发挥了重要作用。《中共中央 国务院关于深化体制机制改革加快实施创新驱动发展战略的若干意见》中指出，要打造区域创新示范引领高地，优化国家自主创新示范区布局，推进国家高新区按照发展高科技、培育新产业的方向转型升级，赋予了国家高新区重要使命。

国家高新区创新能力评价是对单个国家高新区全面综合的认知，对于国家高新区实践创新驱动发展，引领区域创新增长有着重要的作用。为此，本研究团队通过借鉴科技部等部门机构的研究报告和文献，结合调研事实和经验情况，设计能够综合反映中国 169 家国家高新区创新能力的指数体系，并通过《中国火炬统计年鉴》《中国城市统计年鉴》等多个渠道收集数据反复计算修正指数结果，力求真实反映中国 169 家国

---

① 1988 年 9 月 5 日，邓小平在会见捷克斯洛伐克总统胡萨克时，提出了"科学技术是第一生产力"的重要论断。

② 《在中国共产党第十六次全国代表大会上的报告：全面建设小康社会，开创中国特色社会主义事业新局面》，载共产党员网，https://fuwu.12371.cn/2012/09/27/ARTI1348734708607117_all.shtml。

家高新区的创新情况，为中国国家高新区落实创新驱动战略发展提供重要参考。

## 第二节　研究述评和研究意义

### 一　高新区创新能力评价研究

科学评价高新区创新能力现状，对中国实施创新驱动发展战略，开启高新区第三次创业具有重要意义。因此，国内已有众多机构和学者尝试构建高新区指数来衡量高新区的发展。

科技部依靠自身的数据优势制定了用于评价高新区综合发展的指标体系。科技部火炬中心先后于1993年、1999年、2004年和2008年4次修订国家高新区评价指标体系，从知识创造和孕育创新能力、产业化和规模经济能力、国际化和参与全球竞争能力、可持续发展能力4个方面对国家高新区进行综合评价。部分高新区管委会基于管理需求也制定和发布了相应的评价指数。1995年，美国硅谷发布了"硅谷指数"反映硅谷创新创业发展情况。2005年，北京市统计局发布了"中关村指数"，其由经济增长指数、经济效益指数、技术创新指数、人力资本指数和企业发展指数5个分类指数构成，综合反映了北京市高新技术产业发展情况和发展水平。

除了管理部门为了自身管理需求制定的评价指标体系外，研究高新区创新发展的学者也做了大量相关工作。学者们的类似研究伴随着高新区的诞生而产生，20世纪90年代，李梦玲、赵希男（1995），陈益升、欧阳资力（1996），张伟（1998）等学者都构建了简单的指标体系，用以评价高新区的创新发展。

伴随着高新区的发展，评价高新区的研究也在与时俱进。吴林海（2003）构建了基于集成创新理论的分析框架，设计了技术创新能力、制度创新能力和支撑创新能力3项一级指标、12项二级指标和40项三级指标的高新区创新能力评价指标体系，运用层次分析法对中国当时的52个国家高新区做了评价。范柏乃（2003）采用文献调研法、专家打分法从技术创新投入、技术创新活动过程和技术创新产出3个层面设计了16项高新区技术创新能力评价指标体系，运用主成分分析法对中国当时的52

个国家高新区的技术创新能力进行评价。闫国庆等（2008）在国内外相关研究成果基础上，设计了创新投入、创新服务、创新环境和创新绩效4个方面共42项指标的国家高新区创新水平指标体系，运用层次分析法对中国当时的53个国家高新区的创新水平进行评价。胡树化等（2013）利用复合物元模型和熵值法评价国家高新区竞争能力的空间差异。王霞等（2014）利用因子分析法与熵值法测算56个国家高新区产城融合指数。党兴华等（2017）从创新投入、创新组织、创新产出和环境支撑4个方面构建国家高新区创新发展综合评价指标体系，对陕西省国家高新区的创新能力进行评价与分析。陈升等（2019）从经济转型出发，从产业集群、创新投入、创新产出、创新环境4个角度构建创新转型指标评价体系，研究重庆市开发区的创新转型能力。

**二　高新区在经济发展中的作用研究**

高新区作为中国政府推动经济发展的政策工具，一直受到学界的关注。高新区是否如政府所愿发挥作用以及发挥什么样的作用，一直是开发区研究的重点议题。

已有研究发现高新区在促进地方投资、经济发展等方面有显著效果。Wang Jin（2013）研究表明开发区在没有挤出国内投资情况下促进了外国直接投资（FDI）增长，并使得工资增长速度超过了生活成本上涨速度。刘瑞明、赵仁杰（2015）使用双重差分法（DID）研究国家高新区对区域经济的作用，发现国家高新区建设显著促进了地区GDP和人均GDP增长。Lu Yi等（2015）研究发现中国特殊经济区（包括经济特区、经开区、高新区）显著提高了区内的就业、产出、资本以及企业数量。Simon Alder等（2016）研究发现中国的国家级开发区设立使得所在城市GDP增长11%—15%。Zheng Siqi等（2017）利用北京、上海等中国八大城市各类开发区数据研究发现开发区能够有效促进当地经济发展、就业、市场繁荣（商业服务大增），国家级开发区比省级开发区效果更加显著。曹清峰（2020）研究发现国家级新区持续带动了区域经济增长。总体而言，高新区作为开发区是地方政府促进投资（包括外资）、加速经济发展和提高人民生活水平的重要政策工具，众多研究已经证实这一点。

不同于经开区，高新区有着特殊的职能——促进科技成果转化、发展高新技术产业。高新区是否有效提升社会经济的创新发展呢？从科技部每年公布的创新发展报告和《中国火炬统计年鉴》数据来看，国家高新区是中国的创新高地、专利高产地带科技型企业集中地，科技投入大、产出高。但是学界的研究讨论争议较多。一方面，部分学者研究发现中国高新区的整体创新效率不高和效应不强。李凯等（2007）发现，中国高新区产业集群效应尚未出现，产业集聚对创新活动并没有显著促进效应。刘满凤、李圣宏（2012）对当时 56 个国家高新区创新效率测算后发现，中国高新区创新效率普遍偏低，创新资源浪费严重。田新豹（2013）认为，高新区发展存在路径依赖，资本投入仍旧是高新区经济发展的主要驱动力，而创新对高新区经济发展的作用不强。另一方面，部分学者研究发现中国高新区技术进步明显，对企业生产率有显著提升作用。程郁、陈雪（2013）研究发现，中国高新区技术进步明显高于其所在省区平均水平，并且创新已经成为高新区经济增长的核心驱动力。顾元媛、沈坤荣（2015）利用 2001—2010 年面板数据考察国家高新区的创新绩效，并比较 2003 年开发区清理前后效果，研究发现在 2003 年清理开发区之前，开发区缺乏产业集群机制，产业集中程度与区域创新产出负相关，而在 2003 年整顿清理之后，产业集中度与区域创新产出显著正相关。李政、杨思莹（2019）基于 2003—2016 年城市面板数据，运用 DID 研究发现国家高新区建设有效提升了城市创新水平。

高新区创新作用的研究差异较大，但研究结论并非完全对立。出现差异的原因，一方面是由于研究样本的时间阶段不一样。中国高新区建设的早期，也确实主要依靠投资驱动发展，走招商引资搞工业园的路径。另一方面也可能是地区差异的影响。谭静、张建华（2018）研究发现，中国中部地区高新区建设对城市全要素生产率（TFP）具有显著的负向影响。而在前文一些研究中，也可以发现东中西部的区域异质性问题。而根据我们报告的结果也可以发现不同高新区的创新水平差距很大，大多数高新区分数不高。关注这些高新区发展差异，进一步研究高新区作用对于完善高新区的相关政策，推动中国实现创新驱动发展具有重要意义。

### 三 高新区发展的影响因素研究

高新区对地方经济和创新发展有重要贡献，是中国实施创新驱动发展战略的重要一环，但是目前针对高新区发展的影响因素研究较为缺乏。目前的相关研究主要是国内外科技园区定性总结以及国内开发区研究，而采用高新区层面详实的宏微观数据，使用计量方法分析高新区发展影响因素的研究仍相对缺乏。

以科研机构为核心的地区禀赋优势是促进高新区发展的重要因素。无论中外的科技园区，无一例外与大学和科研院所有着千丝万缕的联系，科教资源在原始创新与技术供给、技术传播、技术咨询方面扮演着重要角色，同时也是科技园区提供稳定的高素质人才来源（李永周、辜胜胜，2000）。徐珺（2014）总结了国际科技园区成功的多种要素，认为科技园区所在的区域资源禀赋对其发展很重要，这些禀赋主要包括大学和科研机构、基础设施等。

产业选择是高新区发展的重要前提。高新区产业选取的大前提是时代大势下的高技术和新兴产业，但是高新产业是多样多元的，即便是同一个产业，也可以基于产业链、创新链而进行细化选择。徐珺（2014）总结国际上成功的科技园区选择了差异化的特色产业集群发展策略，美国硅谷重点发展信息技术、生物医药产业，印度班加罗尔则专注于软件产业；同时，主要的科技园区积极拥抱全球化进程，利用全球化分工形成本地产业的外延网络。李力行等（2015）以中国经开区为研究对象，研究地区比较优势和产业结构调整，发现如果经开区所设置的目标行业比较符合当地比较优势的时候，经开区的各项指标会有显著提升。

市场规模是高新区发展的又一重要因素。此处的市场规模既可指本地市场规模，也可指本国或全球市场规模。杨本建等（2018）用2003—2007年国家经开区企业面板数据研究城市城区人口密度对经开区的企业生产率影响，实证发现城区人口密度与企业生产率水平呈现"U"形关系。人口密度一定程度上代表着本地的市场规模，一般人口越密集的城市人口规模也越大。城区人口密度越高，本地市场规模越大，对企业生产率的正向影响也越大。张洁和李志能（2001）对比分析美国硅谷和英国剑桥科技园，认为美国硅谷享誉世界，而英国剑桥发展平平的原因在于英国本土规模不大、腹地市场狭小，而同时本土企业开辟国外市场面临诸多风险，一般企业难以承受；美国则国内国际的市场规模都很大。

金融发展和政府支持也是高新区必不可少的发展因素。高新技术产业往往也是高风险产业，缺乏金融业和政府的支持难以发展。李永周和辜胜阻（2000）总结分析国外科技园区经验，认为金融支持可以使园区很快形成规模，加速高新技术的研发，帮助高新技术企业规避市场风险。美国 2012 年风险投资有 40% 在硅谷，风险投资已经成为当今世界科技园区发展成功的催化剂（徐珺，2014）。政府扶持对于科技园区的发展起到催化剂作用以及对于产学研合作有着重要作用（李永周、辜胜阻，2000）。不同国家支持政策不一，美国主要通过国防采购、研发经费补贴等手段进行支付，而日本则采用税收减免、重点产业扶持等方式进行。

### 四　国外科技园区情况

国外科技园区最早出现于 20 世纪 50 年代的美国和苏联（卫平等，2018）。美国硅谷是其中较早建立并享誉世界的科技园区，其位于美国加利福尼亚州旧金山以南，是世界信息技术等高新技术中心，谷歌、苹果等信息行业巨头总部所在。因为硅谷创造了极高社会经济价值而受到各国的推崇，主要发达国家纷纷效仿学习硅谷而在自己国土上建设科技园区。

英国剑桥高技术产业集群是以英国剑桥市为中心的高技术创新活动密集的地理区域。剑桥地区的发展带动了整个英格兰东部区域的发展，使之成为英国经济增长最快的区域之一。法国格勒诺布尔科技园区是法国知名的大学城，也是世界上最大的纳米技术园区之一，世界三大半导体巨头在此布局，园区汇聚了十二家微电子企业和软件企业，三个尖端科学实验室以及格勒诺布尔综合理工大学和傅里叶大学等著名学府。德国海德堡科技园创建于 1985 年，是由海德堡市政府和莱茵奈克工商会共同建设的为专门从事生物技术、医药技术和环境技术研发的公司提供基础设施和管理服务的科技园区；海德堡科技园以生命科学中心著称，与欧洲分子生物实验室、德国癌症研究中心、海德堡大学高分子生物中心、诺尔公司等研究机构和企业合作为中小型生命科学技术公司提供帮助。韩国大德科技园位于韩国中部大田市附近，创建于 1973 年，现已成为韩国最大产学研综合园区，汇聚了众多科研机构和高新企业，以及数万名研发人才，其主要发展光电、航空航天、生物医药等产业。日本筑波科学城是日本政府 20 世纪 60 年代为实现"技术立国"目标而建立的科技园区，其位于东京东北 50 公里处，1974 年，日本政府陆续将 9 个部（厅）所属的 43 个研究机构，共计 6 万余人迁到筑波科学城，形成了以国家研究机构和筑波大学为核心的综合性研究中心。印度班加罗尔软件科技园成立于 1992 年，是印度政府和卡纳塔克邦政府大力支持发展的软件之都，现已成为世界十大硅谷之一。

国际科技园区是在科技革命和全球化背景下逐渐发展起来的，具有显著的时代背景。国外科技园区在发展过程中形成了以下几个特点：科技园区以科技产业或高新产业为发展重点，主要的产业集中在信息技术、半导体、软件、生物技术等新一轮科技和产业革命的重点产业上，同时在全球化背景下形成了全球产业链；科技园区离不开大学和科研院所的支持，一方面，有不少科技园区如美国硅谷、英国剑桥等直接受益于当地的优质大学和科研机构，另一方面，也有一些园区利用同国际国内优秀科研机构的合作来实现创新发展；伴随着科技园区的兴起，风险投资也在崛起，成为支持科技园区发展的金融支撑；另外，科技园区发展的产业具有的高风险性质也使得政府支持成了园区发展壮大必然的选择，美国等西方发达国家主要以国防采购、军民融合、研发补贴等方式进行支持，而中日韩等东亚经济体有更主动的税收减免、土地政策等多种产业政策工具支持。

**五　研究意义**

国家高新区经过 30 多年的发展，在转变发展方式、优化产业结构、增强国际竞争力等方面发挥了重要作用，同时，也是中国推动创新驱动发展战略的重要载体。国家高新区创新指数是高新区创新能力的反映，设计和测算科学的国家高新区指数对于国家高新区创新发展有着重要意义。本研究的主要意义体现在学术价值和政策参考价值两个方面。

学术价值主要体现在两方面：第一，本书以创新理论为基础，科学地选择指标，采用合理的、科学的评价方法，构建了多方面、多层次、多维度的系统指标体系，形成了较为全面的反应高新区创新能力的指标体系，并采用最新的数据测算了全国国家级高新区的创新能力指数。本指标体系可以对中国的高新区创新能力发展进行有效的横向和纵向对比。第二，本书除了反映当前全部 169 家国家高新区综合创新能力的同时，利用计量方法和比较分析方法对影响高新区创新产出的多种因素进行分析探讨，弥补了目前国家高新区创新发展影响因素方面的重经验总结、轻数据分析的缺憾。中国国家高新区从2007年开始快速扩张，进入第三次创业，但是目前对于研究国家高新区发展影响因素的文献比较少，而且更多是经验总结式的研究。而本书第五至七章分别从创新投入、创新环境和创新主体互动三个方面使用计量分析、案例分析等方法研究国家高新区创新发展（创新产出）的影响因素，为现有相关研究提供参考价值。

本书的政策参考价值主要在两个方面。首先，中国高新区数量众多、分布广泛，创新能力差异较大，本书综合反映了全部国家高新区的创新能力情况，并且从创新投入、创新环境和创新主体互动三个方面分析影响高新区创新发展的因素，这对科技部门通过高新区落实创新驱动发展战略促进中国经济发展具有较大的政策参考价值。其次，本书总结分析了高新区发展经验，通过总指数、多级指标指数纵横对比分析各高新区优劣势，为各高新区结合自身情况取长补短，借鉴优秀高新区发展经验提供政策参考价值。

## 第三节 基本思路与内容安排

### 一 基本思路

为了更好反映中国169家国家高新区创新情况，本书主要通过以下基本思路进行创新体系的构建和测算分析：（1）通过借鉴科技部等机构和众多学者发布的报告和文献中的创新指数体系以及计算方法，结合研究团队近几年的园区调研情况，设计科学的、符合现实情况的创新指数体系；（2）我们根据数据的可得性等情况收集数据和适当调整创新指数体系；[①]（3）利用R&D内部经费支出和GDP构建两种权重指数分布对非高新区层面的指标数据进行加权，并对原始数据标准化，之后再加权计算总指数、一级指标指数、二级指标指数结果。

---

① 一般能够在《中国火炬统计年鉴》收集到高新区的相关指标数据，则用该数据，不能则退而求其次，依次尝试收集高新区所在区县、所在城市、所在省份的相应指标数据。

## 二 内容安排

本书共九章内容，具体安排如下：第一章为绪论，论述本书的研究背景及其意义，以及高新区相关研究评述和本书的基本思路、主要内容；第二章为中国国家高新区发展概况，重点阐述国家高新区发展历程和空间分布以及国家高新区的创新发展情况；第三章为中国国家高新区创新发展指数体系，系统论述本指数的设计、指标构成、数据来源和总体计

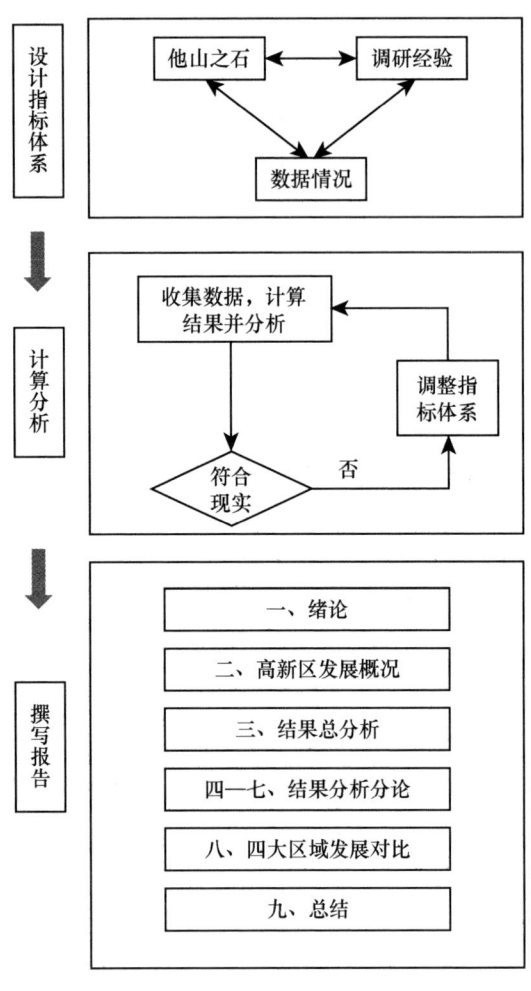

图1-1 国家高新区指数报告基本思路和主要内容

算结果分析等；第四章至第七章为国家高新区创新发展指数的分报告，分别分析创新产出情况、创新投入、创新环境和创新主体互动情况；第八章为中国重点区域创新能力比较研究，通过对比分析中国京津冀、长三角、粤港澳大湾区和成渝地区的国家高新区指数结果，发现中国重点区域国家高新区创新能力特点和短板；最后一章（第九章）为中国国家高新区创新发展总结报告，对全篇内容进行总结。

# 第二章

# 中国国家高新区发展概况

## 第一节 国家高新区产生背景与发展历程

### 一 国家高新区政策的前期探索和第一家国家高新区的诞生

1978年改革开放之后,中国逐步从计划经济向市场经济过渡,面对更加开放的国内外市场,看到发达国家科技园区为产业发展带来的巨大收益,中国开始在北京、深圳等城市相继进行科技园区和企业孵化器的早期探索。1984年,原国家科委在《关于迎接新技术革命挑战和机遇的对策》中提出要制定新技术园区和企业孵化器的政策。次年,中共中央在《关于科学技术体制改革的决定》中提出在有条件的城市试办新技术园区。在党中央的号召下,中科院与深圳政府联合创办深圳工业园,北京市开始探索以中关村电子一条街为核心建立新技术产业园区。

中国第一家国家高新区是北京中关村,成立于1988年,其起源于20世纪80年代初的中关村电子一条街,是中国改革开放的重要成就之一。中关村位于北京市海淀区,是中国科研院所和高等学府集中的重地。1978年3月,全国科学大会在京召开,分管科学教育的时任中共中央副主席、国务院副总理邓小平在会上发表重要讲话,明确指出,科学技术是生产力,知识分子是工人阶级的一部分。在当年年底,党的十一届三中全会宣布实行改革开放。这使得中关村地区广大科技人员感到"春天"的来临,重新燃起科技报国的激情。当时,以中科院物理所的陈春先为代表的一大批科技人员走出科研院所和高等院校,"下海"创办民营高科技企业,逐渐形成了中关村电子一条街。

1985年,党中央发文支持各地方试办新技术园区。在党中央的号召之下，拥有丰富科研资源和良好创业创新氛围环境的北京市政府决定在中关村地区筹备新技术产业试验区。经过三年的筹备，1988年，经国务院批准，北京市人民政府印发《北京市新技术产业开发试验区暂行条例》，宣布"以中关村地区为中心，在北京市海淀区划出100平方公里左右的区域，建立外向型、开放型的新技术产业试验区，在北京市新技术产业开发试验区内注册的高新技术企业可以享受《暂行条例》规定的国家各项优惠政策"。至此，中国第一家国家高新区正式成立，掀开了高新区建设发展的历史新篇章。

**二 国家高新区的发展历程**

（一）初次创业阶段（1988—1998年）

在党中央的号召下，深圳市、北京市带头率先筹备新技术园区，各地也陆续开始筹备。1988年，北京市先行一步，经国务院批准成立了中国第一家国家高新区。3年之后，国务院在各地筹备基础上开始集中批复新国家高新区的设立。1991年，国务院下发《关于批准国家高新区和有关政策规定的通知》，批准了天津滨海高新区等26个国家级高新区的设立。同时，国务院有关部委出台《国家高新区高新技术企业认定条件和办法》《国家高新区若干政策的暂行规定》和《国家高新区税收政策的规定》等政策文件，为高新区的进一步发展做好准备。次年，国务院发文批准增建太原高新区等25个国家级高新区。通过此两次集中批复，奠定了中国国家高新区未来二十年的初步格局[①]，开启了国家高新区的初次创业。

1995年，中共中央、国务院下发《关于加速科学技术进步的决定》，其中提出将国家高新区作为培育和发展高新技术的重要基地，国家视其项目给予优惠。次年，国家科委发布《国家高新区管理暂行办法》，将高新区定位为高新技术产业化的基地，深化改革、对外开放的试验区，科技与经济密切结合的示范区，培育科技实业家、孵化高新技术企业的功能区，并对高新区的管理和高新产业政策进行规范，初步建立了高新区

---

① 1993—2008年间，仅杨凌农业高新区（1997）、宁波高新区（2007）这两个国家高新区被批准设立。

的制度基础。

1988—1998年，又被称为高新区的初次创业阶段。此时，中国改革开放大幕刚刚开启，国家工业基础薄弱、高科技产业几乎空白。因此，各地的国家高新区基本上是通过强抓工业企业、大力发展工业企业来快速形成园区的形态。为了让大量工业企业集聚在此，该阶段高新区的建设主要着眼于打造园区开展生产的硬条件和招商引资，加快形成产业基础和规模经济。

（二）二次创业阶段（1999—2008年）

国家高新区发展的二次创业阶段是跨越20、21世纪的十年（1999—2008年）。为了适应新阶段的发展，1999年，国家科技部下发《关于加速国家高新区发展的若干意见》，从创业环境、创业服务体系、创新创业人才队伍和科技型中小企业等多个方面提出高新区发展的新要求、新政策。科技部于2001年在武汉市召开全国高新区工作会议，首次提出国家高新区"二次创业"的口号，正式开启了国家高新区二次创业的新发展阶段。

2001年中国加入世贸组织（WTO），中国特色社会主义事业进入加速期，同时，中国首批建设的国家高新区也普遍具备了一定的经济基础和产业实力。但是由于初次创业阶段高新区主要走工业园区的道路，对招商引资和工业企业集聚过度重视，使高新区的科技政策没有充分发挥出来，很多高新区的高新技术产业还处于加工制造的价值链低端。为此，科技部于2001年适时提出"二次创业"口号，号召各高新区要从要素驱动转向创新驱动，强调未来高新区要注入更多科技要素，要注重科技成果转化和技术创新应用，真正做到发展高新产业。

在科技部的号召下，全国各地的国家高新区开始引进研发机构、科教资源，营造园区的知识氛围和搭建创新平台、孵化器等，促进科技成果转化，真正走向"科技园区"的发展内涵和目标定位，实现高新区的产业升级。2006年，《国家中长期科学技术发展规划纲要（2006—2010年）》提出，中国高新区建设要深化体制改革，加强软环境建设，努力成为促进技术进步和增强自主创新能力的重要载体，成为带动区域经济结构调整和经济增长方式转变的强大引擎。二次创业期间，中国高新区无论是硬环境还是软环境建设都呈快速发展态势，创新创业环境、创业孵化体系、创新服务体系和风险投资体系都得到了加强，高新区自主创新能力和水平得到提高。2008年，54个国家高新区营业总收入突破6.6万亿元[1]，较2007年增长20%，在国际金融危机中发挥了经济稳定器作用。

（三）三次创业阶段（2009年至今）

2008年国际金融危机是世界经济的重要转折点，也是中国高新区发展的转折点。高新区在过去二十年里发挥了重要作用，从初次创业到二次创业，从最开始的工业园区建设到后来的科技园区建设。从无到有，从有到优，高新区被寄予厚望。2009年，北京中关村被赋予"国家自主创新示范区"的新功能，湘潭高新区从省级高新区升级为国家级高新区。之后，上海张江高新区等40余家优秀高新区被赋予"国家自主创新示范区"牌子，南阳高新区等100余家省级高新区升级为国家级高新区。通过两种升级方式，中国国家高新区从54家增长到169家。2009年开启了国家高新区的第三次创业。

2010年，中国成为全球第二大经济体，面临着从经济大国向经济强国转变。同时，国际形势随着在2008年金融危机之后逐步恢复，但是潜在的不确定性和保护主义并存，国内经济增长放缓，由高速增长走向中高速增长，中国经济进入战略调整期。未来，创新的作用越来越重要，国家对创新，尤其是对自主创新也越来越重视。党的十八大之后，创新成为五大发展理念之首，习近平总书记特别指出创新是"以科技创新为核心的全面创新"[2]。作为重点发展高新技术产业的高新区进入"全面创新"的新阶段。2013年，《国家高新区率先实施创新驱动发展战略共同宣言》标志着国家高新区正式开启全面创新的第三次创业。

在高新区发展的三十余年里，高新区诞生了世界第一个U盘、中国第一台超级计算机、第一根光纤、第一个光传输系统、第一个即时通信软件、第一部国产手机、第一款中文搜索引擎、第一枚人工智能芯片、

---

[1] 数据来自于《中国火炬统计年鉴》。
[2] 《习近平主持召开中央财经领导小组第七次会议强调 加快实施创新驱动发展战略 加快推动经济发展方式转变》，载共产党员网，https://news.12371.cn/2014/08/18/VIDE1408361102729479.shtml。

第一个量子通信卫星，等等。截至 2019 年年底，169 家国家高新区生产总值 12.1 万亿元，占全国 12.3%，汇聚了 7.3 万多家高新技术企业，诞生了华为、腾讯、小米、大疆等一批具有世界影响力的高新技术大企业。2020 年，国务院下发《关于促进国家高新区高质量发展的若干意见》，在新时代对国家高新区未来发展提出新要求，为未来国家高新区提升自主创新水平、全面创新发展指明了方向。

### 三　国家高新区的新定位——国家自主创新示范区

国家高新区经过二十年的发展，取得了重大成就，对国民经济做出了重要贡献。北京中关村、上海张江等优秀高新区长期坚持自主创新，引领中国高新区的创新发展。

2008 年国际金融危机之后，国情世情发生了重大变化，国际政治经济格局深度调整，国内经济因为市场竞争、投资乏力等多方面因素，面临越来越迫切的转型要求，努力实现由要素驱动、投资驱动向创新驱动发展是当前经济的重中之重。同时，后金融危机时代，也是机遇与挑战并存。新一轮科技革命正在孕育，互联网技术正在从零售业向工业制造、交通等多行业深入渗透，人工智能、工业互联网在工业生产、城市智慧管理中广泛应用。在此背景下，一方面国家高新区自身发展面临新一轮机遇和挑战，另一方面，国家也需要通过国家高新区转变经济发展方式。2009 年，国务院率先批准北京中关村建设国家自主创新示范区。

2009—2011 年，国务院先后批准北京中关村（2009 年）、武汉东湖（2009 年）、上海张江（2011 年）率先建设国家自主创新示范区，引领全国自主创新。在前期自主创新示范区建设经验总结基础上，国务院从 2014 年开始陆续批准深圳、广州、天津、成都等国家高新区建设国家自主创新示范区。截至 2019 年，国务院共批准 62 家国家高新区建设国家自主创新示范区。这些自创区基本以早期建设的国家高新区（1992 年及之前的 36 家）为主，带动各省市后期建设的国家高新区共同形成了遍布全国主要城市群（京津冀、长三角、粤港澳大湾区、长江中游、成渝地区）的国家自主创新示范区联动网。

## 第二节 国家高新区的空间分布

### 一 早期国家高新区的空间分布

国家高新区开始于北京中关村，在总结建设经验之后，国务院于1991、1992年集中批准各省市设立国家高新区。1991年共批复同意26家国家高新区设立，主要是以上海等为代表的直辖市、计划单列市和省会城市建设国家高新区。1992年批复同意25家国家高新区设立，主要是以部分省会城市、东部非省会城市建设国家高新区。集中批复之后，国家高新区数量基本没有变化[1]。

尽管中国早期以沿海优先开发开放，沿海经济迅速发展，但国家高新区以各省市政治经济中心优先布局，再以东部优先布局。两次集中审批之后，国家高新区共52家。其中直辖市、计划单列市和省会城市（含自治区首府）共31家高新区，占全部的60%，基本覆盖了全部省市区（西藏、青海和宁夏暂无，而内蒙古自治区以工业重镇包头建设高新区而非首府呼和浩特市）。其余20家高新区（内蒙古包头高新区除外）以东部为主，共11家，东北、中部、西部各3家。因为东部区域省域密集，直辖市、计划单列市几乎全在东部区域（仅重庆例外，1991年重庆是计划单列市、1997年重庆是直辖市），所以总体而言，中国早期的国家高新区分布以东部为主，共25家，西部13家，中部9家，东北7家。从省域来看，除港澳台和内地个别因生态环境、社会经济等因素暂时不发展高新区外，早期国家高新区保证了几乎所有省市区至少有1家国家高新区，非西部区域的省域几乎至少有一个城市拥有国家高新区[2]，而山东省（5家）、江苏省（5家）、广东省（6家）则是国家高新区集中省域，分别代表了中国早期经济发达的三个区域——环渤海区域、长三角区域、珠三角区域。

---

[1] 2009年省级高新区批量升级为国家高新区之前，仅有三家高新区成为国家高新区：1994年中新合作建设苏州工业园，后来苏州工业园纳入国家高新区序列，参照国家高新区政策管理；1997年，陕西杨凌农业高新区设立；2007年，宁波高新区升级为国家高新区。

[2] 直辖市因为是按城市算，仅一个；东部海南省、中部安徽省和山西省分别仅有1家。

以上分析表明，中国早期国家高新区的区域安排主要兼顾地方经济发展情况和区域均衡，以地方经济考虑为主，即在沿海发达区域设立更多的国家高新区，同时保证每个省域至少一家高新区，主要安排在各省市区政治经济中心城市（省会城市）。

## 二 高新区升级及其空间分布变化

国家高新区进入第三次创业阶段后，国家高新区数量也在快速扩张。2007 年，宁波高新区升级为国家高新区。2009 年，泰州医药高新区和湘潭高新区升级为国家高新区。从 2010 年开始至 2018 年，国务院每年集中批准部分省级高新区升级为国家高新区，期间共有 115 家高新区升级为国家高新区。高新区升级同时，北京中关村、上海张江等部分早期高新区开始陆续赋予国家自主创新示范区的新使命、新定位以及新政策。

表 2-1　　　　　　1988—2018 年国家高新区新增数量

| 年份 | 全国 | 东部 | 东北 | 中部 | 西部 |
| --- | --- | --- | --- | --- | --- |
| 1988—2000 | 54 | 25 | 7 | 9 | 13 |
| 2007—2013 | 61 | 24 | 8 | 15 | 14 |
| 2014—2018 | 54 | 21 | 1 | 20 | 12 |
| 总计 | 169 | 70 | 16 | 44 | 39 |

资料来源：根据 2018 年发改委、国土资源部等六部门发布的《中国开发区审核公告目录》（2018 年版）整理。

省级高新区升级可以分为两个阶段：2007—2013 年、2014—2018 年。2007—2013 年期间，共有 61 家省级高新区升级为国家高新区，其中东部新增 24 家、东北 8 家、中部 15 家、西部 14 家。这一时期各区域增加数量与早期高新区分布相似（东部 25 家、东北 7 家、中部 9 家、西部 13 家）。东部区域除陆域面积较小的省市外，其余省域至少各新增 3 家国家高新区，其中又以江苏省新增最多（6 家）。东北区域仅辽吉黑三省，新增主要集中在辽宁省（4 家）、吉林省（3 家），而黑龙江省仅 1 家。中部区域共 6 省，除山西省外，各省新增 3 家国家高新区。西部地区省域国家高新区增加数量也基本均衡，除直辖市重庆和西藏自治区外，其余省区至少新增1家国家高新区，四川、宁夏、新疆各新增2家国家高新区，西部科技重镇陕西省新增国家高新区3家。

2014—2018年期间，共有54家省级高新区升级为国家高新区，与前两个阶段数量相近，其中东部新增21家、东北仅1家、中部新增20家、西部新增12家，与前一阶段相比，东北地区新增国家高新区数量明显减少，而中部持续增长，西部和东部基本持平。东部区域新增情况与前一阶段相比，主要是河北省没有新增国家高新区，其余省市与前一阶段相似，江苏省（7家）、广东省（5家）和山东省（4家）新增最多。东北区域则仅新增辽宁省锦州高新区1家。中部区域在该阶段非均衡新增，主要是湖北省（7家）和江西省（5家）新增最多，其余省份平均新增2家（共8家）。西部区域各省市区平均新增1家，主要以四川（4家）、重庆（3家）新增最多，云南、内蒙古、广西、贵州、陕西各新增1家国家高新区。

2009年开始，国务院陆续批准60余家国家高新区建设国家自主创新示范区，给予相应支持政策促进自主创新。2009年，国务院批准北京中关村、武汉东湖两个高新区创建国家自主创新示范区。2011年，国务院批准上海张江建设国家自创区。经过3年前期的建设，总结经验之后，国务院从2014年开始集中批准天津、南京、苏州等多个国家高新区创建自创区。自创区虽然是在高新区基础上创建，但是还是有所不同，其有两种建设模式，一种是以单个城市（直辖市或副省级城市）的高新区为自创区，如北京中关村、重庆高新区、成都高新区等，另一种则是以省域为单位，将省内主要国家高新区"打包"协同建设自创区。中国目前的自创区主要以后一种模式来创建。

自创区的空间分布与中国经济格局相匹配，以沿海区域（含辽宁省）或中西部发达区域为主，同时，自创区又与中国国家级城市群相契合。在东部沿海区域（含辽宁省），除河北省和港澳台外，各省市均形成以省会城市与计划单列市组合的自创区；中部地区，除山西外，类似于东部地区形成以省会为中心的自创区组合；而东北地区，除位于沿海的辽宁省外，无自创区；在西部区域，集中在直辖市、副省级省会城市（重庆市、成都市、西安市）和"一带一路"上的兰州市、乌鲁木齐市。从城市群、城市带角度分析，中国正在逐渐形成"两横三纵"① 的城市群体系，而国家自创区主要位于沿海经济带和长江经济带上，少量位于京哈—京广通道、陆桥通道上。

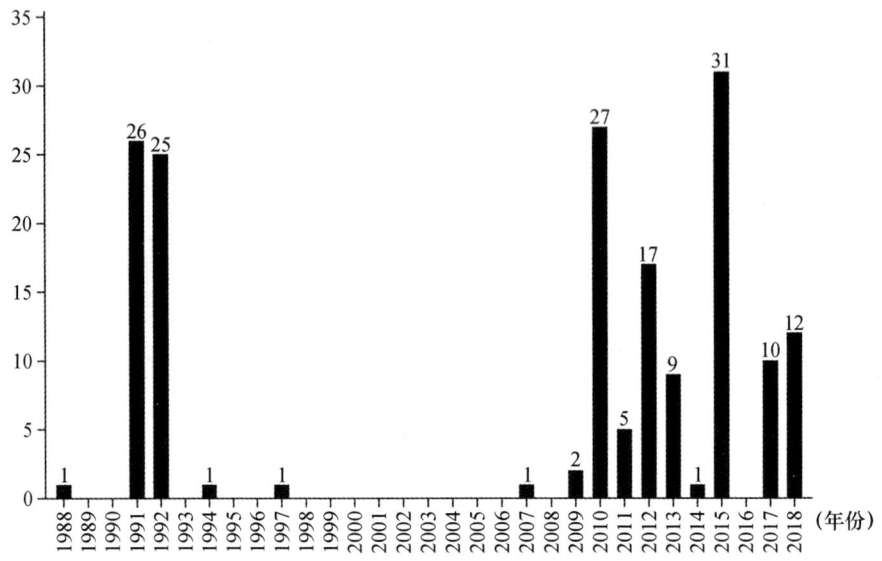

图 2-1　1988—2018 年国家高新区年新增数量

### 三　当前国家高新区的空间分布特征

中国国家高新区经过 1988—2000 年、2007—2013 年、2014—2018 年三个阶段逐步形成今天的 169 家国家高新区和其中 62 家以国家高新区为基础建设国家自主创新示范区。当前中国国家高新区有以下几方面的空间分布特征。

国家高新区的布局考虑兼具地方经济发展程度和区域均衡。众所周知，东部沿海区域是中国最发达的区域，京津冀、长三角和粤港澳大湾区是中国最核心和成熟的三大城市群，次之是中部和东北区域，西部地区则属于欠发达区域。在每次数量扩张阶段，国家高新区都是以东部占优、兼顾中西部为主进行空间布局。而在各自区域内部，东部以山东、江苏、广东等经济大省为布局重点，同时兼顾其他省份；中部则以湖北

---

① 两横：长江通道、陆桥通道；三纵：沿海通道、京哈—京广通道和包昆通道。

为布局重点，兼顾其他省份；西部以四川、重庆和陕西等西部经济良好省市为布局重点，兼顾其他省区；东北以沿海发达省份辽宁为重点，兼顾其他省份。

国家高新区空间布局与中国"两横三纵"的城市空间布局相一致。改革开放发展四十年，中国基本形成了以长江通道、陆桥通道为两横，沿海通道、京哈—京广通道和包昆通道为三纵的城市空间布局，其中又以沿海通道和长江通道为主。当前169家国家高新区主要集中在沿海通道和长江通道，又集中分布于京津冀（沿海），长三角（长江、沿海），粤港澳大湾区（沿海），长江中游（长江）和成渝双城地区（长江）的五大城市群中；其次是分布在陆桥通道和京哈—京广通道。

## 第三节 国家高新区的创新发展

国家高新区创新发展30多年，已成为国家创新发展的重要平台和创新增长的重要引领，对中国社会经济和技术进步有着突出贡献。根据科技部《2019年国家高新区创新发展统计分析》，2019年，169家国家高新区生产总值达到12.1万亿元，占全国比重达12.3%；国家高新区企业R&D人员264.1万人，折合全时当量182.0万人年；每万名从业人员中R&D人员为822.1人年，是全国平均水平的13.8倍；企业共拥有发明专利85.8万件，拥有境内发明专利74.0万件，占全国发明专利拥有量的38.4%；国家高新区企业认定登记的技术合同成交金额达到6783.9亿元，占全国技术合同成交额的比重为30.3%；169家国家高新区中属于高技术产业的企业达73679家，占国家高新区企业总数的52.2%，比上年提高2.3个百分点；从业人员达931.6万人，占国家高新区从业人员总数的42.1%。

### 一 国家高新区创新投入与产出

国家高新区一直以来是中国创新投入集中地，是中国推动创新驱动发展战略的重要一环。2019年，169家国家高新区R&D经费内部支出共8259亿元，占全国R&D经费支出的37.2%；从事科技活动人员465.9万人，占国家高新区全部从业人员的21.1%，其中研发人员264.1万人，折合全时当量为182万人年；每万名从业人员中研发人员折合全时当量822.1人年，是全国的13.8倍；从业人员中具有本科以上学历的为841.1万人，占全部从业人员总数的38%。

专利是创新产出的重要表现，近几年国家高新区专利产出快速增长，正逐渐成为专利产出的高地。2019年，国家高新区企业专利申请共77.9万件，其中发明专利申请41.1万件，占全国发明专利申请总数的28.6%；专利授权数为47.6万件，其中发明专利授权数16.6万件，占全国发明专利授权数的37.4%。

国家高新区在实现创新经济价值方面取得显著成效，较好地推动了科技成果转化。2019年，国家高新区企业研发的新产品产值达8.2万元，新产品销售收入8.7万元，分别比上年增长1.9%和7.1%，其中新产品销售收入占产品销售收入的31.8%。技术合同交易活跃，2019年国家高新区企业认定登记的技术合同成交金额达6783.9亿元，占全国的30.3%。企业技术性收入达到4.7万亿元，比上年增长20.5%，技术性收入占营业收入比重的12.3%。

## 二 国家高新区创新主体和创新环境

企业是创新成果转化，实现创新驱动发展的关键主体。2019年，169家国家高新区入统企业141147家，其中大型企业4764家，占比3.4%，中型企业18263家，占比12.9%，小型企业80667家，占比57.2%，微型企业37453家，占比26.5%。国家高新区企业是从事创新活动的高地，52.2%的入统企业属于从事高新技术产业的企业，其中又以高新技术服务企业为主，5.6万家企业属于高新技术服务企业，1.8万家属于高新技术制造企业。这些企业不仅是新产品的生产者，也是研发环节的主要参与者。截至2019年年底，国家高新区共有企业技术中心1.4万家，其中经国家认定的企业技术中心790家，占全国企业技术中心（含分中心）的48.3%。

国家高新区始终坚持园区创新环境打造，营造出鼓励创新、促进创新、保护创新的园区环境和氛围。国家高新区积极做好知识产权服务和保护工作，截至2019年，169家国家高新区中84家被国家知识产权局认定为试点（示范）园区，另有19家高新区成为国家知识产权服务业集聚发展试验区。国家高新区加强原始创新工作。2019年，国家高新区共有各类大学1052所，研究院所3893家；博士后科研工作站2481个，其中国家级1447个，累计建设国家重点实验室370个、国家工程研究中心109个（包括分中心）、国家工程技术研究中心248个、国家工程实验室160个、国家地方联合工程研究中心436个。国家高新区努力提升创新创业公共服务，加强技术转化工作。2019年，国家高新区拥有国家级科技企业孵化器639家，科技企业加速器775家，科技部备案的众创空间912家，累计建成技术转移机构1876个，其中经国家认定的国家技术转移示范机构314个。

## 第四节 国家高新区政府管理和发展模式

### 一 政府管理模式

不同于境外科技园区，中国高新区是地方政府促进技术转化和高新产业发展的重要政策区域。因而，政府会设立管理机构对辖区内高新区进行管理，这类机构一般是管委会，为各城市政府的派出机构。高新区既执行科技产业政策，也具有一定土地管辖范围，科技产业政策涉及上级科技管理部门，土地管辖区域涉及区县或镇街一级行政区政府。根据管委会与上级科技部门和所在行政区政府三方关系，可以概括为以下三种政府高新区管理模式。

最普遍的管理模式是设置单独的管委会对高新区进行管理。这类模式又根据管委会与所管辖区域的基层政府（镇街）关系分为协调模式和托管模式。协调模式是指管委会仅执行高新政策，辖区内财务、民政等地方事务由高新区所在行政区政府管理，高新区可就有关问题同行政区政府协调沟通。此类管委会结构精简，目标明确，但是权限不大，同行政区政府也会存在一定发展矛盾。后者则是通过托管辖区内的镇街，成为城市政府的非正式行政区。此类管委会一方面不存在行政区完整的一级政权机构（如人大、政协），另一方面拥有行政区政府权限，设置机构众多，管辖权限广泛，拥有更多资源支持高新区发展。在中国早期高新区建设中，协调模式是主要模式。随着部分高新区发展范围扩大，同时高新区与行政区矛盾冲突，托管模式逐渐占了上风。

第二种管理模式是高新区与行政区合署办公体制。高新区辖区范围一般不大，托管模式下的高新区管委会有时也会受制于辖区范围。而少数高新区将管委会同辖区所在的区县政府合二为一，实行合署办公，从而扩展高新区范围。采用合署办公模式的高新区并不多，广州黄埔区、江门江海区、苏州虎丘区和青岛崂山区是代表。此类模式拥有比较广阔的发展空间，以及强有力的政府支持系统，同时很大程度上化解了功能区和行政区矛盾冲突。但是此类模式有利有弊，行政区管辖范围广泛，事务众多，机构庞杂，一定程度上不利于专注于高新产业发展。广州黄埔区在早期发展中逐渐形成开发区和行政区合署办公模式。2005年，广州市设立萝岗区将各类开发区划归到萝岗区，实行广州黄埔区、广州经开区、广州高新区等合一体制。同时，黄埔区精简区一级机构，专注于利用好政府体制围绕产业发展服务区内的企业，创造了全国数一数二的成绩。并非所有合署办公模式都有较好的发展。青岛高科园最初以青岛市崂山县中韩镇为范围发展，之后青岛市以中韩镇等乡镇设立青岛市崂山区，高科园同崂山区合署办公。原本寄希望于以行政区的资源支持高新区发展，扩大发展范围，但是青岛高科园却日益被边缘化，导致长期因创新投入不足难以实现发展转型。一方面，青岛崂山区除中韩镇外，其余乡镇经济比较困难，难以带动；另一方面，作为崂山风景区所在地，生态管理和产业发展出现了冲突，在合一的体制下兼顾两者比较困难[①]。

最后一种发展模式是管委会和城市科技部门合署办公模式。这类模式特别少，目前仅北京中关村、深圳高新区等是如此。两家高新区都是中国最早发展的高新区，早期实行最普遍的管委会协调模式。在发展的过程中，两家高新区范围逐渐扩大，将各个区县高新区纳入国家高新区范围，将其作为分园发展。高新区分园一般进行属地管理，由所在的区政府派出管委会进行管理，国家高新区管委会协调管理。因此，中关村和深圳高新区管委会更多工作是协调各部门服务于高新区企业发展。深圳高新区管理体制改革较早。2009年，深圳高新区办公室同市科工贸信委合并，下设高新发展处。2012年深圳整合资源成立科技创新委员会作

---

① 程郁、吕佳龄：《高新区与行政区合并：是体制复归，还是创新选择？》，《科学学与科学技术管理》2013年第6期，第93—103页。

为科技主管部门，加挂"深圳市高新区管委会"牌子，同样下设高新发展处。深圳市处于改革开放前沿地区，市场制度完善，更多依靠市场发展高新产业，政府做好服务工作。因此，深圳市政府实行"小政府—大社会"，将高新区管理部门同主管部门（科技创新委员会）合署办公，从政策本位出发制定高新发展政策，而各分园则由各区直接管辖。北京中关村也是一区多园，各分园由所在区县政府管理，中关村管委会则起到协调各方的作用。2021年4月，北京市政府决定中关村管委会同北京市科创委合署办公，从而使中关村管委会更专注于做好政策供给和协调事务，而各分园更专注于属地管理。

**二　发展模式**

中国国家高新区众多，地域特色多样，可以说并没有比较标准的发展模式可供参考。本书以北京中关村、上海张江等主要的国家高新区的发展案例进行分析，总结出以下几种发展模式以供参考。

第一种发展模式是依托良好区位优势和丰富科教资源发展高新区。由于区位优势和科教资源的稀缺性，这类高新区不多见。北京中关村和上海张江是典型案例。两者位于中国最发达的一线城市北京和上海，北京中关村拥有中科院系统下众多科研院所和北大清华等多所一流高等学府，上海张江则靠近上海交通大学、复旦大学等优秀高校。丰富的科教资源为这类园区提供了大量潜在可利用的新技术，并为这些新技术的开发应用输出源源不断的各类人才。同时，良好区位优势集聚人口，形成市场规模，为企业创新创业提供良好的市场环境。这类高新区所在的城市政府充分利用自身优势和改革开放政策，为科研机构搭建科技成果转化平台，为创业者搭建孵化器、众创空间等创新创业平台，建立良好的风投融资环境，从而衍生出一批大中小高技术、创新型企业。

第二种发展模式是深化对外合作，依托自身优势承接国际和港台产业转移发展高新区。这类高新区以改革开放中拥有对外开放优势的沿海区域高新区为主，苏州、无锡等高新区是典型代表。在经济全球化背景下，中国改革开放后率先在拥有先天优势的沿海地区设立对外开放城市，充分吸引港台资本和外资发展工业。在此背景下，通过外资消化吸收国际先进技术从而实现创新发展是这类高新区发展崛起的典型特点。上海张江高新区除了利用自身科教优势外，还积极承接集成电路、生物医药、软件等全球转移产业，通过引进众多大型跨国公司入驻辐射带动园区发展。苏州、无锡等苏南地区高新区则主要承接中国港台地区以及日韩等国的制造业转移发展高新产业。这类高新区以土地、税收等优惠政策和劳动力、区位交通优势吸引国际大型制造业入驻，建设生产基地，形成企业空间聚集，同时引导本地民间资本为大型制造业企业配套的民营企业，以此吸收技术、加速扩张形成经济规模，最终实现高新区的向好向优发展。

第三种发展模式是以创新创业文化和完善市场制度为核心的发展模式。深圳高新区是这类发展模式的典型案例。深圳市在改革开放前是一座小县城，依靠香港特区的区位优势和改革开放的春风从几乎一穷二白快速发展成为中国一线城市。深圳发扬改革开放精神，先试先行、敢闯敢干，依托香港资源对接国际市场，吸引众多创业者到深圳打拼。在此过程中，逐渐形成开放包容、崇尚竞争、勇于创新的创新创业文化和较为完善的市场制度。深圳市政府依靠良好的创新创业氛围，大力支持发展高新产业，发展高新区。创新创业文化和市场环境促进新技术快速转化为新产品，大量的科技型初创企业诞生，这样吸引了北京等原始创新中心地带的科技人员到深圳发展高新产业。深圳市高新区顺势而为，通过引进中科院、北大和清华等一流研究机构，从而建立起同北京等技术中心的联系，从而弥补了自身科教资源缺乏的劣势。依靠创新创业文化和市场制度，深圳高新区培育了一批以科技人员、外来移民为创业主体，拥有技术领先优势的中小型创业企业，其中华为、中兴、腾讯等正是依托深圳逐渐成长为现在的国际大企业。

最后，部分高新区依靠招商引资等方式走传统工业园道路发展，这类发展模式以二三线城市的高新区为代表。这些高新区所在城市偏远，经济相对落后，资源吸附能力较弱，科教资源匮乏，其主要是通过招商引资等方式来承接国内沿海地区制造业转移以及部分国际产业转移，通过集聚一批以传统制造业为主的工业企业，走工业园区道路发展园区。这类园区的产业科技含量偏低，企业以国有或中小型制造业民营企业为主，缺乏创新创业氛围，科技创业企业较少。

# 第 三 章

# 中国国家高新区创新发展指数体系

## 第一节 国内外创新发展评价指数

### 一 国外创新指数

创新指数是客观反映一个国家或地区综合创新能力状况的主要指标，是创新能力的一种定量表达形式，已成为探索区域创新发展路径与对策的重要依据。[①] 在国外，创新能力评价自20世纪90年代以来逐渐兴起，国外组织或机构开始并持续对本地区及世界发达地区的创新能力进行评价排名，如全球创新指数、欧盟创新记分牌、全球知识竞争力指数、硅谷指数等。

全球创新指数（Global Innovation Index，GII）是世界知识产权组织、康奈尔大学、欧洲工商管理学院于2007年共同创立的年度排名，在全球范围内纳入其创新能力评价的经济体已多达130多个。该评价指标体系基于创新投入—创新产出理论而构建，并一直沿用至今。从最新发布的《2020年全球创新指数报告》发布的指标体系来看，共包括7个一级指标，21个二级指标和82个三级指标。一级指标分别为制度、人力资本和研究、基础设施、市场成熟度、商业成熟度、知识和技术产出、创意产出，其中前五个为创新投入性指标，后两个为创新产出性指标。

欧洲创新记分牌（European Innovation Scoreboard，EIS）是欧盟委员会为评估和比较成员国创新能力、比较欧盟成员国创新的优势与不足而

---

① 胡海鹏、袁永、廖晓东：《基于指标特征的国内外典型创新指数比较研究》，《科技管理研究》2017年第37卷第20期，第72—76页。

设立的。欧盟创新记分牌被公认为是目前规范程度最高的国家创新能力测度方案，数据主要来源于欧盟委员会的创新调查、欧盟统计局、OECD和文献数据库。自2001年创立以来，该指标体系不断在修正完善，从早期2001—2004年间关注人力资源、知识创造、知识传播与创新财政，到2005—2007年间关注创新投入与创新产出，到2008—2018年间重点关注创新驱动、企业创新和创新产出。在《欧盟创新指数报告（2020）》中，创新指数框架确定了制度条件、创新活动、投资和影响4个一级指标；10个二级指标，如人力资源、科研体系、资金支持、企业投入、创业与合作、知识产权、创新性企业和经济效益等；三级指标则有28个。

全球知识竞争力指数（World Knowledge Competitiveness Index，WKCI）由英国咨询机构罗伯特·哈金斯协会制定与发布，以全球主要城市为中心的地区知识竞争力的理论框架和模型。该指标选择全球主要都市（圈）为评估对象，评测这些区域的知识创新竞争力指数并依此排名。WKCI报告自2002年起开始发布，不过仅更新到2008年的数据。WKCI报告评价指标体系由人力资本、知识资本、金融资本、地区经济产出和知识可持续性5个一级指标，19个二级指标。

硅谷指数（Silicon Valley Index）是由硅谷联合投资1995年首创，后与硅谷社区基金会联合制定并发布。该指数包含人口、经济、社会、空间和地方行政等，是综合性区域发展评价的代表性指数报告。自2006年以来，硅谷指数注重关注硅谷社会发展、经济增长、创新驱动和政府治理等方面，包括5个一级指标，15个二级指标，79个三级指标。其中一级指标包括人力资源、创新经济、社区、生活场所、地区治理；二级指标包括人口流动和变动、就业、收入、创新创业、商业空间、早期教育、文化艺术、医疗保健、安全、生态环境、交通、住房、税收等。

## 二 国内创新指数

国内创新能力评价始于党的十八届三中全会提出建立的创新调查制度。随后，中共中央 国务院相继发布《中共中央 国务院关于深化体制机制改革加快实施创新驱动发展战略的若干意见》《国家创新驱动发展战略纲要》《"十三五"国家科技创新规划》等多份政策文件，其中均提及完善以创新为导向的评价体系。目前国内研究并发布的权威创新指数有：中国创新指数、国家创新指数，以及中关村指数、张江指数等。

2012年，国家统计局社科文司《中国创新指数研究》（China Innovation Index，CII）课题组研究设计了评价中国创新能力的指标体系和指数编制方法，并对2005—2011年中国创新指数进行了初步测算。中国创新指数包括4个一级指标，包括创新环境指数、创新投入指数、创新产出指数、创新成效指数，26个二级指标，所有指标均为定量指标。

中国科学技术发展战略研究院自2011年开始发布《国家创新指数报告》，对40个主要国家的创新能力进行评价。中国科学技术发展战略研究院是中华人民共和国科技部直属事业单位。借鉴国内外关于国家竞争力和创新评价的相关理论与方法，国家创新指数围绕创新考察了知识创造、知识产出再到商业化应用的整个过程。其指标体系以定量统计指标为主，定性调查指标为辅，确定了创新资源、知识创造、企业创新、创新绩效和创新环境5个一级指标，二级指标包括20个定量指标和10个定性指标，主要强调创新规模、质量、效率和国际竞争能力等。

国内区域性创新指数主要有两个，即"中关村指数"和"张江指数"。为了解北京市高新技术产业发展状况，2005年北京市统计局首次公开发布了中关村指数。2020年，中关村指数设计了创新引领、双创生态、高质量发展、开放协同、宜居宜业5个一级指标，11个二级指标。"张江指数"是《上海市科教兴市统计指标体系》的研究成果，定量反映张江园区自主创新的综合情况。"张江指数"指标的设计主要考虑从创新环境、创新主体、创新人才、创新投入、创新成果和创新水平6个方面共22个指标来综合反映张江园区的创新能力和水平。

表3-1　　　　　　　　　国内外创新指数比较

| 创新指数 | 发布机构 | 指标框架 | 主要特点 |
| --- | --- | --- | --- |
| 国外创新指数 ||||
| 全球创新指数 | 世界知识产权组织、康奈尔大学、欧洲工商管理学院 | 制度、人力资本和研究、基础设施、市场成熟度、商业成熟度、知识和技术产出、创意产出 | 以创新投入—创新产出为框架 |

续表

| 创新指数 | 发布机构 | 指标框架 | 主要特点 |
|---|---|---|---|
| 欧盟创新记分牌 | 欧盟委员会 | 制度条件、创新活动、投资和影响 | 重视创新产生的实际绩效 |
| 全球知识竞争力指数 | 英国咨询机构罗伯特·哈金斯协会 | 人力资本、知识资本、金融资本、地区经济产出和知识可持续性 | 强调知识创新以及转换为经济价值的能力 |
| 硅谷指数 | 硅谷联合投资、硅谷社区基金会 | 人力资源、创新经济、社区、生活场所、地区治理 | 综合社会发展、经济增长、创新驱动和政府治理等方面 |
| 国内创新指数 ||||
| 中国创新指数 | 国家统计局社科文司 | 创新环境指数、创新投入指数、创新产出指数、创新成效指数 | 以创新过程为评价框架 |
| 国家创新指数 | 中国科学技术发展战略研究院 | 创新资源、知识创造、企业创新、创新绩效和创新环境 | 基于创新链的各个环节评价,关注创新环境的定性评价 |
| 中关村指数 | 北京市统计局 | 创新引领、双创生态、高质量发展、开放协同、宜居宜业 | 围绕创新创业和高新技术产业发展构建评价框架 |
| 张江指数 | 上海市委 | 创新环境、创新主体、创新人才、创新投入、创新成果和创新水平 | 反映原始创新、二次创新、集成创新 |

资料来源:根据国内外创新指数资料整理绘制

综合国内外权威的创新指数比较分析来看,当前创新指数的指标体系构建主要有以下特点:一是创新指数评价的对象主要是国家或主要经济体为单位,或者是以特定园区为考察对象;二是主要基于"创新投入—创新产出"为基础的创新过程构建创新能力评价框架。其中创新投入主要包括基础设施、创新主体、人力资本、知识资本、金融资本、企业创新等,创新产出则主要考量知识与技术的产出、地区经济的产出、文化创新的产出等;三是加大对创新环境的评价,主要包括政治制度环境、营商监管环境、商业市场环境以及文化环境等几个方面,评价数据通常以定量为主、定性为辅;四是重视创新产出中对创新产生的绩效和影响,如全球创新指数中考察了创意产品和服务、网络创造、知识传播和知识的影响等,欧盟创新记分牌重点考量了创新带来的就业影响和销售影响。

目前,国内专门针对国家高新技术开发区横向比较的创新指数评价体系较为缺乏。国家高新区是中国以发展高新技术为目标,知识与技术密集、制度环境开放、资金支持雄厚的集中区域,代表着中国创新发展的最前沿。如"中关村指数"、"张江指数"等创新指数虽然是针对国家高新技术园区的创新评价,但仅仅聚焦于特定的园区,且创新指数的指标构建具有明显的地方色彩,突出了所评价园区的特色和优势。因此中关村指数、张江指数等只适合纵向比较,不适合作为全国范围内国家高新区创新能力评价的创新指数。基于此,本书提出建构国家高新区创新指数。

## 第二节　国家高新区创新指数体系

### 一　国家高新区创新指数体系的构造

本书提出的高新区创新指数仍然采用"创新投入—创新产出"的创新全过程作为创新指标体系的基本框架,设置了4个一级指标,12个二级指标,39个三级指标。其中一级指标包括创新要素投入、创新环境、创新主体互动、创新产出四个方面。

(一)高新区创新指数体系的设计原则

为了全面、客观、准确地反映中国高新区在创新方面的实际发展状况,构建中国高新区创新指数体系应遵循以下基本原则:

1. 科学性原则

高新区创新指数的构建应以创新理论为基础,科学的选择指标,并采用合理的、科学的评价方法。选取的指标必须是能够通过观察、测试或评议等方式得出明确数据的定性或定量指标,较为客观与真实地反映高新区创新发展的情况。

2. 层次性原则

创新发展是一个多方面、多层次、多维度的系统,高新区创新指数的构建也应该是多层次结构的组成,反映出创新发展各层次的情况,以从不同方面反映高新区创新发展的实际情况。

3. 可比性原则

高新区创新指数要能够对不同高新区的创新能力进行横向比较，以了解中国各区域创新发展的特点。在选取指标时，应明确每个统计指标的含义、口径和使用范围等，尽量标准化以确保指标的可比性。

4. 动态性原则

创新活动是一个动态变化的过程。高新区创新指数应既能反映当前的创新水平又能反映未来的发展趋势，以便持续跟踪高新区创新能力的发展与变化。同时，还应根据创新发展趋势与环境的变化，不断完善指标体系。

5. 可操作性原则

高新区创新指数应尽量选取具有共性的综合指标，数据应方便获取且可量化，确保数据的真实有效性和可操作性。同时，指标测算方法应便于测算，以提高评价的可操作性。

（二）指标简介

高新区创新指数体系选取了创新要素投入、创新环境、创新主体互动和创新产出4个维度来综合评价高新区创新发展情况，构建了包括4个一级指标、12个二级指标、39个三级指标的高新区创新指数体系，具体指标如表3–2所示。

表3–2　　　　　　　国家高新区创新指数体系

| 一级指标 | 二级指标 | 三级指标 |
| --- | --- | --- |
| 创新要素投入 | 创新物质资本投入 | 研发经费内部支出 |
| | | 科技活动经费占工业总产值比重 |
| | | 每万人科技活动人员科技活动经费 |
| | | 当年实际使用外资金额 |
| | 创新人力资本投入 | 科技活动人员 |
| | | 年末从业人员 |
| | | 留学归国人员与常驻外籍人员 |
| | | 研发人员全时当量 |
| | 创新人力资本结构 | 科技活动人员占年末从业人员比重 |
| | | 大专以上学历人员占年末从业人员比重 |

续表

| 一级指标 | 二级指标 | 三级指标 |
| --- | --- | --- |
| 创新环境 | 营商环境 | 地方政府公共预算支出中科学技术支出 |
| | | 政府网上办事绩效指数 |
| | | 高新区核准面积 |
| | 技术市场环境 | 输出技术成交金额 |
| | | 吸纳技术成交金额 |
| | 金融环境 | 年度A股直接融资额 |
| | | 年度风投金额 |
| | | 年末金融机构人民币各项贷款余额 |
| | | 创投机构数量 |
| 创新主体互动 | 企业数量 | 工商注册企业数 |
| | | 规模以上工业企业数 |
| | | 高新技术企业数 |
| | 创新型产业集群 | 创新型产业集群营业收入 |
| | | 创新型产业集群年末从业人员数 |
| | 产学研合作 | 大学科技园数量 |
| | | 高等院校和科研院所数量 |
| | | 国家级创新平台数量 |
| 创新产出 | 创新转化收益 | 营业收入 |
| | | 净利润 |
| | | 上缴税收 |
| | | 技术收入 |
| | 创新成果 | 当年专利授权数 |
| | | 新产品开发项目数 |
| | | 发明专利授权数 |
| | | 实用新型专利授权数 |
| | 创新企业竞争力 | 独角兽企业数 |
| | | 瞪羚企业数 |
| | | 主板上市企业数 |
| | | 创业板和科创板上市企业数 |

第一，创新要素投入方面，包括创新物质资本投入、创新人力资本

投入、创新人力资本结构 3 个二级指标。具体通过研发经费内部支出、科技活动经费占工业总产值比重、每万人科技活动人员科技活动经费、当年实际使用外资金额、科技活动人员、年末从业人员、留学归国人员与常驻外籍人员、研发人员全时当量、科技活动人员占年末从业人员比重、大专以上学历人员占年末从业人员比重等三级指标来衡量国家高新区创新要素投入方面的情况。

第二，创新环境方面，包括营商环境、技术市场环境、金融环境 3 个二级指标。营商环境主要选取了市场主体在准入、生产经营、退出等过程中涉及与政府相关的环境指标，包括地方政府公共预算支出中科学技术支出、政府网上办事绩效指数和高新区核准面积 3 个三级指标。技术市场环境是指从事技术中介服务和技术商品经营活动的环境情况，主要选取了输出技术成交金额和吸纳技术成交金额 2 个三级指标反映技术市场环境的活力。金融环境主要反映了高新区金融资本的总体实力，包括年度 A 股直接融资额、年度风投额、年末金融机构人民币各项贷款余额和创投机构数量 4 个三级指标。

第三，创新主体互动方面，包括企业数量、创新型产业集群和产学研合作 3 个二级指标，分别反映高新区企业主体、产业集群发展和产学研合作的情况。具体三级指标选取了工商注册企业数、规模以上工业企业数、高新技术企业数、创新型产业集群营业收入、创新型产业集群年末从业人员数、大学科技园数量、高等院校和科研院所数量、国家级创新平台数量。

第四，创新产出方面，主要从创新转化收益、创新成果和创新企业竞争力 3 个二级指标加以考量。创新转化收益以高新园区的营业收入、净利润、上缴税收和技术收入进行衡量。创新成果体现在当年专利授权数、新产品开发项目数、发明专利授权数和实用新型专利授权数 4 个三级指标。创新企业竞争力考察了独角兽企业数、瞪羚企业数、主板上市企业数、创业板和科创板上市企业数 4 个三级指标。

（三）数据来源

本指数共涉及研发经费内部支出、科技活动经费占工业总产值比重等共 39 个指标，因数据可获得性情况不同，主要指标为高新区数据，少数指标为高新区所在区县、地市或者省份数据。高新区数据和省份数据主要来源于《中国火炬统计年鉴》，地市数据主要来源于《中国城市统计年鉴》，个别数据通过 Wind 数据库或其余网站渠道整理获取。

表 3-3　　　　　　　　　高新区创新指数数据来源

| 三级指标 | 单位 | 指标含义 | 数据来源 |
| --- | --- | --- | --- |
| 研发经费内部支出 | 千元 | 指调查单位在报告年度用于内部开展 R&D 活动的实际支出，包括用于 R&D 项目（课题）活动的直接支出，以及间接用于 R&D 活动的管理费、服务费、与 R&D 有关的基本建设支出以及外协加工费。不包括生产性活动支出、归还贷款支出以及与外单位合作或委托外单位进行 R&D 活动而转拨给对方的经费支出 | 《中国火炬统计年鉴》 |
| 科技活动经费占工业总产值比重 | % | 100×科技活动经费内部支出/工业总产值 | 《中国火炬统计年鉴》 |
| 每万人科技活动人员科技活动经费 | 亿元/万人 | 10000×科技活动经费内部支出/科技活动人员 | 《中国火炬统计年鉴》 |
| 当年实际使用外资金额 | 万美元 | 指批准的合同外资金额的实际执行数，外国投资者根据批准外商投资企业的合同（章程）的规定实际缴付的出资额和企业投资总额内外国投资者以自己的境外自有资金实际直接向企业提供的贷款 | 《中国城市统计年鉴》 |
| 科技活动人员 | 人 | 指企业内部直接参加科技项目以及项目的管理人员和直接服务的人员。不包括全年累计从事科技活动时间不足制度工作时间 10% 的人员 | 《中国火炬统计年鉴》 |
| 年末从业人员 | 人 | 指在报告期末，在企业中从事劳动并取得劳动报酬或经营收入的全部劳动力 | 《中国火炬统计年鉴》 |
| 留学归国人员与常驻外籍人员 | 人 | 指在报告期末，在企业中从事劳动并取得劳动报酬或经营收入的留学归国人员和常驻外籍人员 | 《中国火炬统计年鉴》 |

续表

| 三级指标 | 单位 | 指标含义 | 数据来源 |
| --- | --- | --- | --- |
| 研发人员全时当量 | 人·年 | R&D 全时人员（全年从事 R&D 活动累积工作时间占全部工作时间的 90% 及以上人员）工作量与非全时人员按实际工作时间折算的工作量之和 | 《中国火炬统计年鉴》 |
| 科技活动人员占年末从业人员比重 | % | 100×科技活动人员/年末从业人员数 | 根据已有数据计算 |
| 大专以上学历人员占年末从业人员比重 | % | 100×大专以上学历人员数/年末从业人员数 | 《中国火炬统计年鉴》 |
| 地方政府公共预算支出中科学技术支出 | 万元 | 各地市当年政府一般公共预算中科学技术支出额 | 《中国城市统计年鉴》 |
| 政府网上办事绩效指数 | 分 | 清华大学发布的《中国政府网站绩效评估报告》中各地市、区县（尽量到区县）政府网站绩效评估分数 | 《中国政府网站绩效评估报告》 |
| 高新区核准面积 | 公顷 | 中国开发区目录（2018 年版）中记载的国务院批准的开发区用地面积 | 《中国开发区目录 2018 年版》 |
| 输出技术成交金额 | 亿元 | 当年各省市区技术交易市场中输出技术成交额 | 《中国火炬统计年鉴》 |
| 吸纳技术成交金额 | 亿元 | 当年各省市区技术交易市场中吸纳技术成交额 | 《中国火炬统计年鉴》 |
| 年度 A 股直接融资额 | 亿元 | 各个地市当年在 A 股股权融资和债券融资总额 | Wind 数据库 |
| 年度风投金额 | 亿元 | 各个地市当年风险投资额 | Wind 数据库 |
| 年末金融机构人民币各项贷款余额 | 万元 | 指年终时银行或其他信用机构根据必须归还的原则，按一定利率为企业、个人等提供人民币贷款的总额 | 《中国城市统计年鉴》 |

续表

| 三级指标 | 单位 | 指标含义 | 数据来源 |
| --- | --- | --- | --- |
| 创投机构数量 | 个 | 各高新区当年年末累计的创投机构数量 | 中国双创大数据平台 |
| 工商注册企业数 | 个 | 高新区工商企业注册数 | 《中国火炬统计年鉴》 |
| 规模以上工业企业数 | 个 | 指年主营业务收入2000万元以上的工业法人企业个数。包括独立核算法人工业企业和附营工业生产单位。独立核算法人工业企业是指从事生产经营活动的单位，它同时具备以下条件：（1）依法成立，有自己的名称、组织机构和场所，能够独立承担民事责任；（2）独立拥有和使用资产，承担负债，有权与其他单位签订合同；（3）会计上独立核算，能够编制资产负债表 | 《中国城市统计年鉴》 |
| 高新技术企业数 | 个 | 当年高新区拥有国家认定高新技术企业总数 | 《中国火炬统计年鉴》 |
| 创新型产业集群营业收入 | 千元 | 各省市区当年所有的国家认定的创新型产业集群营业收入 | 《中国火炬统计年鉴》 |
| 创新型产业集群年末从业人员数 | 人 | 各省市区当年所有的国家认定的创新型产业集群年末从业人员数 | 《中国火炬统计年鉴》 |
| 大学科技园数量 | 个 | 当年各地市累计国家认定的大学科技园数量 | 《中国火炬统计年鉴》 |
| 高等院校和科研院所数量 | 个 | 各高新区当年年末累计的高等院校和科研院所数量总和 | 中国双创大数据平台 |
| 国家级创新平台数量 | 个 | 高新区所在区县累积认定的国家级众创空间、孵化器和创新平台数量总和 | 《国家级科技企业孵化器、国家备案众创空间名单》 |

续表

| 三级指标 | 单位 | 指标含义 | 数据来源 |
| --- | --- | --- | --- |
| 营业收入 | 千元 | 指企业经营主要业务和其他业务所确认的收入总额。营业收入合计包括"主营业务收入"和"其他业务收入" | 《中国火炬统计年鉴》 |
| 净利润 | 千元 | 当年高新区企业净利润总和 | 《中国火炬统计年鉴》 |
| 上缴税收 | 千元 | 指企业实际上缴的各项税金、特种基金和附加费等 | 《中国火炬统计年鉴》 |
| 技术收入 | 千元 | 指企业全年用于技术转让、技术承包、技术咨询与服务、技术入股、中试产品收入以及接受外单位委托的科研收入等 | 《中国火炬统计年鉴》 |
| 当年专利授权数 | 件 | 高新区所在区县当年专利授权总数 | 国家知识产权局专利检索数据库 |
| 新产品开发项目数 | 项 | 各省市区当年新产品开发的项目数量。新产品是指采用新技术原理、新设计构思研制、生产的全新产品，或在结构、材质、工艺等某一方面比原有产品有明显改进，从而显著提高了产品性能或扩大了使用功能的产品。既包括经政府有关部门认定并在有效期内的新产品，也包括企业自行研制开发，未经政府有关部门认定，从投产之日起一年之内的新产品 | 《中国高技术产业统计年鉴》 |
| 发明专利授权数 | 件 | 高新区所在区县当年发明专利授权数 | 国家知识产权局专利检索数据库 |
| 实用新型专利授权数 | 件 | 高新区所在区县当年实用新型专利授权数 | 国家知识产权局专利检索数据库 |
| 独角兽企业数 | 个 | 各高新区当年年末累计的独角兽企业数量 | 中国双创大数据平台 |
| 瞪羚企业数 | 个 | 各高新区当年年末累计的瞪羚企业数量 | 中国双创大数据平台 |
| 主板上市企业数 | 个 | 各个地市当年主板上市企业数 | Wind数据库 |

续表

| 三级指标 | 单位 | 指标含义 | 数据来源 |
|---|---|---|---|
| 创业板和科创板上市企业数 | 个 | 各个地市当年在创业板和科创板上市企业总数 | Wind 数据库 |

## 二 国家高新区创新指数的计算方法

（一）数据预处理

1. 部分数据调整

第一，对于2017—2018年数据的价格调整。为了能够进行跨年对比，本书以2019年为基期，采用当年的价格指数（CPI）对2017—2018年的数据进行了调整。

第二，从省市数据向高新区数据的调整。由于数据并非全由高新区数据构成，部分指标以区县、地市、省份数据替代，为了使指标数据能够更准确客观地反映各个高新区创新发展情况，本书采用研发经费加权方法，高新区研发经费来源于《中国火炬统计年鉴》，省份研发经费来源于《中国统计年鉴》。计算公式如下所示：

$$x'_{ij} = x_{ij} * w_i$$

$$w_i = \frac{R\&D_i}{R\&D_I}$$

其中，$x_{ij}$ 是原始指标数据，$x'_{ij}$ 是经过加权调整后的数据，$w_i$ 是加权调整权数，由当年 $i$ 高新区研发经费 $R\&D_i$ 和高新区所在省份的研发经费 $R\&D_I$ 共同确定。

2. 数据缺失值

第一，由于湛江高新区、潜江高新区、茂名高新区、荆州高新区、九江共青城高新区、淮南高新区、怀化高新区、永川高新区、黄石大冶湖高新区、楚雄高新区和荣昌高新区等12个高新区成立于2018年，故2017年指数评分缺失。

第二，本书计算2017—2019年三年的指数结果，由于创投机构数量、独角兽企业数、瞪羚企业数、高等院校和科研院所数量4个指标数据缺失,因此,这四个数据采用了 2020 年的截面数据替换相应指标的缺失数据。

3. 数据对数化处理

由于部分指标 0 值比较多,易造成指标标准化不符合正态分布,故而通过将这些指标进行对数化处理再进行标准化。

对于非正态分布的指标数据 $x_{ij}$ 采用如下公式进行对数转换:

$$x_{ij}^* = \ln(x_{ij} + 1)$$

其中,所有的指标值都是正向值,$x_{ij} + 1$ 是为了防止 0 值对数无解,成缺失值。

在使用的数据中 2017、2018 和 2019 年大学科技园数量、主板上市企业数、创业板和科创板上市企业数三个指标需要对数化,2019 年还增加创投机构数量、独角兽企业数两个指标进行对数化。

4. 数据标准化

设定单个指标可比数据的变化范围为[0,100],即评价指标最小值为 0、最大值为 100。

本书所采用评价指标的处理方式为:

$$X_{ij} = \frac{x_{ij} - x_j^{\min}}{x_j^{\max} - x_j^{\min}} * 100$$

其中,$X_{ij}$ 表示第 $i$ 个地区第 $j$ 个评价指标的标准化数据,$x_{ij}$ 表示第 $i$ 个地区第 $j$ 个评价指标的原始数据,$x_j^{\min}$ 表示第 $i$ 个地区第 $j$ 个评价指标原始数据中 2019 年的最小值,$x_j^{\max}$ 表示第 $i$ 个地区第 $j$ 个评价指标原始数据中 2019 年的最大值。

(二) 指标权重与计算

1. 逐级确定各级指标的权重

每一级指标采用等权法确定权重,即各层级的权重为 1/n(n 为该层级下指标的个数)。具体而言:

一级指标(n 个)的权重集:

$$A = \{A_1, A_2, \cdots A_n\}$$

其中,$A_i = \frac{1}{n}(i = 1,2,\cdots,n)$ 表示一级指标中第 $i$ 个因素的权重,且

$\sum_{i=1}^{n} A_i = 1$。

二级指标的权重集：
$$B = \{B_{i1}, B_{i2}, \cdots B_{im}\}$$

其中，$B_{ij} = \frac{1}{m}(j = 1, 2, \cdots, m)$ 表示二级指标中第 $j$ 个因素的权重，且 $\sum_{i=1}^{m} B_{ij} = 1$。

三级指标的权重集：
$$C = \{C_{ij1}, C_{ij2}, \cdots C_{ijk}\}$$

其中，$C_{ijk} = \frac{1}{k}(k = 1, 2, \cdots, t)$，表示三级指标中第 $k$ 个因素的权重，且 $\sum_{i=1, j=1}^{t} C_{ijk} = 1$。

2. 采用线性加权法测算创新指数

采用线性加权法逐层测算各级指标的得分，最后经过加权测算出创新指数。先经三级指标权重测算二级指标的得分，再经二级指标权重测算二级指标的得分，最后以一级指标权重测算创新指数得分。即：

二级指标的得分：$R_{ij} = X_{ijk} * C_{ijk}$

一级指标的得分：$S_i = R_{ij} * B_{ij}$

创新指数的得分：$II = S_i * A_i$

## 第三节　国家高新区创新发展

### 一　国家高新区创新发展的总体情况

基于上述指标体系，本节采用《中国火炬统计年鉴》《中国城市统计年鉴》、国家知识产权局专利检索数据库、Wind 数据库等相关统计信息，计算出中国 2017—2019 年 169 个国家级高新区创新发展指数，每个高新区的具体分值及 2019 年得分排序情况如表 3-4 所示。

表 3-4　　　　2017—2019 年高新区创新发展指数

|  | 2017 年 | 2018 年 | 2019 年 | 2019 年排名 |
| --- | --- | --- | --- | --- |
| 北京中关村 | 76.58 | 81.47 | 87.41 | 1 |
| 深圳高新区 | 34.67 | 53.03 | 54.64 | 2 |
| 上海张江 | 38.98 | 42.41 | 41.14 | 3 |
| 广州高新区 | 24.00 | 27.98 | 31.91 | 4 |
| 武汉东湖 | 27.18 | 28.87 | 31.19 | 5 |
| 杭州高新区 | 23.91 | 29.81 | 27.90 | 6 |
| 西安高新区 | 22.69 | 27.24 | 26.54 | 7 |
| 成都高新区 | 16.78 | 21.11 | 24.47 | 8 |
| 苏州工业园 | 17.33 | 20.59 | 21.98 | 9 |
| 南京高新区 | 20.56 | 23.16 | 20.10 | 10 |
| 合肥高新区 | 16.65 | 17.29 | 18.42 | 11 |
| 东莞松山湖 | 12.55 | 13.68 | 16.84 | 12 |
| 长沙高新区 | 16.42 | 15.25 | 16.25 | 13 |
| 天津滨海 | 11.31 | 14.29 | 16.09 | 14 |
| 济南高新区 | 10.90 | 12.84 | 15.61 | 15 |
| 宁波高新区 | 8.35 | 13.19 | 14.46 | 16 |
| 青岛高新区 | 11.72 | 12.92 | 14.43 | 17 |
| 佛山高新区 | 10.95 | 14.03 | 14.05 | 18 |
| 珠海高新区 | 11.54 | 13.75 | 14.01 | 19 |
| 上海紫竹 | 12.56 | 13.64 | 12.91 | 20 |
| 长春高新区 | 13.22 | 14.75 | 12.85 | 21 |
| 无锡高新区 | 10.06 | 8.48 | 12.22 | 22 |
| 南昌高新区 | 10.41 | 11.50 | 11.95 | 23 |
| 厦门火炬高新区 | 10.78 | 11.18 | 11.86 | 24 |
| 中山火炬高新区 | 6.32 | 11.77 | 11.60 | 25 |
| 郑州高新区 | 9.31 | 9.58 | 10.52 | 26 |
| 常州高新区 | 7.85 | 10.39 | 10.38 | 27 |
| 沈阳高新区 | 7.58 | 7.65 | 10.19 | 28 |
| 苏州高新区 | 7.09 | 8.25 | 9.57 | 29 |
| 重庆高新区 | 10.30 | 10.21 | 9.44 | 30 |

续表

|  | 2017 年 | 2018 年 | 2019 年 | 2019 年排名 |
| --- | --- | --- | --- | --- |
| 连云港高新区 | 7.10 | 8.28 | 9.31 | 31 |
| 石家庄高新区 | 8.29 | 9.87 | 9.26 | 32 |
| 福州高新区 | 7.17 | 9.02 | 9.24 | 33 |
| 贵阳高新区 | 6.57 | 8.59 | 8.83 | 34 |
| 株洲高新区 | 7.48 | 8.79 | 8.81 | 35 |
| 大连高新区 | 9.64 | 10.10 | 8.52 | 36 |
| 惠州仲恺 | 5.27 | 9.08 | 8.36 | 37 |
| 洛阳高新区 | 7.20 | 9.62 | 8.32 | 38 |
| 萧山临江 | 2.83 | 5.97 | 8.27 | 39 |
| 哈尔滨高新区 | 7.69 | 6.25 | 8.23 | 40 |
| 烟台高新区 | 3.45 | 5.61 | 8.18 | 41 |
| 襄阳高新区 | 7.81 | 7.97 | 8.07 | 42 |
| 潍坊高新区 | 7.21 | 8.05 | 7.88 | 43 |
| 淄博高新区 | 6.09 | 7.29 | 7.77 | 44 |
| 徐州高新区 | 4.86 | 6.69 | 7.71 | 45 |
| 太原高新区 | 7.35 | 8.00 | 7.67 | 46 |
| 南宁高新区 | 6.00 | 6.82 | 7.64 | 47 |
| 南通高新区 | 7.52 | 7.60 | 7.59 | 48 |
| 芜湖高新区 | 6.16 | 7.08 | 7.58 | 49 |
| 昆山高新区 | 5.65 | 8.91 | 7.49 | 50 |
| 威海火炬高新区 | 5.38 | 6.82 | 7.29 | 51 |
| 武进高新区 | 5.45 | 6.45 | 7.26 | 52 |
| 海口高新区 | 5.20 | 8.16 | 7.16 | 53 |
| 潜江高新区 | — | 5.60 | 7.15 | 54 |
| 江阴高新区 | 6.91 | 8.59 | 7.13 | 55 |
| 温州高新区 | 2.98 | 7.33 | 6.90 | 56 |
| 鞍山高新区 | 7.47 | 6.79 | 6.87 | 57 |
| 宜昌高新区 | 5.58 | 7.36 | 6.84 | 58 |
| 绵阳高新区 | 5.22 | 7.01 | 6.83 | 59 |
| 湘潭高新区 | 6.44 | 6.01 | 6.77 | 60 |
| 湛江高新区 | — | 6.90 | 6.56 | 61 |

续表

| | 2017 年 | 2018 年 | 2019 年 | 2019 年排名 |
|---|---|---|---|---|
| 柳州高新区 | 6.91 | 7.00 | 6.54 | 62 |
| 保定高新区 | 6.72 | 6.81 | 6.45 | 63 |
| 江门高新区 | 3.63 | 6.12 | 6.28 | 64 |
| 益阳高新区 | 5.52 | 6.39 | 6.28 | 65 |
| 马鞍山慈湖 | 5.07 | 6.14 | 6.24 | 66 |
| 扬州高新区 | 3.99 | 6.52 | 6.21 | 67 |
| 景德镇高新区 | 5.15 | 5.46 | 6.19 | 68 |
| 吉林高新区 | 4.28 | 5.39 | 6.13 | 69 |
| 乌鲁木齐高新区 | 6.18 | 5.76 | 6.00 | 70 |
| 湖州莫干山 | 3.05 | 5.96 | 5.93 | 71 |
| 荆门高新区 | 5.75 | 6.53 | 5.92 | 72 |
| 抚州高新区 | 4.95 | 6.74 | 5.90 | 73 |
| 济宁高新区 | 4.08 | 5.31 | 5.84 | 74 |
| 呼和浩特金山 | 5.84 | 5.70 | 5.78 | 75 |
| 绍兴高新区 | 1.03 | 5.54 | 5.75 | 76 |
| 昆明高新区 | 6.61 | 6.59 | 5.74 | 77 |
| 桂林高新区 | 3.22 | 4.27 | 5.71 | 78 |
| 泰州医药高新区 | 4.92 | 5.19 | 5.71 | 79 |
| 宝鸡高新区 | 5.59 | 5.80 | 5.56 | 80 |
| 嘉兴秀洲 | 3.38 | 5.57 | 5.52 | 81 |
| 石河子高新区 | 6.76 | 6.49 | 5.47 | 82 |
| 蚌埠高新区 | 5.35 | 6.17 | 5.45 | 83 |
| 泰安高新区 | 4.16 | 4.63 | 5.43 | 84 |
| 玉溪高新区 | 3.74 | 5.65 | 5.42 | 85 |
| 鄂尔多斯高新区 | 3.59 | 5.62 | 5.36 | 86 |
| 泉州高新区 | 2.73 | 5.56 | 5.30 | 87 |
| 兰州高新区 | 7.36 | 6.33 | 5.28 | 88 |
| 常熟高新区 | 4.15 | 5.79 | 5.26 | 89 |
| 临沂高新区 | 2.18 | 4.60 | 5.22 | 90 |
| 包头稀土高新区 | 4.56 | 4.29 | 5.17 | 91 |
| 平顶山高新区 | 4.42 | 4.92 | 5.13 | 92 |

续表

|  | 2017 年 | 2018 年 | 2019 年 | 2019 年排名 |
|---|---|---|---|---|
| 衢州高新区 | 3.20 | 5.58 | 5.09 | 93 |
| 衡阳高新区 | 3.83 | 4.74 | 5.02 | 94 |
| 榆林高新区 | 5.00 | 5.21 | 5.02 | 95 |
| 唐山高新区 | 3.84 | 4.99 | 4.95 | 96 |
| 营口高新区 | 2.87 | 3.07 | 4.94 | 97 |
| 宿迁高新区 | 1.81 | 4.09 | 4.91 | 98 |
| 黄冈高新区 | 3.77 | 4.87 | 4.91 | 99 |
| 昌吉高新区 | 6.15 | 5.40 | 4.81 | 100 |
| 茂名高新区 | — | 5.37 | 4.77 | 101 |
| 汕头高新区 | 2.37 | 4.41 | 4.77 | 102 |
| 郴州高新区 | 2.66 | 5.57 | 4.77 | 103 |
| 长春净月 | 7.56 | 6.37 | 4.73 | 104 |
| 长治高新区 | 3.63 | 4.82 | 4.69 | 105 |
| 咸阳高新区 | 4.25 | 4.47 | 4.57 | 106 |
| 孝感高新区 | 3.58 | 4.10 | 4.50 | 107 |
| 安康高新区 | 4.50 | 6.07 | 4.49 | 108 |
| 璧山高新区 | 2.98 | 4.08 | 4.45 | 109 |
| 新乡高新区 | 3.60 | 5.61 | 4.43 | 110 |
| 镇江高新区 | 4.24 | 4.39 | 4.43 | 111 |
| 肇庆高新区 | 3.19 | 4.18 | 4.42 | 112 |
| 安顺高新区 | 2.98 | 4.95 | 4.36 | 113 |
| 新余高新区 | 2.91 | 3.94 | 4.28 | 114 |
| 南阳高新区 | 3.42 | 4.51 | 4.26 | 115 |
| 淮安高新区 | 4.28 | 5.46 | 4.22 | 116 |
| 德阳高新区 | 1.80 | 4.86 | 4.19 | 117 |
| 荆州高新区 | — | 3.28 | 4.19 | 118 |
| 内江高新区 | 0.63 | 4.27 | 4.18 | 119 |
| 鹰潭高新区 | 2.68 | 2.79 | 4.13 | 120 |
| 咸宁高新区 | 5.61 | 6.35 | 4.12 | 121 |
| 赣州高新区 | 2.30 | 3.08 | 4.12 | 122 |
| 宜春丰城 | — | 3.13 | 4.06 | 123 |

续表

|  | 2017 年 | 2018 年 | 2019 年 | 2019 年排名 |
| --- | --- | --- | --- | --- |
| 黄河三角洲农业高新区 | 1.51 | 2.72 | 4.05 | 124 |
| 杨凌农业高新区 | 2.73 | 3.62 | 4.04 | 125 |
| 铜陵狮子山 | 2.98 | 4.25 | 3.98 | 126 |
| 石嘴山高新区 | 3.93 | 4.46 | 3.93 | 127 |
| 通化医药高新区 | 3.32 | 3.32 | 3.92 | 128 |
| 乐山高新区 | 2.13 | 3.70 | 3.91 | 129 |
| 漳州高新区 | 1.90 | 4.08 | 3.87 | 130 |
| 清远高新区 | 2.33 | 3.59 | 3.86 | 131 |
| 自贡高新区 | 3.13 | 3.87 | 3.81 | 132 |
| 青海高新区 | 2.22 | 3.39 | 3.76 | 133 |
| 大庆高新区 | 6.45 | 4.14 | 3.70 | 134 |
| 北海高新区 | 2.92 | 3.48 | 3.67 | 135 |
| 焦作高新区 | 1.93 | 3.04 | 3.64 | 136 |
| 渭南高新区 | 3.14 | 3.73 | 3.63 | 137 |
| 常德高新区 | 2.04 | 3.12 | 3.58 | 138 |
| 黄石大冶湖 | — | 3.57 | 3.56 | 139 |
| 泸州高新区 | 2.91 | 3.95 | 3.55 | 140 |
| 淮南高新区 | — | 4.44 | 3.54 | 141 |
| 燕郊高新区 | 3.18 | 3.05 | 3.53 | 142 |
| 银川高新区 | 0.83 | 3.45 | 3.53 | 143 |
| 九江共青城 | — | 1.19 | 3.41 | 144 |
| 永川高新区 | — | 2.86 | 3.41 | 145 |
| 怀化高新区 | — | 4.14 | 3.33 | 146 |
| 源城高新区 | 1.63 | 2.84 | 3.26 | 147 |
| 齐齐哈尔高新区 | 3.17 | 2.98 | 3.26 | 148 |
| 安阳高新区 | 2.83 | 2.73 | 3.25 | 149 |
| 龙岩高新区 | 2.12 | 2.96 | 3.24 | 150 |
| 白银高新区 | 2.72 | 3.01 | 3.09 | 151 |
| 承德高新区 | 1.99 | 2.71 | 3.07 | 152 |
| 本溪高新区 | 5.03 | 3.55 | 3.04 | 153 |

续表

|  | 2017 年 | 2018 年 | 2019 年 | 2019 年排名 |
| --- | --- | --- | --- | --- |
| 楚雄高新区 | — | 3.24 | 3.02 | 154 |
| 攀枝花钒钛高新区 | 2.53 | 4.15 | 3.02 | 155 |
| 莱芜高新区 | 2.82 | 2.74 | 3.02 | 156 |
| 三明高新区 | 1.54 | 3.79 | 2.94 | 157 |
| 吉安高新区 | 0.99 | 1.51 | 2.90 | 158 |
| 辽阳高新区 | 3.25 | 2.83 | 2.89 | 159 |
| 盐城高新区 | 2.30 | 2.95 | 2.80 | 160 |
| 莆田高新区 | 2.29 | 3.53 | 2.78 | 161 |
| 随州高新区 | 1.91 | 2.37 | 2.71 | 162 |
| 枣庄高新区 | 1.21 | 3.20 | 2.56 | 163 |
| 德州高新区 | 1.85 | 1.61 | 2.33 | 164 |
| 延吉高新区 | 3.15 | 2.62 | 2.28 | 165 |
| 锦州高新区 | 3.29 | 2.50 | 2.20 | 166 |
| 荣昌高新区 | — | 1.95 | 2.03 | 167 |
| 仙桃高新区 | 0.92 | 1.31 | 1.74 | 168 |
| 阜新高新区 | 2.26 | 2.00 | 1.69 | 169 |

注：湛江高新区等开发区成立于2018年，故2017年指数评分缺失

第一，整体上高新区创新发展指数呈现出大分散、小集聚的特点。从2019年中国各个高新区创新发展指数的得分来看，整体分布较分散，创新发展的差异较为明显，第一名北京中关村总评分数为87.41分，最后一名阜新高新区总评分数为1.69分，两者相差了85.72分。整体的创新能力还有待提高，大部分开发区的创新指数分数较低，低分段集聚现象明显。从下图高新区创新发展指数箱线图可以看出，主要集中在创新指数呈现长上影线分布，最高分与前25%的分数的差距加大，后75%的开发区分数较为集中。例如，2019年前25%的分数值为7.88分，与第一名87.41分相差79.53分，后75%（126家）开发区的分数集中分布在1.69—7.88之间。

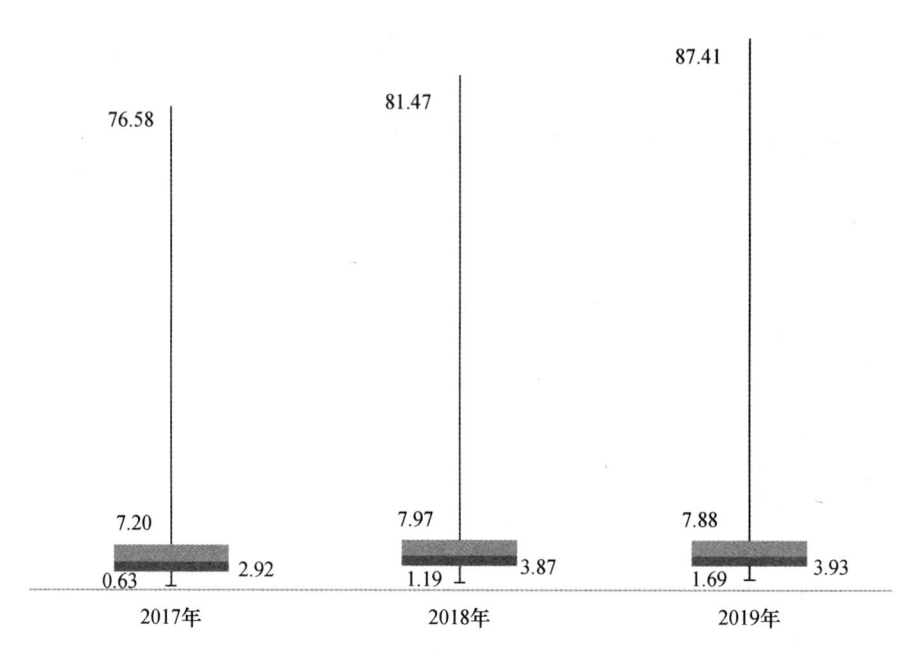

图 3-1　2017—2019 年高新区创新发展指数箱线图

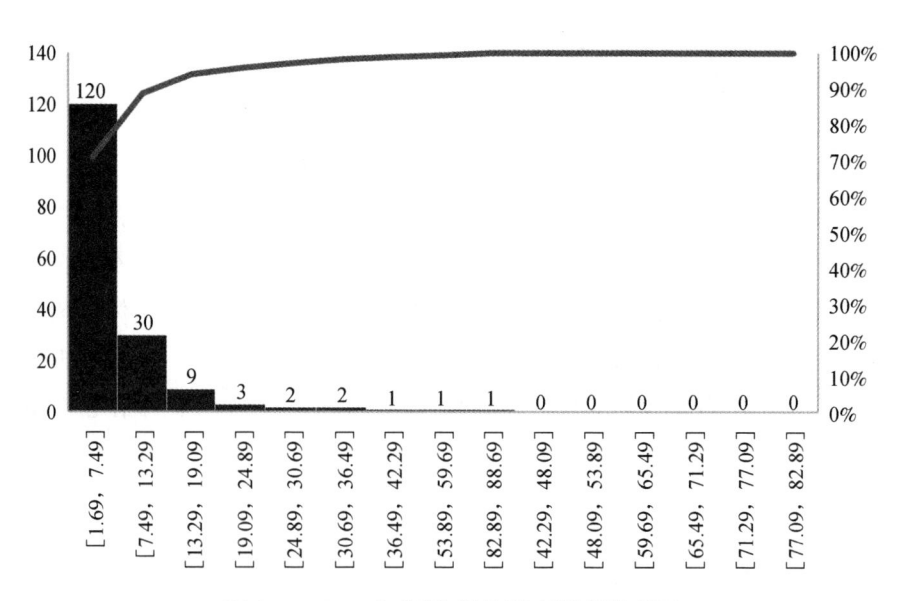

图 3-2　2019 年高新区创新发展指数排列图

第二，从创新发展指数的构成看，创新要素投入的得分最佳，创新环境有较大提升。2019年全国高新区创新要素投入的平均得分为13.68分，在四个一级指标中表现最佳，而且2017—2019年创新要素投入的得分较稳定，三年得分均在一级指标中得分最高，指数得分从侧面反映出高新区创新要素投入较强。二级指标中创新人力资本结构（39.36分）相对较强，创新物质资本投入和创新人力资本投入指标平均得分分别为10.61分和3.87分，表现相对较弱，还有待加强。

高新区在创新环境方面大幅提升，进步较为明显。2017年创新环境的平均得分为3.53分，2019年创新环境的平均得分提高至9.48分。创新环境指标主要是从营商环境、技术市场环境、金融环境三个方面进行测度，从二级指标的测度结果看，表现最佳的是营商环境，营商环境指标平均得分从2017年的5.30分提高至2019年的19.52分，说明中国高新区在优化营商环境，提高政府办事效率方面取得了较大进步。金融环境相对较弱，指标平均得分为5.51分，主要表现是A股直接融资额和风投金额相对较少，且高新区间差异较大。2019年高新区风险投资平均额为69.57亿元，A股直接融资平均额为2547.20亿元，高新区间的投融资分布不均衡，2019年高新区A股直接融资额标准差高达8904.91亿元。技术市场环境指标平均得分为2.41分，高新区在输出技术、吸纳技术方面也存在较大的区域差异，头部高新区技术交易市场活跃。例如，2019年经过加权调整后北京中关村输出技术成交金额约2824.75亿元，占高新区输出技术总量的30.94%，北京中关村、深圳高新区和上海张江输出技术成交额约3899.24亿元，占高新区输出技术总量的42.71%。

2019年全国高新区创新主体互动平均得分为4.27分，相对较弱。指标体系从企业数量、创新型产业集群、产学研合作三方面测度创新主体互动发展情况，从二级指标的测度结果看，高新区在企业数量、产学研合作和创新型产业集群的得分分别为4.55、4.31和3.76分。产学研合作测度了高新区内大学科技园、高等院校和科研院所和国家级创新平台数量，2019年中国高新区内大学科技园平均数量为1，国家级创新平台平均数量为3，产学研合作的机构单位较少。企业数量指标用高新区内的工商注册企业数、规模以上工业企业数和高新技术企业数衡量高新区内企业

```
       1创新要素投入指数 (13.68)




4创新产出指数 (4.43)                    2创新环境指数 (9.48)




       3创新主体互动指数 (4.27)
```

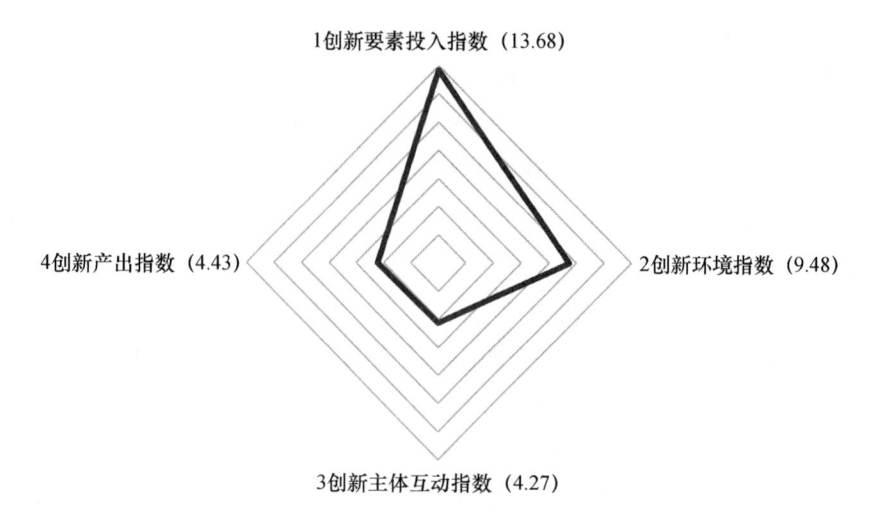

**图 3 - 3　2019 年高新区创新发展指数一级指标评分均值**

注：图中括号内数字为该项指标得分

的数量和质量，2019 年开发区工商注册企业数量平均值为 16963 家，在分布上也表现出特别不均衡，标准差高达 42044 家，企业最多的开发区有 480135 家企业，但也有许多开发区企业数量仅有数百家企业，最少的一家开发区内只有 178 家企业。

2019 年全国高新区创新产出指数的平均得分为 4.43 分，在 3 个二级指标中创新转化收益、创新成果和创新企业竞争力指数得分均在 4 分左右，需要进一步加强。

第三，从空间区域分布上，高新区创新发展呈现梯度分布，京津冀、长三角和珠三角三大城市群高新区创新发展更好。北京市、上海市、天津市、广东省、浙江省和江苏省的创新发展情况最好。河北省、宁夏回族自治区、辽宁省、内蒙古自治区、云南省和青海省高新区的创新发展情况相对较弱。

按照惯例，将高新区所在省份划分成东部、东北、中部和西部四个区域，进行区别比较。从表 3 - 5 可以看出，东部地区高新区创新发展指数分数最高，为 10.58 分，与中部、东北和西部地区拉开较大差距，中部、东北和西部的高新区创新指数发展的平均得分相差不多，东北分数最低，平均总评分为 5.34 分，低于东部地区 5.24 分。

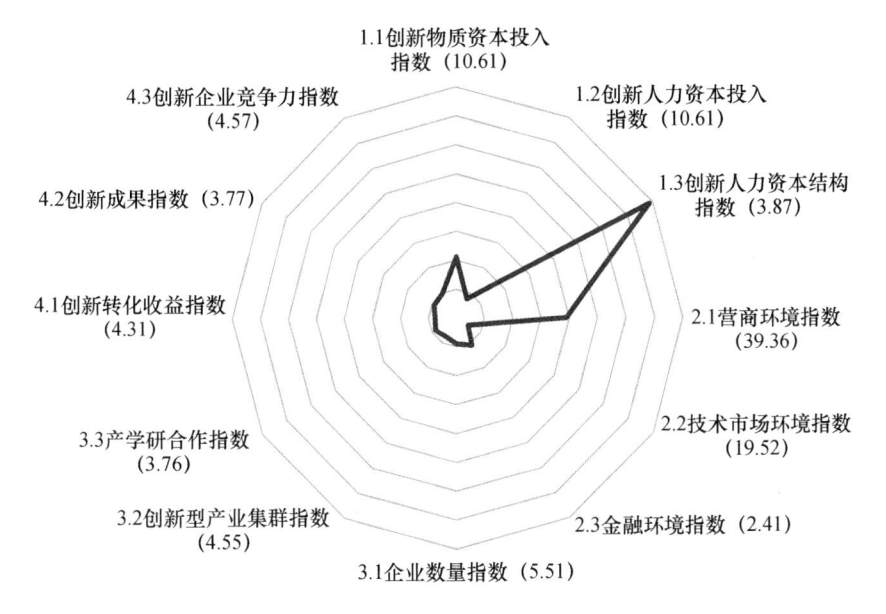

1.1 创新物质资本投入指数（10.61）
1.2 创新人力资本投入指数（10.61）
1.3 创新人力资本结构指数（3.87）
2.1 营商环境指数（39.36）
2.2 技术市场环境指数（19.52）
2.3 金融环境指数（2.41）
3.1 企业数量指数（5.51）
3.2 创新型产业集群指数（4.55）
3.3 产学研合作指数（3.76）
4.1 创新转化收益指数（4.31）
4.2 创新成果指数（3.77）
4.3 创新企业竞争力指数（4.57）

**图 3-4　2019 年高新区创新发展指数二级指标评分均值**

注：图中括号内数字为该项指标得分

从二级指标来看，东北地区主要是创新环境方面和其他区域有较大差距。东北地区创新环境指数平均得分为 4.86 分，在四个区域中排名最后，和第一名东部地区相差近 8 分。东部地区的四项二级指标平均得分都超过其他区域得分，特别是在创新环境方面得分具有明显优势。中部地区的短板主要是创新主体互动和创新产出方面，西部地区在创新要素投入方面表现相对较弱，落后于其他区域。

**表 3-5　2019 年高新区创新发展指数分区域比较**

|  | 东部 | 东北 | 中部 | 西部 |
|---|---|---|---|---|
| 总评分 | 10.58 | 5.34 | 6.45 | 5.90 |
| 创新要素投入 | 15.78 | 11.98 | 12.99 | 11.41 |
| 创新环境 | 12.65 | 4.86 | 8.07 | 7.28 |
| 创新主体互动 | 6.28 | 2.94 | 2.84 | 2.80 |
| 创新产出 | 7.56 | 1.92 | 2.20 | 2.34 |

第四，从 2017—2019 年的动态变化看，高新区创新发展呈现出稳中有进，头部高新区创新指数增长明显。从全国高新区创新指数的平均分来看，高新区创新水平呈现稳步增长的趋势，2019 年全国高新区创新指数平均得分为 7.933 分，较 2017 年增加 1.27 分。从各个高新区的动态变化看，头部高新区深圳高新区和北京中关村增加幅度最大，增加幅度超过 10 分。深圳高新区 2019 年创新指数得分较 2017 年提高了 19.97 分，北京中关村 2019 年创新指数得分较 2017 年提高了 10.83 分。在 169 家国家高新区中，有 137 家高新区 2019 年创新指数较 2017 年增加，有 79 家高新区的近三年创新指数的增加值超过全国平均水平（1.27 分）。

## 二　三大典型国家高新区的创新发展情况

（一）北京中关村：以科研机构和高校为主体的科创发展模式

北京中关村是中国第一个国家级高新区、第一个国家自主创新示范区、第一个国家级人才特区，被誉为"中国硅谷"。2013 年，中共第十八届中央政治局第九次集体学习在中关村举行，习近平总书记强调，面向未来，中关村要更加大实施创新驱动发展战略力度，加快向具有全球影响力的科技创新中心进军，为在全国实施创新驱动发展战略更好发挥示范引领作用。[①]

北京中关村在所有高新区中创新能力最强。2017—2019 年的创新发展指数中北京中关村都位居第一位，2019 年创新发展指数总评分为 87.41 分，和其他园区拉开了较大差距，深圳高新区和上海张江分别位列第二位和第三位。

表 3-6　　2019 年前三大高新区创新发展指数分区域比较

|  | 北京中关村 | 深圳高新区 | 上海张江 |
| --- | --- | --- | --- |
| 总评分 | 87.41 | 54.64 | 41.14 |
| 创新要素投入 | 87.44 | 52.52 | 50.26 |
| 创新环境 | 91.69 | 61.98 | 37.80 |

---

① 《习近平：敏锐把握世界科技创新发展趋势　切实把创新驱动发展战略实施好》，载中国共产党新闻网，http://cpc.people.com.cn/n/2013/1002/c64094-23096105.html。

续表

|  | 北京中关村 | 深圳高新区 | 上海张江 |
| --- | --- | --- | --- |
| 创新主体互动 | 75.60 | 47.95 | 27.29 |
| 创新产出 | 92.05 | 55.35 | 45.27 |

北京中关村处在首都北京，拥有良好的产业发展环境和丰富的政治政策资源，创新发展支持力度大，整体创新发展协调。北京中关村在创新要素投入、创新环境、创新主体互动和创新产出四个一级指标上也位居第一名，特别是在创新环境和创新产出方面优势特别明显，和第二名之间有显著的差距。

从二级指标来看，北京中关村在创新人力资本投入、技术市场环境、产学研合作、创新转化收益和创新企业竞争力5个指标得分均为100分，具有绝对优势。这些指标也反映出北京中关村在创新人才和科技创新方面的主要优势，北京中关村是中国科教智力和人才资源最为密集的区域，拥有以北京大学、中国人民大学、清华大学为代表的高等院校近41所，以中国科学院、中国工程院所属院所为代表的国家（市）科研院所206家；拥有国家重点实验室67个，国家工程研究中心27个，国家工程技术研究中心28个；大学科技园26家，留学人员创业园34家。

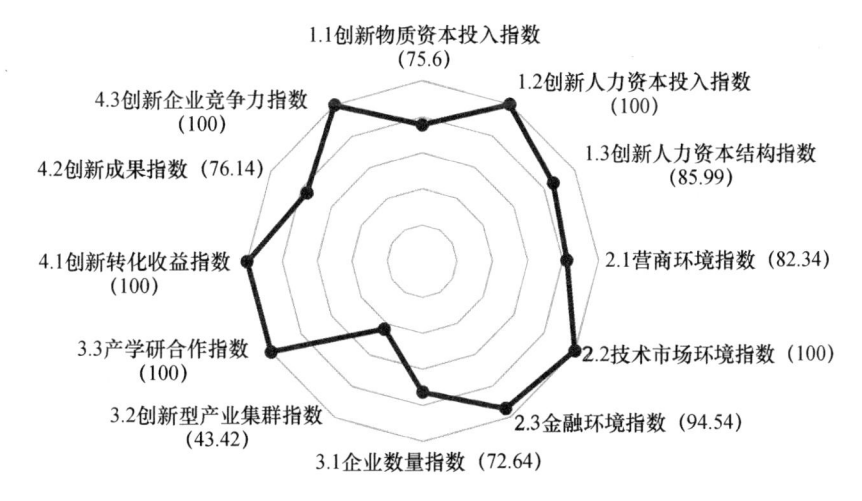

**图3-5　2019年北京中关村创新发展指数二级指标评分均值**

注：图中括号内数字为该项指标得分

## （二）深圳高新区：以企业为主体的产业驱动创新发展模式

深圳高新区成立于 1991，规划面积 11.5 平方公里，是国家"建设世界一流高科技园区"的六家试点园区之一，是"国家知识产权试点园区"和"国家高新技术产业标准化示范区"。

深圳高新区呈现出产业驱动创新发展模式，深圳高新区地处世界制造基地，电子、信息技术等产业发达，有深厚的产业基础。立足产业，依靠企业的创新发展思路，随着产业转型升级的加速，以企业为主体的创新能力也日趋增强。2019 年创新发展指数总评分为 44.36 分，位列全国高新区第二位。

从二级指标中可以看到，深圳高新区的创新型产业集群得分为 100 分，全国高新区排名第一，在中国高新区中具有绝对优势。深圳高新区培育形成了以华为、腾讯、中兴通讯、大疆等一大批具有国际竞争力的高新技术企业。2019 年深圳研发投入 1328.28 亿元，R&D 经费投入强度高达 4.93%，2020 年仅华为一家企业的研发投入就高达 1418 亿元，PCT 国际专利申请量保持全国城市首位。

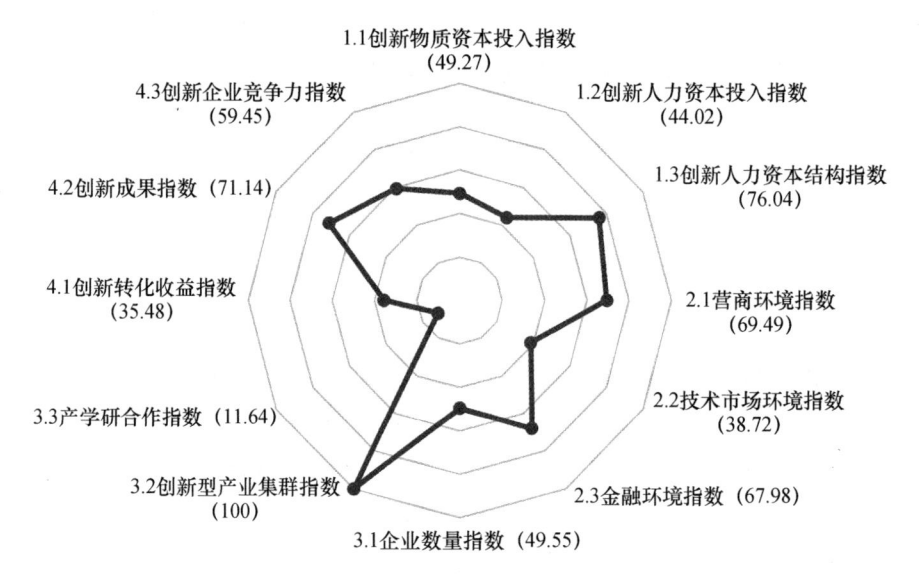

图 3-6　2019 年深圳高新区创新发展指数二级指标评分均值

注：图中括号内数字为该项指标得分

### (三)上海张江:"双自联动"与国际化的创新发展模式

上海张江成立于1991年,面积37.2平方公里,同时也是国家自主创新示范区。2015年,上海张江正式纳入中国(上海)自由贸易试验区,上海市政府出台"双自联动"18条,强化上海自贸试验区制度创新与张江园区科技创新的叠加效应,促进张江园区进一步创新发展、招商引资和产业经济。

经过30多年的发展,园区形成了生物医药、集成电路产业、软件产业等主导优势产业,园区内建有国家上海生物医药科技产业基地、国家信息产业基地、国家集成电路产业基地、国家半导体照明产业基地、国家863信息安全成果产业化(东部)基地、国家软件产业基地、国家软件出口基地、国家文化产业示范基地、国家网游动漫产业发展基地等多个国家级基地。在科技创新方面,园区拥有多模式、多类型的孵化器,建有国家火炬创业园、国家留学人员创业园。2019年创新发展指数总评分为41.14分,位列全国高新区第三位。

上海张江在创新发展上充分依托"双自联动"的政策优势,推动创新发展。例如,在推动生物医药创新方法,推进一系列生物医药产业制度创新先行先试。张江"双自联动"区域已率先拓展药品上市许可持有人制度(CMO)试点,监管制度上对标国际,实行从"两证合一"到"两证分离",研发企业可以作为药品上市许可人,从而加快新药上市和产业化,避免重复生产。生物医药领域研发创新能力领跑全国,2014年以来,全国共批准99个创新医疗器械,有18个来自上海张江,2019年,诞生了全国1/3的Ⅰ类创新药,2020年,全国批准上市的8个抗体药物中有5个来自上海张江。

此外,上海张江充分发挥了上海金融中心的优势,在企业投融资和金融发展方面表现突出。截至2019年底,上海张江有154家企业在A股上市,截至2020年底,上海张江有32家企业在科创板上市,占全国的1/7。园区的运营企业张江高科已经上市,为园区企业提供全创新链的产业投资,实施从天使、VC、PE到股权融资、投贷联动和产业并购的全投资链布局。

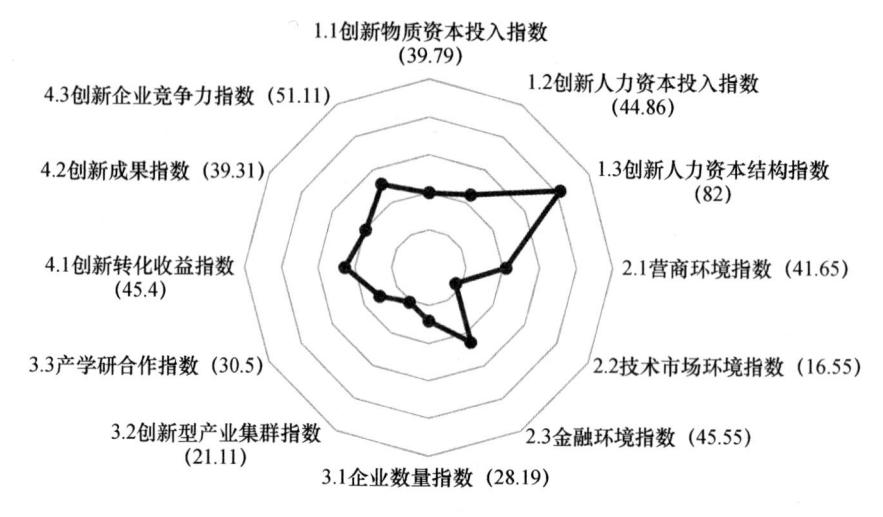

1.1创新物质资本投入指数
(39.79)

1.2创新人力资本投入指数
(44.86)

4.3创新企业竞争力指数 (51.11)

4.2创新成果指数 (39.31)

1.3创新人力资本结构指数
(82)

4.1创新转化收益指数
(45.4)

2.1营商环境指数 (41.65)

3.3产学研合作指数 (30.5)

2.2技术市场环境指数 (16.55)

3.2创新型产业集群指数
(21.11)

2.3金融环境指数 (45.55)

3.1企业数量指数 (28.19)

**图 3-7　2019 年上海张江高新区创新发展指数二级指标评分均值**

注：图中括号内数字为该项指标得分

## 第四节　本章小结

随着创新在经济发展中的作用日益凸显，国内外越来越多的研究开始采用创新指数来定量的测度区域创新能力。创新指数从创新投入到创新产出构建了全过程的创新能力评价体系，能客观、综合且全面的衡量区域创新能力，便于进行对比和宏观分析。国家高新区是中国以发展高新技术为目标，知识与技术密集、制度环境开放、资金支持雄厚的集中区域，代表了中国创新发展的前沿情况。但是，国内专门针对国家高新技术开发区横向比较的创新指数评价体系较为缺乏。本章在系统总结国内外创新指数特点的基础上，根据中国高新区的发展现状和数据的可得性，构建了包括 4 个一级指标、12 个二级指标、39 个三级指标的高新区创新指标体系。该指标体系从创新要素投入、创新环境、创新主体互动、创新产出四个方面全方位的定量测度了高新区创新发展的实际情况。

通过 2017—2019 年度中国 169 个国家高新区创新指数得分情况来看，整体上高新区创新发展指数呈现出大分散、小集聚的特点，整体的创新能力还有待提高，大部分开发区的创新指数的分数较低，低分段集聚现象明显。从创新发展指数的构成看，创新要素投入的得分最佳，高新区在创新环境方面大幅提升，进步较为明显。从空间区域分布上，高新区创新发展呈现梯度分布，京津冀、长三角和珠三角三大城市群高新区创新发展更好。

北京中关村、深圳高新区和上海张江是中国三大头部高新区，创新发展各具特色。北京中关村依托地处首都北京，拥有良好的产业发展环境和丰富的科教智力和人才资源的优势，在创新发展上呈现出以科研机构和高校为主体的科创发展模式。深圳高新区在创新方面是依靠企业的创新发展思路，随着产业转型升级的加速，以企业为主体的创新能力也日趋增强，呈现出产业驱动创新发展模式。上海张江同时也是国家自主创新示范区和中国（上海）自由贸易试验区的区域之一，在创新发展方面探索了"双自联动"与国际化的创新发展模式，强化上海自贸试验区制度创新与张江园区科技创新的叠加效应。

# 第 四 章

# 中国国家高新区的创新产出分析

## 第一节 国家高新区创新产出分析

### 一 国家高新区创新产出指数构成

高新区的创新产出是高新区各类创新主体在一定的配套设施与环境的支撑作用下，对区内创新资源进行优化配置即开展一系列创新活动而获得的最终成果，是园区创新能力形成的标志（方玉梅等，2014）。创新产出绩效直接影响着创新投入和创新主体的组织运行，影响创新资源的集聚，最终也反映出高新区的综合创新发展能力。以往的文献在衡量高新技术企业或者高新区创新产出能力时，主要选取的指标是专利和新产品产值。方大春等（2016）认为高新技术产业通常有两方面的创新产出——产值和科技成果，因此选取新产品销售收入作为高新技术产业的产值产出，专利数作为高新技术产业的科技成果产出。此外，学者也选择高新技术产业的企业数量作为衡量市场结构的标准，一般认为高新企业数量越多，表明行业竞争力就越大。方玉梅等（2014）在创新产出能力评价指标设计中，主要从高新区建设的最终目的是为了实现科技成果产业化这一基本思路出发，从科技成果和科技成果产业化两个方面分别设计创新产出规模和创新产出效率两个子模块的具体衡量指标，最终选取的创新产出指标是园区专利授权数和园区新产品销售收入。周娇、赵敏（2014）认为一般文献中衡量创新产出的指标通常是专利申请受理数和新产品销售收入，但专利申请或授权只是把研发投入转化为知识产出，并不能代表企业研发投入的全部产出，而新产品销售收入虽然能衡量研发成果的商业化水平，但无法准确衡量高新区的创新产出效率，因此选取高新区技术收入作为创新产出指标，既衡量高新区研发产出，也衡量其技术转化效率。国家高新区创新产出最终体现为高新区产业竞争力和经济发展质量效益的不断提升，本书将重点选取创新产出规模、质量、产业结构及经济效益作为评价高新区创新产出能力的核心内容。本章在借鉴前人优秀研究成果和案例经验的基础上，结合统计数据的可获得性构建高新区创新产出能力评价指标体系。本章的创新产出能力评价指标体系主要包括创新转化收益、创新成果、创新企业竞争力3个二级指标和12个三级指标，具体情况如表4-1所示。

表4-1　　　　　　　创新产出能力评价体系

| | | |
|---|---|---|
| 创新产出 | 创新转化收益 | 营业收入 |
| | | 净利润 |
| | | 上缴税收 |
| | | 技术收入 |
| | 创新成果 | 当年专利授权数 |
| | | 新产品开发项目数 |
| | | 发明专利授权数 |
| | | 实用新型专利授权数 |
| | 创新企业竞争力 | 独角兽企业数 |
| | | 瞪羚企业数 |
| | | 主板上市企业数 |
| | | 创业板和科创板上市企业数 |

## 二　国家高新区创新产出总体特征分析

本节将首先对所有高新区创新产出能力进行整体分析，然后将创新产出能力较高的高新区追溯至它的二级指标，揭示其创新产出能力高的原因所在，后续将会从更微观的三级指标层面进行分析。

（一）高新区创新产出能力差异较大

2017—2019年，高新区创新产出能力指数得分在0—92分之间，

80%的高新区创新产出能力指数低于7分。得分超过7分的高新区其得分分布集中在7—25分,得分超过25分的高新区仅5个。2017年全国高新区创新产出能力指数得分平均为4.44,2018年略微上升至4.49,2019年降至4.43。为了进行分组分析,本章根据得分将高新区分为3类:指数得分在15分以上(即排名前5%)的高新区被视为创新产出水平较高的高新区,指数得分在7—15分之间(排名5%—15%)的高新区被视为创新产出水平中等的高新区,指数得分低于7分(排名为后80%)的高新区被视为创新产出水平有待于进一步提升的高新区。如图4-1所示,2017年,中国创新产出水平较高的高新区有9个,2018年上升为11个,2019年又降至10个,占比大约为高新区总数的5%。2017年,中国创新产出水平中等的高新区有18个,2018年保持不变,2019年升至20个,占比约为11%。

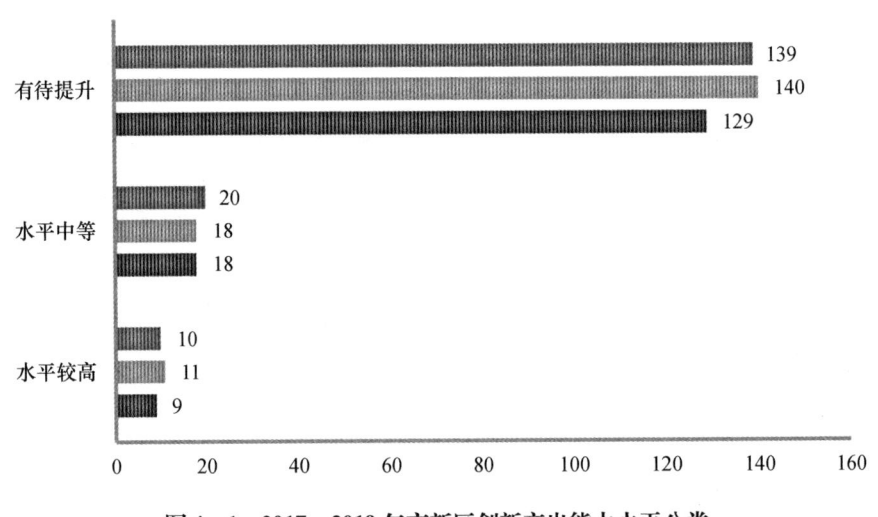

图4-1 2017—2019年高新区创新产出能力水平分类

(二)东部高新区创新产出能力有所提升,中部、西部、东北地区高新区创新产出能力呈下降趋势

将中国高新区按地理位置分为东部、中部、西部和东北地区,分区域分析不同地区高新区创新产出能力状况。如图4-2所示,中国东部地

区高新区创新产出能力有所提升,东部创新产出指数平均得分由2017年的6.47上升至2019年的7.56。中部地区创新产出指数得分下降较为显著,2017年平均得分为2.84,2019年降至2.2。西部地区2017年平均得分为2.91,2019年平均得分为2.34。东北地区下降幅度最大,其创新产出指数得分从2017年的2.79降至2019年的1.92,降幅达到31%。通过区域创新产出水平的分析可知,东部地区高新区整体创新产出水平上升,而中部、西部、东北地区整体下降,出现部分极化现象。

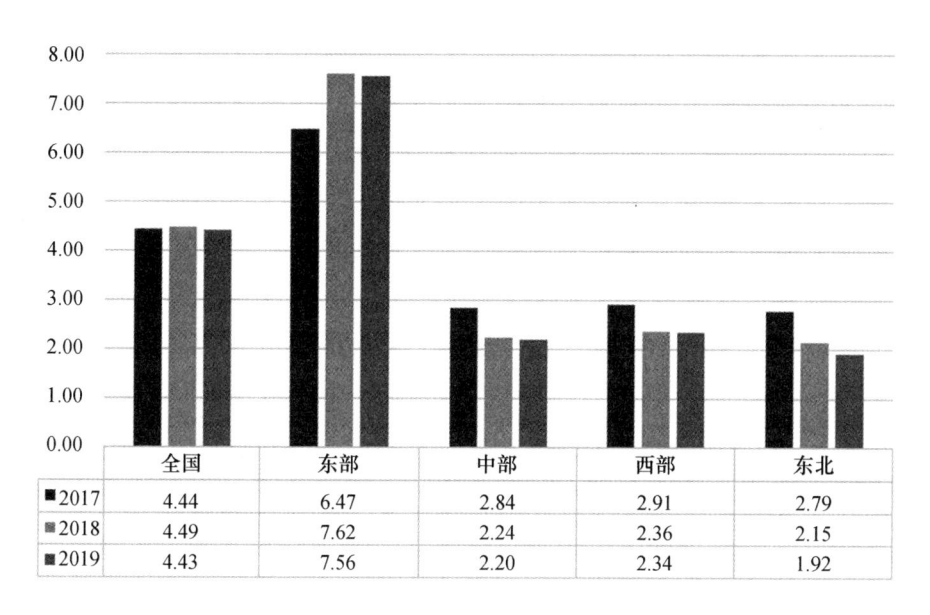

|  | 全国 | 东部 | 中部 | 西部 | 东北 |
| --- | --- | --- | --- | --- | --- |
| 2017 | 4.44 | 6.47 | 2.84 | 2.91 | 2.79 |
| 2018 | 4.49 | 7.62 | 2.24 | 2.36 | 2.15 |
| 2019 | 4.43 | 7.56 | 2.20 | 2.34 | 1.92 |

图4-2 2017—2019年各区域高新区创新产出指数得分平均分

### 三 创新产出具有优势的国家高新区分析

(一)创新产出指数排名位列前二十名的高新区排名

本节将对2017—2019年高新区创新产出水平评分最高的前二十位进行排名,并对排名靠前的高新区的整体情况做简要分析。总体来说,创新产出排名较前的高新区主要分布在东部沿海,中、西部强省会城市等。排名前20名的高新区中,如果将创新产出指数得分超过30的高新区视为第一梯队的高新区,则2017—2019年进入第一梯队的高新区有3个,分别是北京中关村、上海张江和深圳高新区。将创新产出能力水平在15—

30分的视为第二梯队的高新区，则典型高新区主要是长三角的杭州高新区、南京高新区和粤港澳大湾区的广州高新区、佛山高新区以及中山火炬高新区。中西部的武汉东湖、成都、长沙、合肥等高新区可视为创新产出水平第三梯队。

表4-2　　　　　　　　　2017—2019年创新产出指数排名

| 排名 | 2017年 | 评分 | 2018年 | 评分 | 2019年 | 评分 |
| --- | --- | --- | --- | --- | --- | --- |
| 1 | 北京中关村 | 83 | 北京中关村 | 87 | 北京中关村 | 92 |
| 2 | 上海张江 | 44 | 深圳高新区 | 54 | 深圳高新区 | 55 |
| 3 | 深圳高新区 | 35 | 上海张江 | 46 | 上海张江 | 45 |
| 4 | 杭州高新区 | 26 | 杭州高新区 | 25 | 广州高新区 | 28 |
| 5 | 广州高新区 | 24 | 中山火炬高新区 | 25 | 杭州高新区 | 26 |
| 6 | 南京高新区 | 21 | 广州高新区 | 24 | 中山火炬高新区 | 22 |
| 7 | 武汉东湖 | 20 | 佛山高新区 | 17 | 武汉东湖 | 19 |
| 8 | 长沙高新区 | 17 | 南京高新区 | 17 | 天津滨海 | 17 |
| 9 | 东莞松山湖 | 16 | 武汉东湖 | 16 | 佛山高新区 | 16 |
| 10 | 成都高新区 | 14 | 东莞松山湖 | 15 | 成都高新区 | 16 |
| 11 | 西安高新区 | 14 | 天津滨海 | 15 | 东莞松山湖 | 14 |
| 12 | 珠海高新区 | 14 | 成都高新区 | 14 | 南京高新区 | 14 |
| 13 | 佛山高新区 | 14 | 西安高新区 | 13 | 西安高新区 | 13 |
| 14 | 长春高新区 | 13 | 宁波高新区 | 13 | 合肥高新区 | 12 |
| 15 | 合肥高新区 | 13 | 昆山高新区 | 12 | 青岛高新区 | 12 |
| 16 | 厦门火炬高新区 | 11 | 珠海高新区 | 12 | 宁波高新区 | 12 |
| 17 | 青岛高新区 | 10 | 长沙高新区 | 12 | 珠海高新区 | 11 |
| 18 | 无锡高新区 | 10 | 合肥高新区 | 11 | 长沙高新区 | 11 |
| 19 | 宁波高新区 | 10 | 长春高新区 | 10 | 昆山高新区 | 11 |
| 20 | 中山火炬高新区 | 10 | 青岛高新区 | 10 | 无锡高新区 | 9 |

（二）典型高新区创新产出能力分析

以高新区的创新成果产出能力、创新企业竞争力以及创新转化收益的评分为依据，选取在2017—2019年间创新产出水平排名靠前的典型高新区进行创新产出能力分析。第一档是以北京中关村为代表的中国目前发展较为均衡的高新区；第二档是以广州高新区、杭州高新区为代表的虽然是综合性的高新区，但是在创新产出评价中得分与第一档存在差距的高新区；第三档主要是以成都高新区、武汉东湖等为代表的中西部地区发展比较突出的高新区。

从图4-3可知，北京中关村、深圳高新区、上海张江在创新产出能力水平上总体发展是较为均衡的，没有特别明显的短板。具体来说，北京中关村在创新产出能力上存在绝对优势，上海张江高新区在创新成果上存在比较优势，而深圳高新区在创新转化收益方面存在比较优势。从图4-4可知，相对于武汉东湖，广州高新区和杭州高新区总体发展较为均衡。具体来看，杭州高新区在创新企业竞争力方面存在比较优势，广州高新区在创新成果方面具有比较优势，武汉东湖在创新转化收益方面表现突出，但其创新企业竞争力以及创新成果方面表现弱于广州高新区和杭州高新区。从图4-5可知，西安高新区、成都高新区在创新产出水平上总体高于合肥高新区，但是三个高新区在创新产出水平上都存在优势和短板。三个高新区在创新成果方面表现较弱。

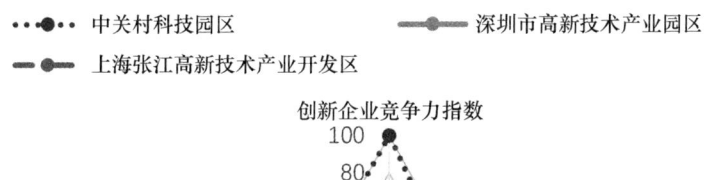

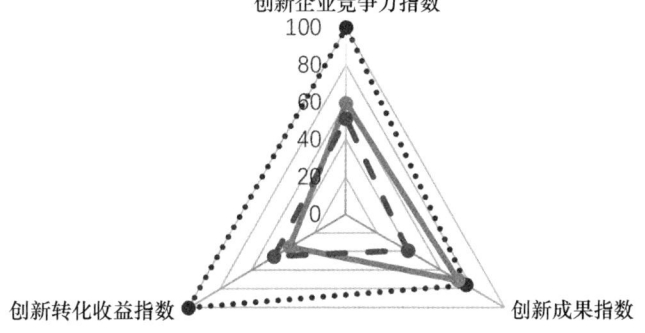

**图4-3 典型高新区（中关村、深圳高新区、上海张江）的创新产出能力雷达图**

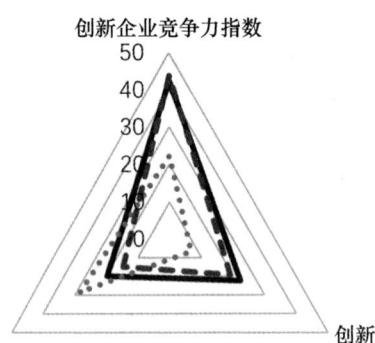

图 4-4　典型高新区（广州高新区、武汉东湖、杭州高新区）的
创新产出能力雷达图

图 4-5　典型高新区（西安高新区、成都高新区、合肥高新区）的
创新产出能力雷达图

# 第二节　国家高新区创新成果分析

## 一　国家高新区创新成果总体分析

本节的创新成果主要采用各高新区所在的区县层面的专利数据以及省市层面的新开发项目数来衡量。其中，用来衡量创新成果的专利主要分为两大类，一类是发明专利，一类是非发明专利，包括实用新型专利和外观设计专利。三类专利在技术含量上的区别主要在于发明专利的科

技含量最高，实用新型专利次之，外观设计专利的技术含量最低。张杰等（2016）利用中国各省份1985—2012年面板数据实证研究三种类型专利授权量对中国经济增长可能产生的作用。研究结果表明，三类专利对各省份人均真实GDP增长率和经济增长质量产生了显著的促进效应。此外，各类专利均采用授权数而非申请数，主要原因在于由于中国情景下专利申请活动中可能存在相当数量的虚假专利和不合格专利，而且专利申请受到中国专利促进政策的激励效应，可能出现专利的"创新假象"，专利授权数量可以避免这些问题。此外，企业作为重要的市场参与主体，以获取经济利润为目标，因此企业技术创新绩效应当重点关注创新成果对经济收益目标的实现。新产品未来有很大机会能够为企业带来利润，所以新产品项目开发数是衡量高新区创新成果绩效的一个有效指标。

（一）中国高新区各类授权数持续上升

国家高新区继续加大知识产权保护力度，为企业创新营造良好的环境。2018—2020年，中国高新区各类专利授权数持续上升。2018—2020年，全国高新区授权专利总数（即发明专利、实用新型专利、外观设计专利加总）分别为38.6万件、42万件、58.8万件，呈现持续上升的趋势，且2019—2020年上升幅度较大。其中，发明专利授权数量最低，外观设计专利授权次之，实用新型专利授权占比最高。

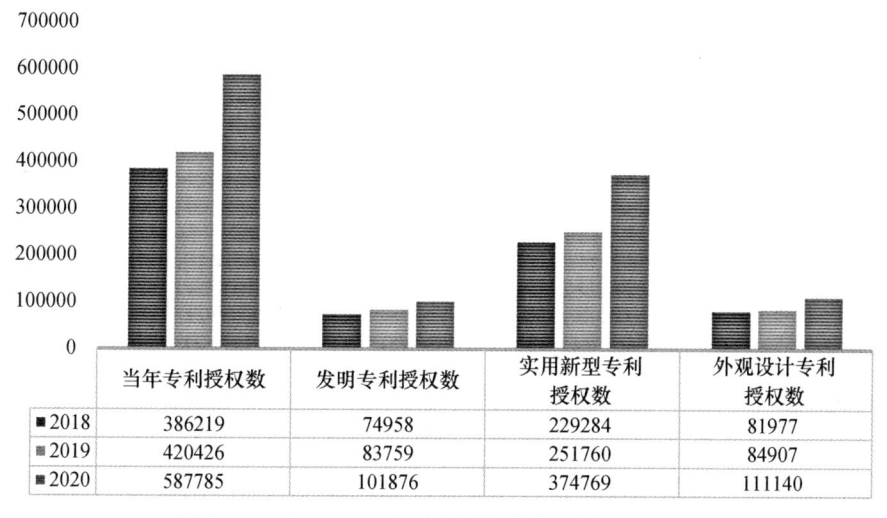

| | 当年专利授权数 | 发明专利授权数 | 实用新型专利授权数 | 外观设计专利授权数 |
|---|---|---|---|---|
| 2018 | 386219 | 74958 | 229284 | 81977 |
| 2019 | 420426 | 83759 | 251760 | 84907 |
| 2020 | 587785 | 101876 | 374769 | 111140 |

图4-6 2018—2020年高新区各类专利授予量（件）

就专利授权增长率而言，2018—2020 年各类专利授权同比增长率均在 3% 以上，但各年之间专利授权、各类专利授权增长率之间存在很大差距。具体来看，2019、2020 年的授权专利总数同比增长率为 8.86% 和 39.81%。其中，发明专利授权 2019、2020 年的同比增长率分别为 11.74% 和 21.63%，实用新型专利授权同比增长率分别达到 9.8% 和 48.86%，外观设计专利授权同比增长率分别达到 3.58% 和 30.9%。总体而言，各类专利同比增长率呈现上升的趋势，但由于本身专利授权存在窗口期且申请成功的不确定性较大，因此各年专利授权波动幅度较大。

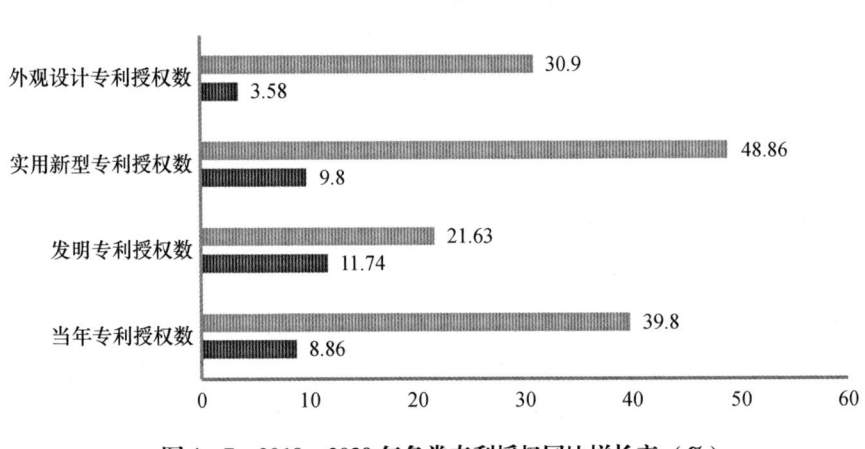

图 4-7　2019、2020 年各类专利授权同比增长率（%）

**（二）分区域来看，各区域专利授权存在巨大差距，东部地区高新区占据绝对优势**

2018—2020 年，东部地区的国家高新区在专利授权总数以及各类专利授予数量方面表现最为突出，呈现不断增长的趋势。这一方面是由于大部分国家高新区位于中国的东部地区，因而在专利授权绝对数量方面有优势；另一方面是由于东部地区经济、科技、市场化程度相对来说基础更好，能为企业创新提供更多更优质的人才、研发资金、交流学习、政府服务等机会。中部地区各类专利授予量弱于西部地区，总体上各类专利授权占比低于 10%。值得注意的是，东北地区虽然各类专利占比较低，但是与中西部地区每年波动幅度比较大相比，东北地区各类专利占比整体呈现稳定上涨的趋势。

第四章 中国国家高新区的创新产出分析 67

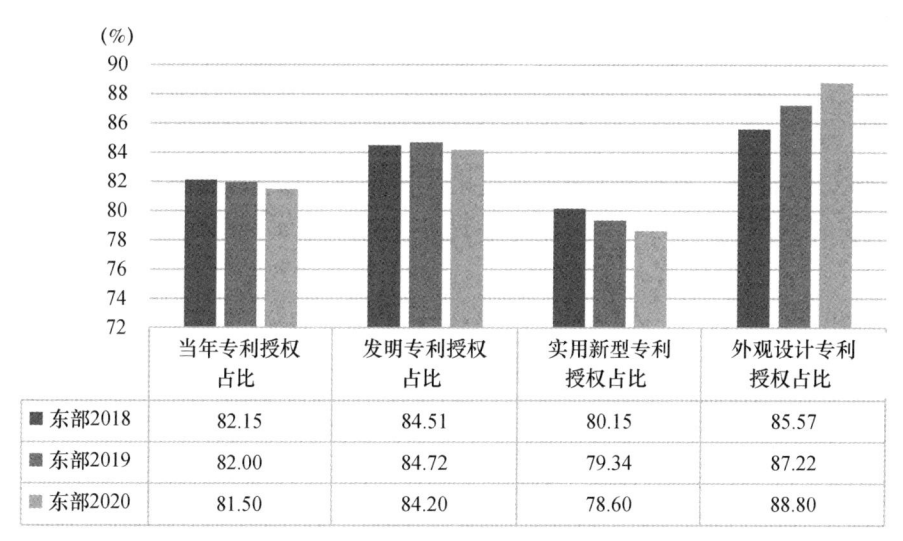

**图4-8 2018—2020年东部地区高新区各类专利授权占比（%）**

| | 当年专利授权占比 | 发明专利授权占比 | 实用新型专利授权占比 | 外观设计专利授权占比 |
|---|---|---|---|---|
| 东部2018 | 82.15 | 84.51 | 80.15 | 85.57 |
| 东部2019 | 82.00 | 84.72 | 79.34 | 87.22 |
| 东部2020 | 81.50 | 84.20 | 78.60 | 88.80 |

（三）2017—2019年全国高新区新开发产品项目数逐年上升，东部地区数量最多

2017—2019年全国高新区新开发项目数分别为95.4万个、137万个、163万个，同比增长率分别为43.59%和18.77%。分区域来看，东部高新区占比最高，达到81%以上；中部高新区次之，占比为10%；西部高新区占比为5.5%；东北地区高新区占比最低，仅为1.6%。

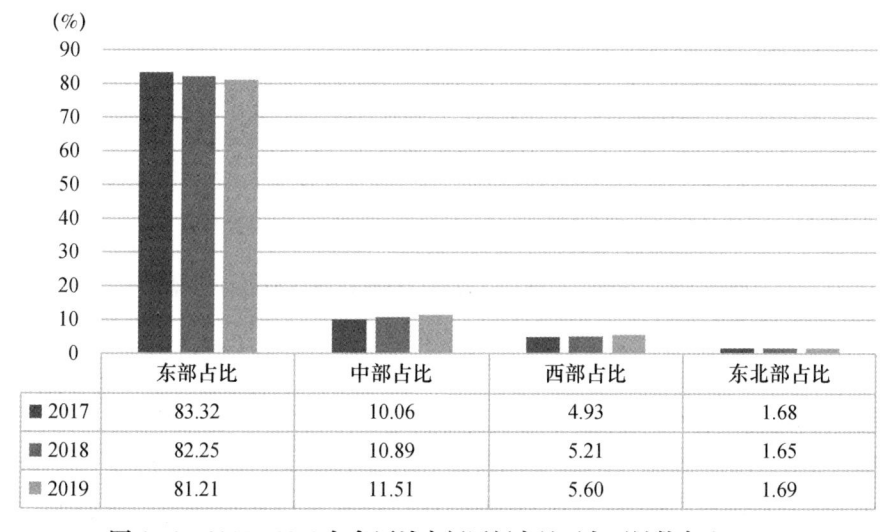

**图4-9 2017—2019年各区域高新区新产品开发项目数占比（%）**

| | 东部占比 | 中部占比 | 西部占比 | 东北部占比 |
|---|---|---|---|---|
| 2017 | 83.32 | 10.06 | 4.93 | 1.68 |
| 2018 | 82.25 | 10.89 | 5.21 | 1.65 |
| 2019 | 81.21 | 11.51 | 5.60 | 1.69 |

## 二 国家高新区创新成果指数分析

高新区创新成果指数使用高新区各类专利数量和新产品开发项目数加权计算得出。本节将基于计算得来的各高新区创新成果指数，对中国高新区2018、2019年创新成果产出能力进行分析与评价。

**（一）高新区创新成果产出能力总体有所提升，但各高新区存在巨大差异**

首先，高新区创新成果产出能力提升显著。如图4-10所示，各高新区2019年创新成果指数得分基本高于2018年。此外，通过计算高新区创新成果指数平均分可知，2018年，中国高新区创新成果指数得分平均分为4.12分，2019年上升为4.57分，涨幅达11%。说明中国近几年在研发方面的投入产出成效有所提升。

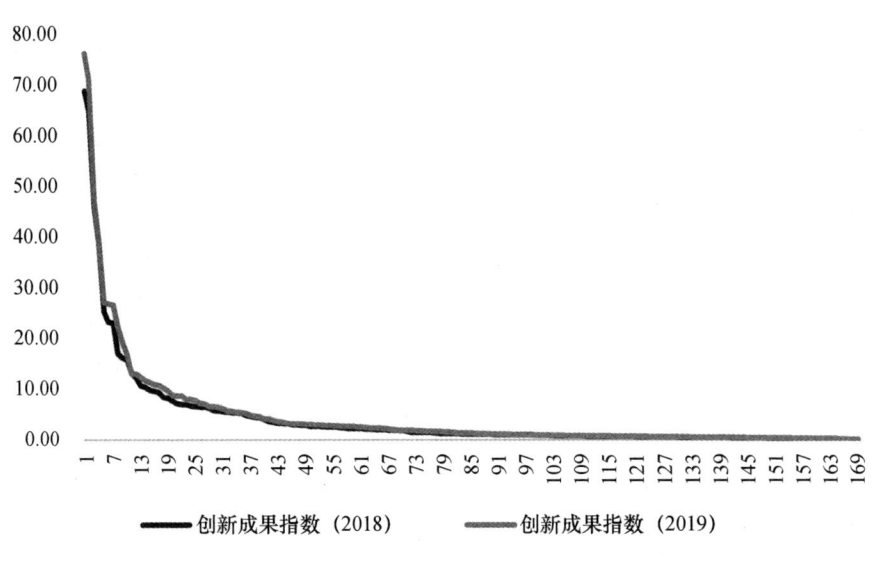

**图4-10 2018、2019年各高新区创新成果指数得分（%）**

其次，各高新区创新成果指数得分差异大。各高新区2018、2019年创新成果指数得分在0.03—76分之间，其中，两年间超过90%的高新区得分在0—10分的区间内。头部高新区的差异更大，得分分布在10—80分不等。根据得分情况，可将各高新区的创新成果产出能力分为如下三个层次：得分高于 15 分的高新区可认为是创新成果产出水平较高的高新区；得分在 7—15 分的高新区可认为是创新成果产出水平中等的高新区；得分低于 7 分的高新区可认为是创新成果产出水平有待提高的高新区。2018 年，创新成果产出水平高的高新区有 10 家，2019 年保持不变；2018 年，创新成果水平中等的高新区有 17 家，2019 年上升至 19 家；2018 年，创新成果水平有待提高的高新区有 142 家，2019 年下降为 140 家。总的来说，除了头部高新区，其他高新区整体创新成果能力处于较低水平。

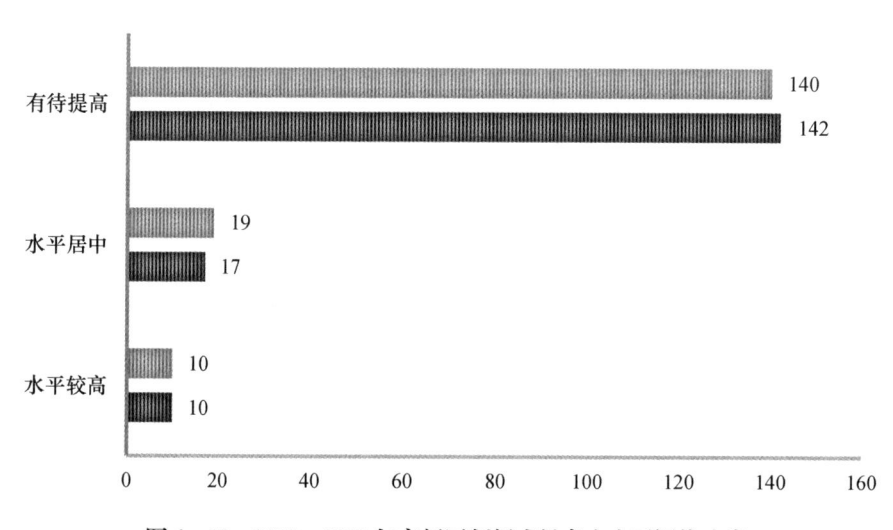

**图 4-11　2018、2019 年高新区创新成果产出水平评价分类**

（二）各区域高新区创新成果产出能力差距大，东部、西部表现较好

对不同地区高新区创新成果产出能力进行分析，整体来看，各地区高新区创新成果指数得分平均分从大到小依次是东部、西部、中部和东北地区。各区域高新区 2019 年指数得分平均分都有所上升。其中，东部地区高新区得分从 8.02 分上升为 8.86 分，西部地区从 1.61 分上升至 1.94 分，中部地区从 1.33 分上升至 1.50 分，东北地区从 0.89 分上升至 1.04 分。东部地区整体创新成果产出能力最强，西部次之，中部再次，东北地区最弱。东部地区与其他地区创新产出能力得分存在很大差距，比如，2019 年东部地区指数得分是西部地区的 4.6 倍，这也说明中国其

他地区创新成果产出能力还有很大的提升空间。总体来看，创新成果指数得分的结果与前文创新成果三级指标分析得出的结论是一致的。

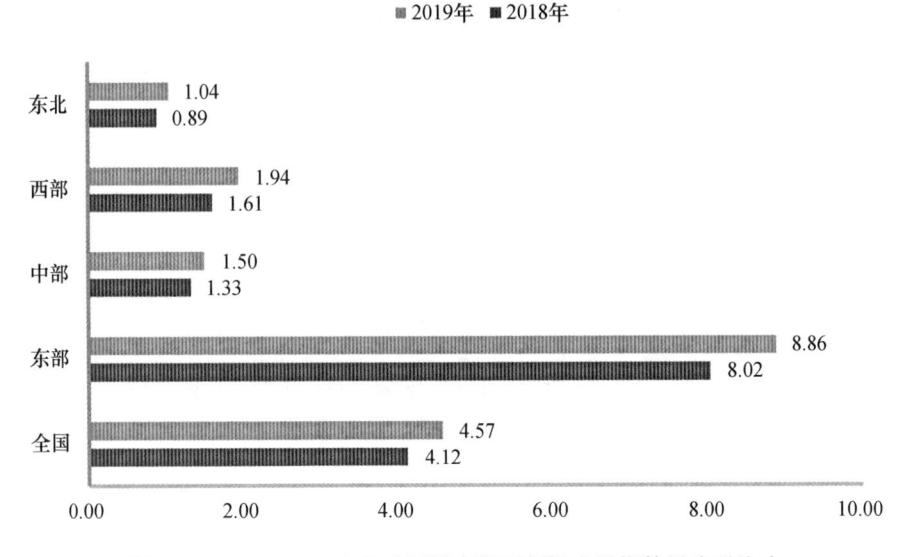

**图 4-12　2018、2019 年分区域高新区创新成果指数得分平均分**

| 区域 | 2019年 | 2018年 |
| --- | --- | --- |
| 东北 | 1.04 | 0.89 |
| 西部 | 1.94 | 1.61 |
| 中部 | 1.50 | 1.33 |
| 东部 | 8.86 | 8.02 |
| 全国 | 4.57 | 4.12 |

（三）创新成果指数排名位列前二十名的高新区排名

本节将对 2018—2019 年高新区创新成果产出水平评分最高的前二十位进行排名，并对排名靠前的高新区的整体情况做简要分析。

如表 4-3 所示，2018—2019 年间，头部高新区的排名情况没有太大的变化。北京中关村、深圳高新区、中山火炬高新区、上海张江稳居前四名，指数得分均在 38 分以上，明显高于第五名高新区的得分，这四个高新区是中国创新成果产出能力最强的高新区。天津滨海、昆山高新区、佛山高新区、广州高新区、杭州高新区、上海紫竹指数得分紧跟其后，达到 16 分以上，是中国创新成果能力位于第二梯队的高新区。创新成果指数排名前十的高新区连续两年都位于东部地区，这说明东部地区在创新成果方面处于绝对优势。此外，创新成果指数得分排名进入前 20 名的其他区域的高新区仅有位于西部地区的成都高新区，指数得分为 9 分，中部、东北地区高新区未进入前 20 名。总体来看，各区域高新区创新成果产出能力还存在较大差距。

表4-3　　2018、2019年高新区创新成果指数排名前20名

| 排名 | 2018年高新区 | 评分 | 2019年高新区 | 评分 |
| --- | --- | --- | --- | --- |
| 1 | 北京中关村 | 69 | 北京中关村 | 76 |
| 2 | 深圳高新区 | 65 | 深圳高新区 | 71 |
| 3 | 中山火炬高新区 | 46 | 中山火炬高新区 | 47 |
| 4 | 上海张江 | 39 | 上海张江 | 39 |
| 5 | 昆山高新区 | 25 | 天津滨海 | 27 |
| 6 | 天津滨海 | 23 | 昆山高新区 | 27 |
| 7 | 佛山高新区 | 23 | 佛山高新区 | 27 |
| 8 | 杭州高新区 | 17 | 广州高新区 | 22 |
| 9 | 广州高新区 | 16 | 杭州高新区 | 19 |
| 10 | 上海紫竹 | 16 | 上海紫竹 | 17 |
| 11 | 武进高新区 | 13 | 宁波高新区 | 13 |
| 12 | 宁波高新区 | 12 | 武进高新区 | 13 |
| 13 | 东莞松山湖 | 11 | 萧山临江 | 12 |
| 14 | 南通高新区 | 10 | 东莞松山湖 | 12 |
| 15 | 江阴高新区 | 10 | 常州高新区 | 11 |
| 16 | 常州高新区 | 10 | 江阴高新区 | 11 |
| 17 | 徐州高新区 | 9 | 徐州高新区 | 11 |
| 18 | 成都高新区 | 8 | 南通高新区 | 10 |
| 19 | 萧山临江 | 8 | 苏州工业园 | 10 |
| 20 | 苏州工业园 | 8 | 成都高新区 | 9 |

## 第三节　国家高新区创新企业竞争力分析

### 一　国家高新区创新企业竞争力总体分析

本节创新企业竞争力的衡量指标选取高新区瞪羚企业数，高新区独角兽企业数，高新区主板、创业板和科创板上市企业数。根据《高新区瞪羚企业发展报告》，瞪羚企业是指成功跨越创业"死亡谷"后，商业模

式得到市场认可，进入高速增长阶段的创新型企业。根据《中国独角兽企业研究报告》，独角兽企业指创业在 10 年以内，估值超过 10 亿美元的非上市创业公司。对于"独角兽企业"的评价标准，目前国内外已基本统一，一般可归纳为以下三点：（1）创立时间较短，即存续时间小于 10 年的创业型公司；（2）公司价值超过 10 亿美元，即投资人或评价机构估值超过 10 亿美元；（3）获得过私募投资且未上市。

独角兽企业和瞪羚企业作为高新区最具创新活力的市场主体，对于高新区经济发展提质增效作用明显，已经成为高新区创新发展的领头羊。而上市企业作为高新区规模较大的企业，在促进高新区就业、GDP 增长等方面都发挥着重要作用。表 4-4 是中国瞪羚企业和独角兽企业在高新区的分布情况。

（一）瞪羚企业和独角兽企业概况

1. 高新区企业创新创业活力较强，但是发展较为成熟的独角兽企业少

截至 2020 年，拥有瞪羚企业的高新区有 155 家，占所有高新区的 90% 以上。拥有 10 家以上瞪羚企业的高新区有 88 家，占比达 50%。拥有 50 家瞪羚企业的高新区有 38 家，占比达 22%。瞪羚企业在高新区中分布广泛，这说明中国高新区创新创业活力较强。2020 年，中国拥有独角兽企业的高新区有 21 家，占比为 12.4%。拥有 5 家以上独角兽企业的高新区仅有 6 家，占比仅为 3.5%。独角兽企业相比瞪羚企业而言是规模更大、抗风险能力更高、更为成熟的企业，这也表明中国高新区发展成熟的科技企业较少。

2. 独角兽企业集中分布在东部地区，东北地区最少

2020 年，中国高新区独角兽企业总数为 215 家，其中 192 家位于东部地区的高新区，占比高达 89%；各有 11 家独角兽企业分别分布于西部和中部地区，占比分别为 5%，仅有 1 家位于东北地区。

3. 北京中关村创新企业竞争力最强

2020 年，中关村瞪羚企业数量和独角兽企业数量分别为 5924 家和 127 家，占比分别为 59% 和 47%，远高于其他高新区。

表4-4　　　　　　　2020年高新区各类创新企业数量

| 高新区 | 区域 | 独角兽企业数 | 瞪羚企业数 |
| --- | --- | --- | --- |
| 北京中关村 | 东部 | 127 | 5924 |
| 深圳高新区 | 东部 | 18 | 257 |
| 上海张江 | 东部 | 17 | 552 |
| 杭州高新区 | 东部 | 13 | 400 |
| 广州高新区 | 东部 | 8 | 567 |
| 武汉东湖 | 中部 | 6 | 453 |
| 成都高新区 | 西部 | 4 | 166 |
| 天津滨海 | 东部 | 3 | 170 |
| 合肥高新区 | 中部 | 3 | 145 |
| 永川高新区 | 西部 | 3 | 82 |
| 重庆高新区 | 西部 | 2 | 75 |
| 青岛高新区 | 东部 | 2 | 44 |
| 苏州工业园 | 东部 | 1 | 207 |
| 西安高新区 | 西部 | 1 | 199 |
| 济南高新区 | 东部 | 1 | 103 |
| 长沙高新区 | 中部 | 1 | 96 |
| 南京高新区 | 东部 | 1 | 85 |
| 珠海高新区 | 东部 | 1 | 57 |
| 沈阳高新区 | 东北 | 1 | 39 |
| 赣州高新区 | 中部 | 1 | 9 |
| 杨凌农业高新区 | 西部 | 1 | 5 |

（二）上市公司概况

创新企业竞争力指数选取的上市公司包括主板、科创板、创业板上市公司，由于科创板2018年才挂牌成立，因此本节主要采用2019年高新区上市公司的数据。表4-5是高新区各类上市企业的分布情况。

1. 高新区上市企业总体分析

2019年，高新区中主板上市企业数有830家，创业板299家，科创板31家。有87家高新区拥有主板上市企业，有46家高新区拥有创业板上市企业，有9家高新区拥有科创板上市企业。

### 2. 上市企业主要分布在东部地区高新区

2019年，主板上市的830家企业中，有706家分布在东部地区的高新区，占比高达85%。创业板299家上市公司中，273家分布于东部地区，占比高达91.3%；科创板上市的31家企业全部分布在东部地区的高新区中。

### 3. 北京中关村的上市企业数量最多

2019年，北京中关村主板上市企业有223家，占比为28%。创业板上市公司有101家，占比为34%。科创板上市公司有12家，占比为39%。

表4-5　　　　　　　　高新区上市企业数量及分布　　　　　　　　（家）

| 高新区 | 区域 | 主板上市企业数 | 创业板上市企业数 | 科创板上市企业数 |
| --- | --- | --- | --- | --- |
| 北京中关村 | 东部 | 223 | 101 | 12 |
| 上海张江 | 东部 | 125 | 23 | 6 |
| 深圳高新区 | 东部 | 72 | 33 | 4 |
| 广州高新区 | 东部 | 28 | 13 | 0 |
| 江阴高新区 | 东部 | 23 | 6 | 0 |
| 杭州高新区 | 东部 | 21 | 18 | 4 |
| 上海紫竹 | 东部 | 17 | 5 | 2 |
| 青岛高新区 | 东部 | 16 | 6 | 0 |
| 东莞松山湖 | 东部 | 16 | 13 | 0 |
| 佛山高新区 | 东部 | 15 | 4 | 0 |
| 哈尔滨高新区 | 东北 | 15 | 0 | 0 |
| 南京高新区 | 东部 | 12 | 7 | 0 |
| 中山火炬高新区 | 东部 | 12 | 5 | 0 |
| 长沙高新区 | 中部 | 12 | 4 | 0 |
| 宁波高新区 | 东部 | 10 | 4 | 0 |
| 厦门火炬高新区 | 东部 | 10 | 2 | 0 |
| 兰州高新区 | 西部 | 10 | 1 | 0 |
| 无锡高新区 | 东部 | 9 | 4 | 1 |
| 萧山临江 | 东部 | 9 | 1 | 0 |
| 烟台高新区 | 东部 | 9 | 0 | 0 |

续表

| 高新区 | 区域 | 主板上市企业数 | 创业板上市企业数 | 科创板上市企业数 |
| --- | --- | --- | --- | --- |
| 武进高新区 | 东部 | 8 | 4 | 0 |
| 成都高新区 | 西部 | 8 | 6 | 0 |

## 二 国家高新区创新企业竞争力指数分析

由于2017、2018、2019年高新区瞪羚企业和独角兽企业数据缺失，故采用2020年瞪羚企业和独角兽企业数量代替2019年的数量计算高新区创新企业竞争力指数。本节将基于计算得来的各高新区创新企业竞争力指数，对中国高新区2019年创新企业竞争力进行分析与评价。

（一）高新区创新企业竞争力差异较大

中国高新区创新企业竞争力头部效应明显，大部分高新区创新竞争力不强。如图4-13所示，中国高新区企业竞争力指数得分在0—100分之间。得分在40分以上的高新区仅有5家，这5家高新区指数得分也存在一定差距，排名第一的北京中关村指数得分100分，排名第二的深圳高新区指数得分为59分。大部分高新区指数得分低于10分，占比达到88%。

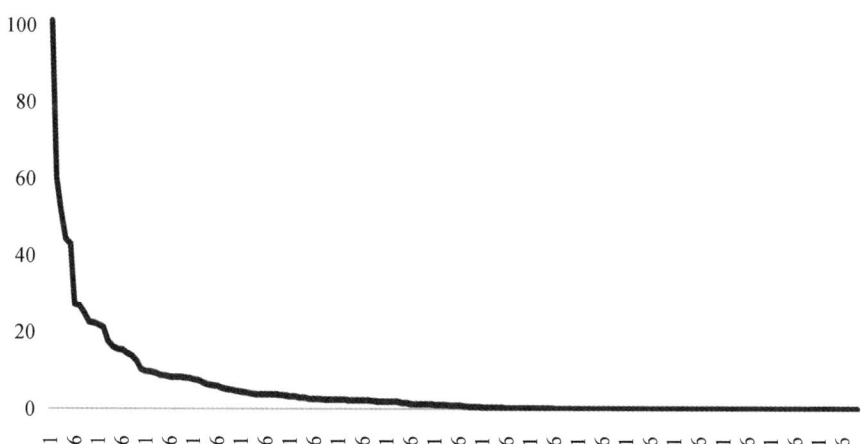

**图4-13 2019年各高新区创新企业竞争力指数得分**

根据指数得分，对高新区进行分类。高新区得分高于 20 分（排名约为前 7%）的被视为创新企业竞争力水平较高的高新区，得分在 7—20 分之间（排名约为 7%—20%）的高新区被视为创新企业竞争力水平中等的高新区，得分低于 7 分的高新区（排名约为后 80%）被视为创新企业竞争力有待提升的高新区。如图 4-14 所示，2019 年创新企业竞争力水平较高的高新区有 12 家，创新企业竞争力水平中等的高新区有 21 家，创新企业竞争力水平有待提高的有 136 家。

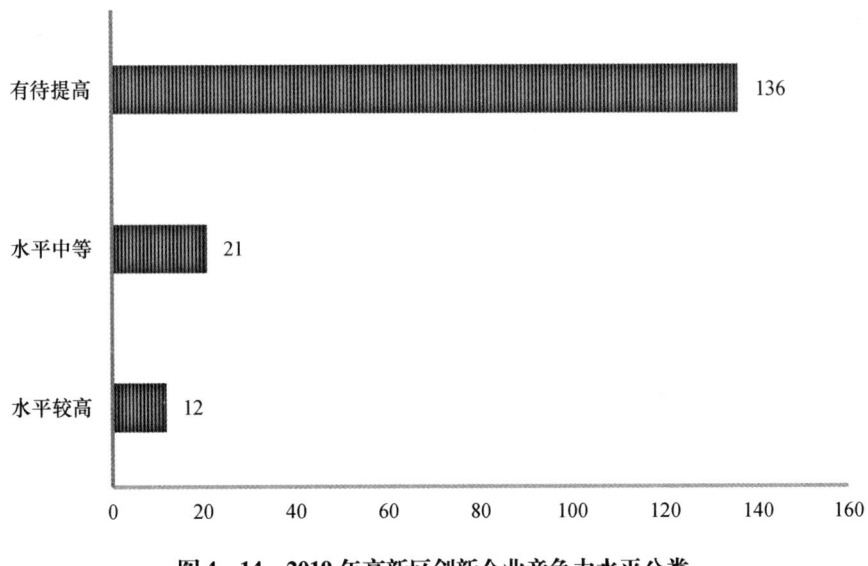

图 4-14　2019 年高新区创新企业竞争力水平分类

（二）东部地区创新企业竞争力水平最高

如图 4-15 所示，全国高新区创新企业竞争力指数得分均分为 4.93 分。东部地区指数得分均分超过平均分，为 8.23 分；西部地区次之，得分为 2.65 分；东北地区再次，得分为 2.64 分；中部地区得分最低，为 2.54 分。这表明东部地区创新企业竞争力较强，而中部、西部和东北地区较弱，呈现区域两极分化现象。东部地区与其他三个地区创新企业竞争力存在差距，一方面是东部地区高新区数量最多，另一方面是许多创新企业，比如瞪羚企业、科创板上市企业等创新性很强的企业大都集聚在东部高新区。深层次的原因可能是东部地区在产业集聚、营商环境、创新创业氛围、融资环境等方面优势更为明显。这个结果与上文创新企业的区域分布是一致的。

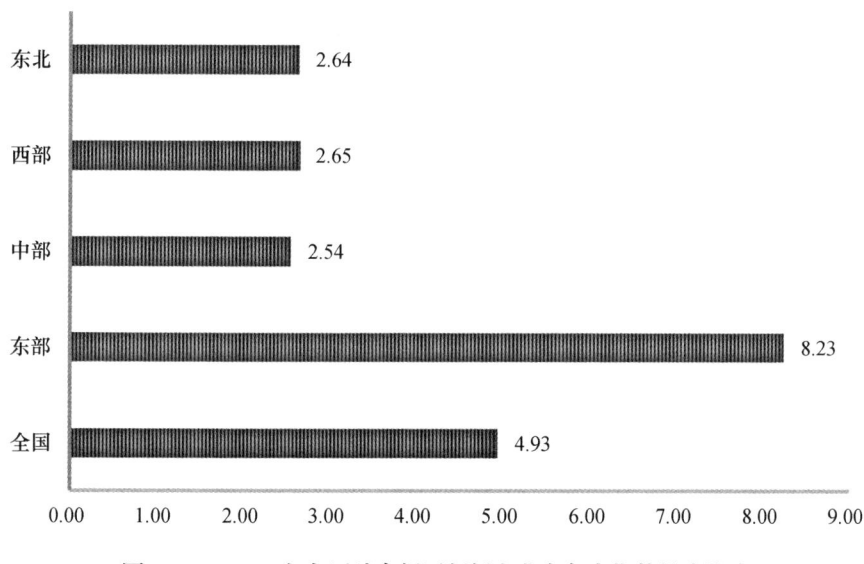

图 4-15 2019年各区域高新区创新企业竞争力指数得分均分

| 区域 | 得分 |
|---|---|
| 东北 | 2.64 |
| 西部 | 2.65 |
| 中部 | 2.54 |
| 东部 | 8.23 |
| 全国 | 4.93 |

(三) 创新企业竞争力位列前二十名的高新区排名

本节将对2019年高新区创新企业竞争力水平评分最高的前二十位进行排名，并对排名靠前的高新区的整体情况做简要分析。

如表4-6所示，排名前五的高新区指数得分高于40分，分别为北京中关村、深圳高新区、上海张江高新区、杭州高新区、广州高新区，可视为创新企业竞争力水平处于第一梯队的高新区，均位于东部一线城市，各方面发展基础较好。创新企业竞争力水平处于第二梯队的有成都高新区、东莞松山湖、南京高新区、武汉东湖、青岛高新区、珠海高新区、长沙高新区，得分均在20分以上。这些高新区要么位于强中西部强省会城市，要么位于东部发达地区或者经济特区，享有人才、政策、资金等方面的支持。剩下的高新区得分在10—20分，可视为创新企业竞争力水平第三梯队的高新区，这些高新区也大多处于经济实力较为雄厚的二线城市。

表4-6　　　　　　　　2019年高新区创新企业竞争力得分

| 序号 | 2019年高新区排名 | 评分 |
| --- | --- | --- |
| 1 | 北京中关村 | 100 |
| 2 | 深圳高新区 | 59 |
| 3 | 上海张江 | 51 |
| 4 | 杭州高新区 | 44 |
| 5 | 广州高新区 | 42 |
| 6 | 成都高新区 | 27 |
| 7 | 东莞松山湖 | 27 |
| 8 | 南京高新区 | 25 |
| 9 | 武汉东湖 | 22 |
| 10 | 青岛高新区 | 22 |
| 11 | 珠海高新区 | 22 |
| 12 | 长沙高新区 | 21 |
| 13 | 合肥高新区 | 17 |
| 14 | 中山火炬高新区 | 16 |
| 15 | 佛山高新区 | 15 |
| 16 | 厦门火炬高新区 | 15 |
| 17 | 天津滨海 | 14 |
| 18 | 宁波高新区 | 14 |
| 19 | 无锡高新区 | 12 |
| 20 | 石河子高新区 | 10 |

## 第四节　国家高新区创新转化收益分析

### 一　国家高新区创新转化收益总体分析

创新转化收益反映高新区创新投入带来的创新产出，包括创新产出的规模、收入的科技含量以及对区域经济增长和发展的带动作用，是衡量高新区创新产出效率的关键指标。本章用来衡量高新区创新转化收益的数据指标包括高新区层面的营业收入、净利润、技术收入以及上缴税收。根据统计年鉴，技术收入是指企业全年用于技术转让、技术承包、技术咨询与服务、技术入股、中试产品收入以及接受外单位委托的科研收入等。该指标反映企业利用技术优势和创新能力直接形成的经济收益情况，即知识和技术直接转化为经济效益的能力。该指标既衡量高新区研发产出，也衡量其技术转化效率。净利润是指企业当期利润总额减去所得税后的金额，即企业的税后利润。一般来说，净利润是衡量一个企业经营效益的主要指标。用在高新区层面，即是衡量高新区的经营效益和高新区内企业创造价值的能力。上缴税收指企业实际上缴的各项税金、特种基金和附加费等。上缴税收越高说明高新区盈利能力越强，反映高新区持续经营能力及对当地社会经济发展的影响。

（一）高新区营业收入分析

1. 高新区营业收入逐年上升，两年年均增速达到10%以上

如图4-16所示，2017年中国国家高新区技术收入总额为312021亿元，2018年上升为346214亿元，同比增长率达10.96%，2019年国家高新区技术收入上升为385549亿元，同比增长率为11.36%，较上年增加0.5个百分点。这说明近几年中国国家高新区营业收入处于一个稳中向好的增长趋势。

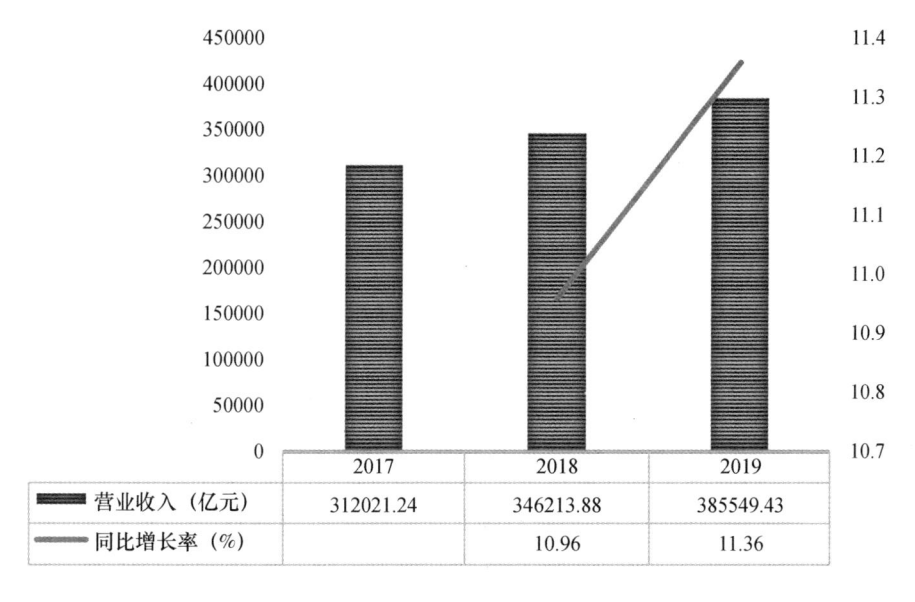

| | 2017 | 2018 | 2019 |
| --- | --- | --- | --- |
| 营业收入（亿元） | 312021.24 | 346213.88 | 385549.43 |
| 同比增长率（%） | | 10.96 | 11.36 |

**图4-16　2017—2019年高新区营业收入总额及同比增长率**

2. 东部高新区营业收入上升显著，东北地区高新区营业收入连续两年下降

如图 4-17 所示，中国东部高新区营业收入额从 2017 年的 186417.51 亿元上升至 2019 年的 242195.85 亿元，2018、2019 年两年营业收入同比增速分别为 14.5% 和 13.4%，在各区域中上升趋势最为显著。2017 年中国中部地区高新区营业收入额为 57213.96 亿元，2019 年增加至 68237.85 元，两年同比增长率分别为 7.1% 和 13.4%，上升幅度较为明显。2017—2019 年中国西部地区高新区营业收入总体也呈现上升的状态，2018、2019 年营业收入同比增长率分别为 6.7% 和 7.5%。2017—2019 年，中国东北地区的高新区营业收入连续两年下降，从 2017 年的 17761.7 亿元降至 2019 年的 17001.42 亿元，2018、2019 年的降幅分别为 2.3% 和 2%。

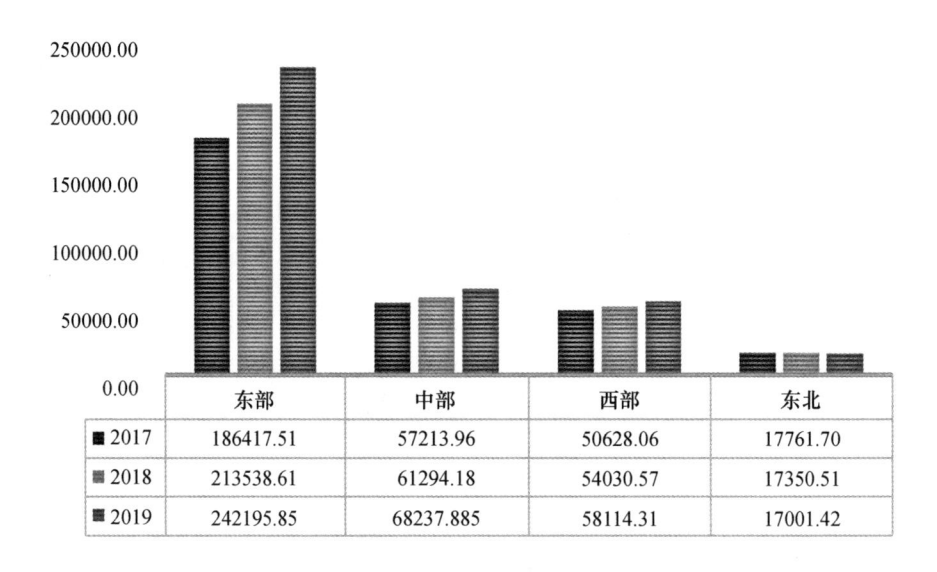

| | 东部 | 中部 | 西部 | 东北 |
|---|---|---|---|---|
| 2017 | 186417.51 | 57213.96 | 50628.06 | 17761.70 |
| 2018 | 213538.61 | 61294.18 | 54030.57 | 17350.51 |
| 2019 | 242195.85 | 68237.885 | 58114.31 | 17001.42 |

**图 4-17　2017—2019 年各区域高新区营业收入情况（亿元）**

（二）高新区净利润分析

1. 国家高新区净利润总额显著上升，东部地区贡献最大

2017 年，中国国家高新区净利润总额为 21814.68 亿元，2018 年上升为 23918.1 亿元，同比增长率为 9.64%；2019 年，高新区净利润总额为

26097.44亿元，同比增长率为9.11%。中国高新区净利润近几年呈逐渐上升趋势。分区域来看，东部地区高新区对净利润的贡献最大，东北地区贡献最小且呈显著下降的趋势。2017—2019年，中国东部地区高新区净利润总额分别为13790.46亿元、15077.45亿元和16874.55亿元，对高新区净利润总额的贡献超过50%。中部地区和西部地区2017—2019年净利润也呈现持续上升的趋势，东北地区净利润波动幅度较大，个别年份存在下降的情况。

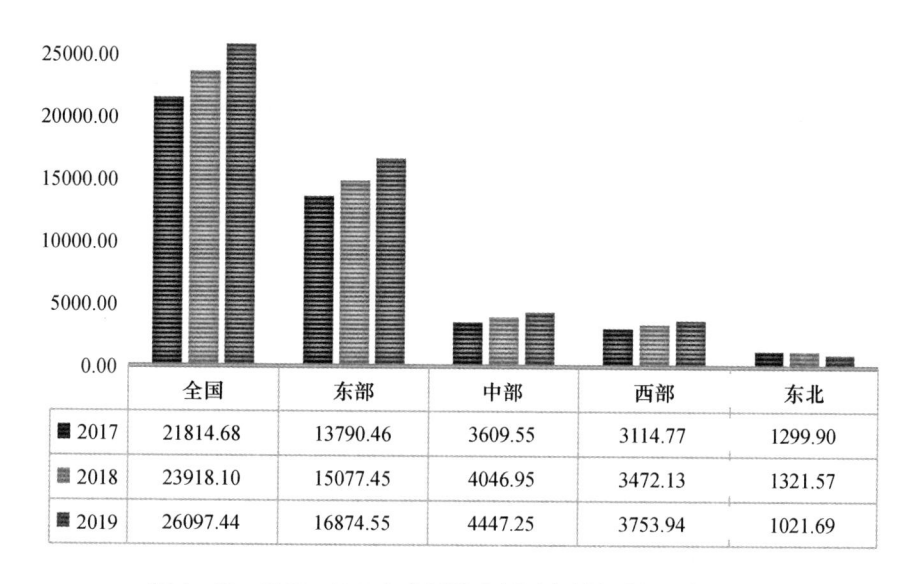

|  | 全国 | 东部 | 中部 | 西部 | 东北 |
| --- | --- | --- | --- | --- | --- |
| 2017 | 21814.68 | 13790.46 | 3609.55 | 3114.77 | 1299.90 |
| 2018 | 23918.10 | 15077.45 | 4046.95 | 3472.13 | 1321.57 |
| 2019 | 26097.44 | 16874.55 | 4447.25 | 3753.94 | 1021.69 |

图4-18 2017—2019年各区域高新区净利润总额（亿元）

2. 东、中、西部地区高新区净利润增长率高，东北地区出现负增长

2018、2019年全国高新区净利润同比增长率分别为9.64%和9.11%，增长率表现亮眼。分区域来看，2018年各区域同比增长率均为正。东部地区高新区净利润同比增长率为9.33%，中部地区表现最好为12.12%，西部地区为11.47%，东北地区为1.67%。2019年，东北地区高新区净利润增长率急转直下，为-22.69%，其他区域依然保持8%以上的高速增长。

■ 2019年  ■ 2018年

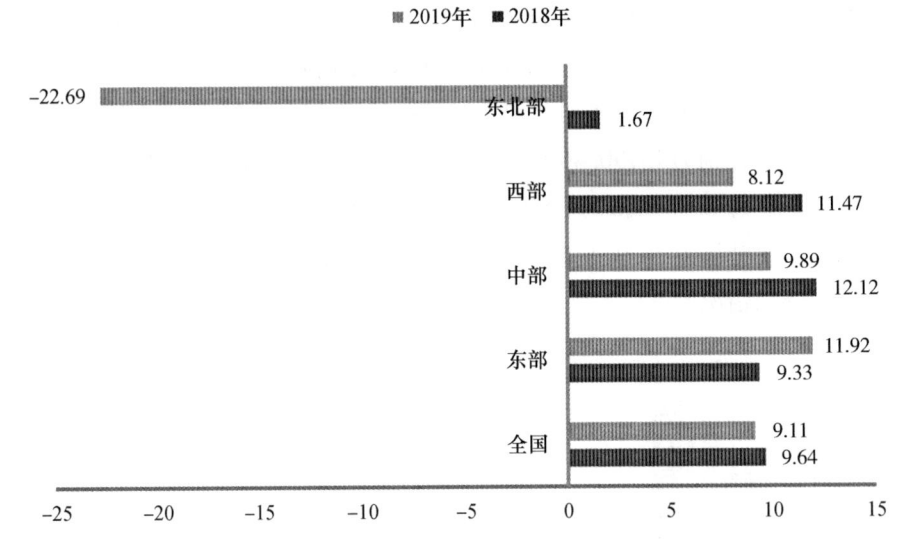

东北部: -22.69 / 1.67
西部: 8.12 / 11.47
中部: 9.89 / 12.12
东部: 11.92 / 9.33
全国: 9.11 / 9.64

**图 4-19  2018、2019 年各区域高新区净利润同比增长率（%）**

（三）高新区技术收入分析

1. 高新区技术收入逐年上升，西部地区技术收入增长显著

如图 4-20 所示，2017 年中国高新区技术收入总额为 33559.91 亿元，2019 年，技术收入上升为 47343.93 亿元，说明高新区经济的科技含量逐年增加。分区域来看，东部地区连续三年的技术收入分别为 21711.97 亿元、26206.43 亿元、32342.43 亿元，对高新区技术收入的贡献最大。这一方面是由于东部国家高新区数量最多，另一方面也反映了东部高新区整体创新转化能力较强。此外，西部地区虽然技术收入总量比中部地区低，但是上升幅度较大，2017 年西部地区高新区技术收入为 3694.04 亿元，2019 年上升至 5650.99 亿元。东北地区技术收入逐年下降，从 2017 年的 1730.38 亿元下降为 2019 年的 1244.60 亿元。

2. 东部、西部高新区技术收入增长率连续两年达 15% 以上，东北地区高新区技术收入进一步恶化

如图 4-21 所示，2018 年中国高新区总的技术收入同比增长率为 17.06%，2019 年为 20.52%，技术收入处于较高增长水平。分区域来看，东部和西部地区技术收入同比增长率 2018 年分别为 20.7% 和 31.56%，西部地区经历了非常迅猛的增长。此时，中部地区的技术收入增长率为

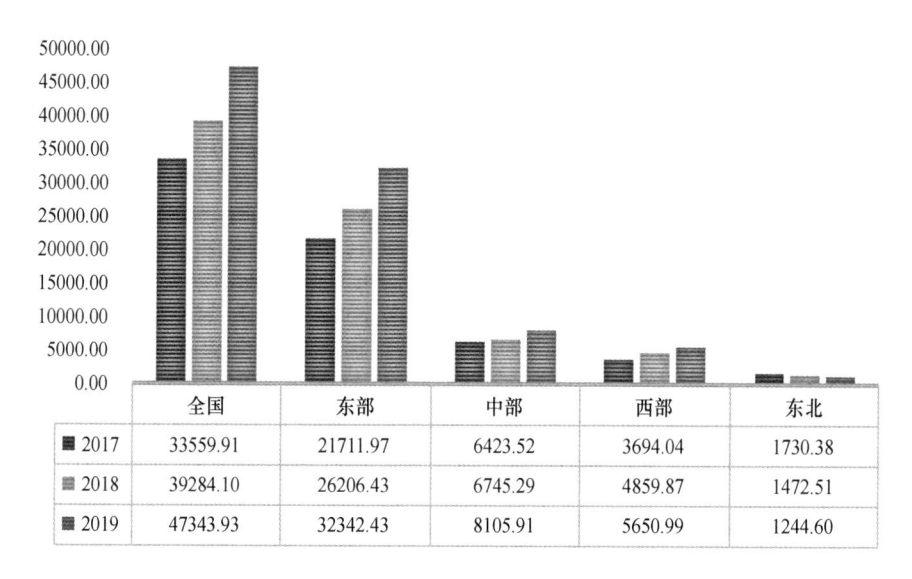

| | 全国 | 东部 | 中部 | 西部 | 东北 |
|---|---|---|---|---|---|
| 2017 | 33559.91 | 21711.97 | 6423.52 | 3694.04 | 1730.38 |
| 2018 | 39284.10 | 26206.43 | 6745.29 | 4859.87 | 1472.51 |
| 2019 | 47343.93 | 32342.43 | 8105.91 | 5650.99 | 1244.60 |

图 4-20 2017—2019 年各区域高新区技术收入情况（亿元）

5.01%，东北地区技术收入为负增长，降幅达 14.9%。2019 年东部、中部、西部地区高新区技术收入增长率均达到 15% 以上，东北地区为 -15.48%，技术收入进一步恶化。

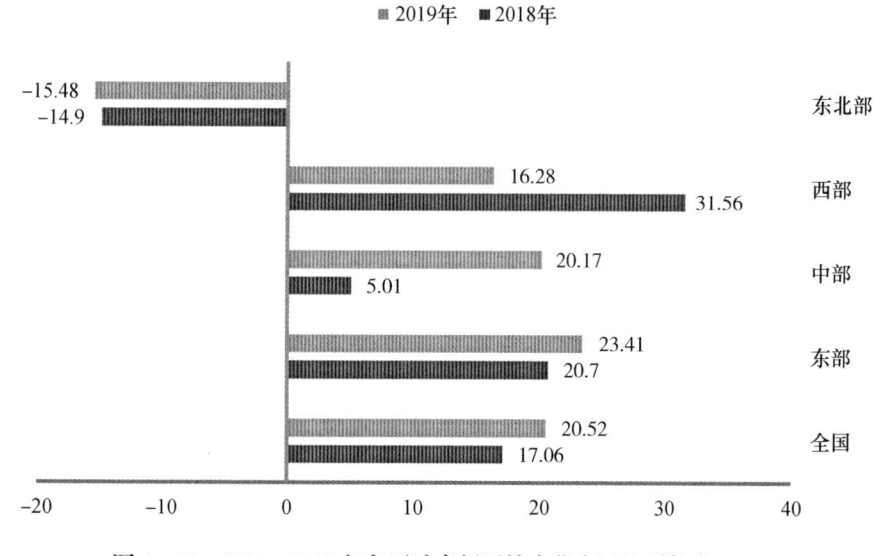

图 4-21 2018、2019 年各区域高新区技术收入同比增长率（%）

## (四) 高新区上缴税收分析

**1. 2017—2019 年高新区上缴税收总量仅有略微变化**

总体而言，高新区上缴税收总额呈现先上升后下降的趋势。如图 4-22 所示，2017 年高新区上缴税收总额为 17583.18 亿元，2018 年上升为 18650.5 亿元，2019 年有略微下降，为 18594.25 亿元。分区域看，东部地区、中部地区高新区上缴税收额也遵循先上升再略微下降的趋势。比如，2017 年东部地区高新区上缴税收总额为 9731.51 亿元，2018 年上升为 10821.02 亿元，2019 年略降至 10709.17 亿元。西部地区高新区上缴税收总额 2018 年呈现明显的下降，从 2017 年的 3514.27 亿元降至 2018 年的 3313.79 亿元。东北地区高新区上缴税收连续两年下降。

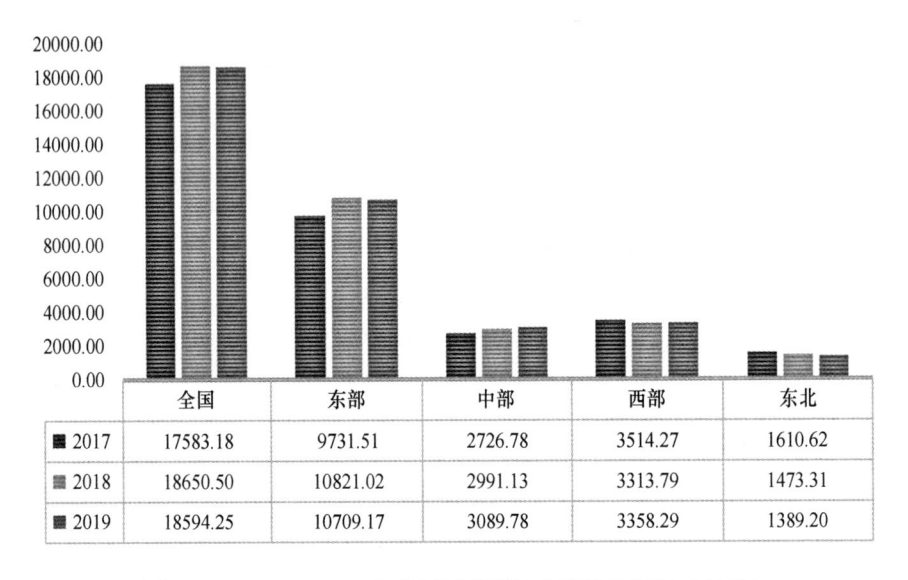

| | 全国 | 东部 | 中部 | 西部 | 东北 |
|---|---|---|---|---|---|
| 2017 | 17583.18 | 9731.51 | 2726.78 | 3514.27 | 1610.62 |
| 2018 | 18650.50 | 10821.02 | 2991.13 | 3313.79 | 1473.31 |
| 2019 | 18594.25 | 10709.17 | 3089.78 | 3358.29 | 1389.20 |

**图 4-22　2017—2019 年各区域高新区上缴税收情况（亿元）**

**2. 中部地区高新区近两年上缴税收增长率最快**

如图 4-23 所示，2018 年全国高新区上缴税收同比增长率为 6.07%，2019 年下降 0.3%。而中部地区高新区 2018、2019 年两年上缴税收同比增长率分别达到 9.69% 和 3.3%。其他高新区波动幅度较大，东北地区高新区上缴税收连续两年负增长超过 5%。

■ 2019年  ■ 2018年

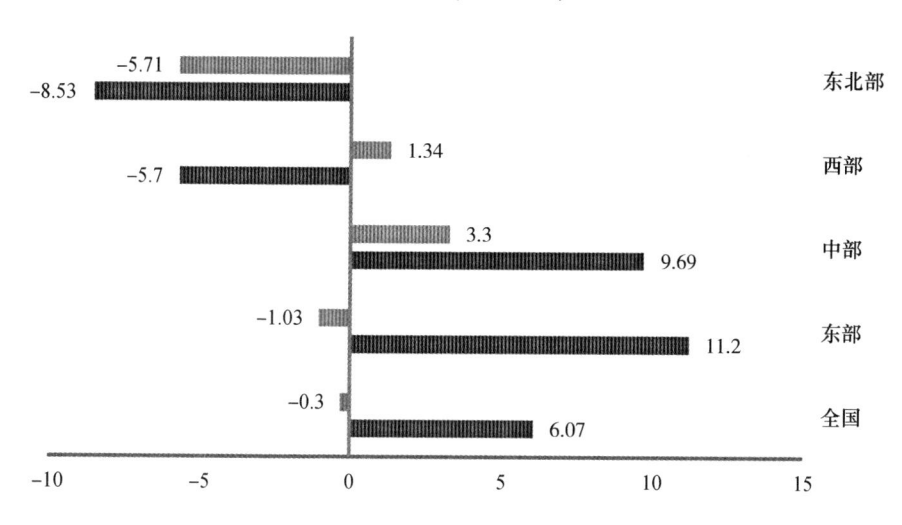

东北部: -5.71 / -8.53
西部: 1.34 / -5.7
中部: 3.3 / 9.69
东部: -1.03 / 11.2
全国: -0.3 / 6.07

图 4-23  2018、2019 年各区域高新区上缴税收同比增长率（%）

## 二 国家高新区创新转化收益指数分析

高新区创新转化收益指数使用高新区净利润、上缴税收和技术收入加权计算得出。本节将基于计算得来的各高新区创新转化收益指数，对中国高新区 2017—2019 年创新转化收益能力进行分析与评价。

### （一）高新区创新转化效益水平差异较大

2017—2019 年，高新区创新转化收益水平评分在 0.08—100 分之间。其中得分超过 10 分的高新区仅有 10 家左右。2017—2019 年，高新区创新转化收益得分均分分别为 3.61 分、3.61 分、3.77 分，均分变化并不显著。单个高新区的指数得分在三年间变化不大。为了更细致的考察高新区创新转化能力，我们将高新区按照创新转化收益指数得分进行分类，将指数得分高于 15 分的高新区视为创新转化能力较强的高新区；将指数得分在 7—15 分之间的高新区分类为创新转化水平中等的高新区；将指数得分低于 7 分的高新区定义为创新转化能力需要进一步改进的高新区。如图 4-24 所示，2017 年，中国 158 家国家高新区中，仅有 5 家满足创新转化收益水平较高的高新区，2018 年上升为 6 家，2019 年上升为 7 家。这说明本身基础较好的高新区在这三年间创新转化收益能力有所提升。2017 年，有 12 家高新区被分类为创新转化收益水平中等的高新区，2018

年下降为9家，2019年又上升为10家。数据显示，这些高新区创新转化收益水平有上升的，也有下降的。2017年，创新转化收益水平有待改善的高新区有141家（总数158家），2018年上升为154家（总数169家），2019年又降至152家，数据显示，这类高新区创新转化收益水平略微上升。

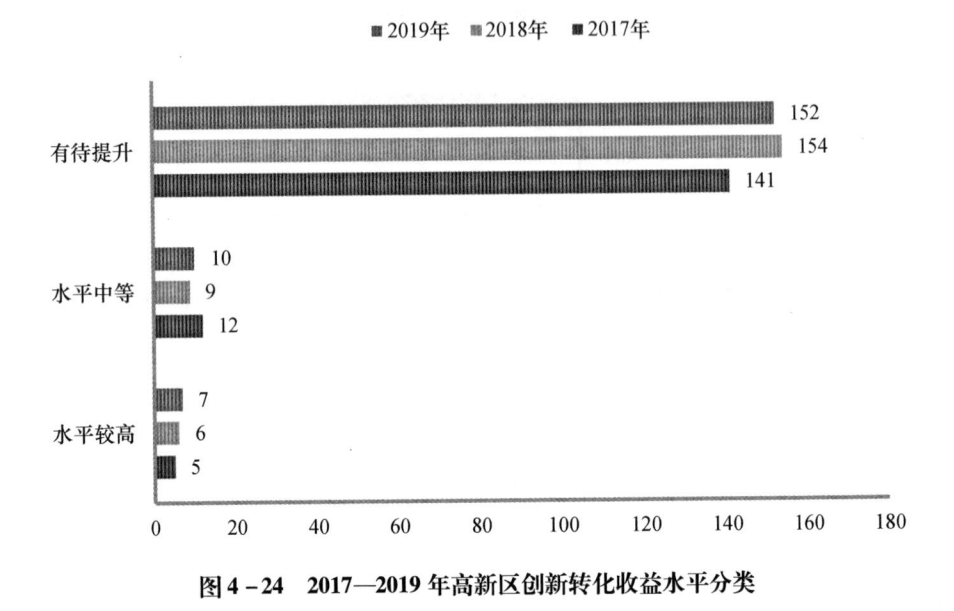

图 4-24　2017—2019 年高新区创新转化收益水平分类

**（二）分区域看，东部创新转化水平有所提升，西部、东北地区出现下降的情况**

如图4-25所示，2017—2019年全国高新区创新转化收益指数平均分分别为3.61分、3.61分、3.77分，呈略微上升的趋势。东部地区高新区创新转化收益指数均分分别为4.91分、5.11分、5.98分，跟全国高新区的趋势基本保持一致。中部地区高新区创新转化收益指数均分分别为2.45分、2.41分、2.57分，呈现先降后升的趋势。西部地区高新区创新转化收益指数均分分别为2.72分、2.65分、2.58分，东北地区分别是2.66分、2.47分、2.08分，西部和东北地区高新区创新转化收益水平出现明显的下降。

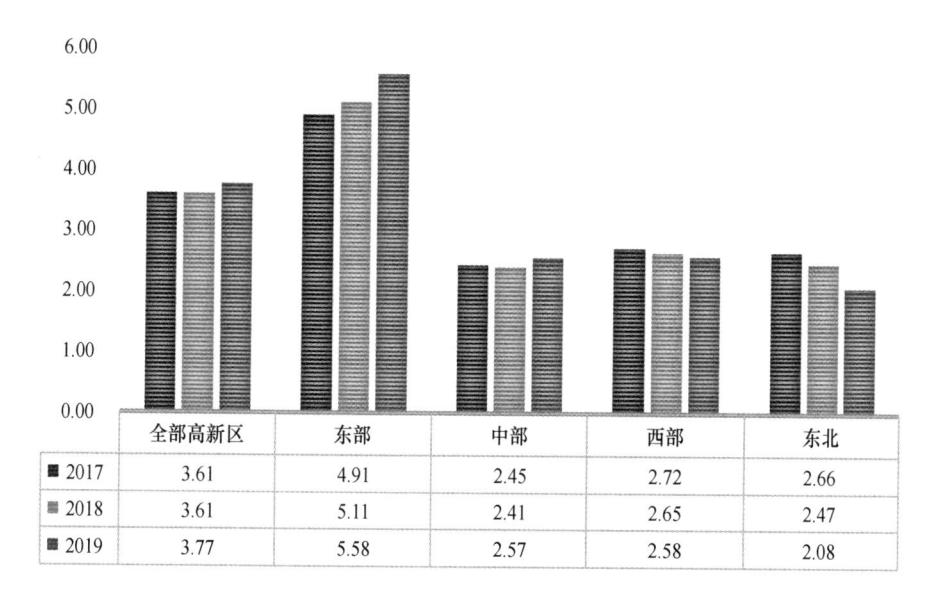

|  | 全部高新区 | 东部 | 中部 | 西部 | 东北 |
|---|---|---|---|---|---|
| 2017 | 3.61 | 4.91 | 2.45 | 2.72 | 2.66 |
| 2018 | 3.61 | 5.11 | 2.41 | 2.65 | 2.47 |
| 2019 | 3.77 | 5.58 | 2.57 | 2.58 | 2.08 |

**图 4-25  2017—2019 年各区域高新区创新转化收益水平平均值**

（三）创新转化收益位列前二十名的高新区排名

本小节将对 2017—2019 年高新区创新转化收益水平评分最高的前二十位进行排名，并对排名靠前的高新区的整体情况做简要分析。

把指数得分在 20 分以上的高新区视为创新转化收益水平第一梯队，2017 年有北京中关村、上海张江、武汉东湖、西安高新区这四个高新区进入第一梯队，2018 年深圳高新区进入第一梯队，5 家高新区指数得分有所上升，2019 年加入了广州高新区。把指数得分在 10—20 分之间的高新区视为创新转化水平第二梯队的高新区，则 2017 年有深圳高新区、长春高新区、杭州高新区、广州高新区、合肥高新区、成都高新区、南京高新区进入第二梯队，2018 年深圳进入第一梯队，南京高新区落入第三梯队，长春高新区指数得分从 14 分下降为 12 分，其他高新区指数得分不变或略微上升。2019 年天津滨海新区、苏州工业园区加入第二梯队。剩下的得分在 7—10 分的高新区可视为创新转化收益水平第三梯队，主要是位于中部的长沙高新区和位于东部一些经济条件较好的二线城市的高新区。就排名较为靠前的高新区而言，2017—2019 年其创新转化收益能力在不断提升。

表4-7　2017—2019年高新区创新转化收益指数得分排名

| 排名 | 2017年 | 评分 | 2018年 | 评分 | 2019年 | 评分 |
| --- | --- | --- | --- | --- | --- | --- |
| 1 | 北京中关村 | 93 | 北京中关村 | 99 | 北京中关村 | 100 |
| 2 | 上海张江 | 39 | 上海张江 | 43 | 上海张江 | 45 |
| 3 | 武汉东湖 | 23 | 深圳高新区 | 27 | 深圳高新区 | 35 |
| 4 | 西安高新区 | 20 | 武汉东湖 | 25 | 武汉东湖 | 28 |
| 5 | 深圳高新区 | 19 | 西安高新区 | 23 | 西安高新区 | 24 |
| 6 | 长春高新区 | 14 | 广州高新区 | 18 | 广州高新区 | 20 |
| 7 | 杭州高新区 | 13 | 杭州高新区 | 14 | 杭州高新区 | 15 |
| 8 | 广州高新区 | 12 | 长春高新区 | 12 | 合肥高新区 | 13 |
| 9 | 合肥高新区 | 12 | 合肥高新区 | 12 | 成都高新区 | 13 |
| 10 | 成都高新区 | 11 | 成都高新区 | 12 | 长春高新区 | 10 |
| 11 | 南京高新区 | 10 | 南京高新区 | 9 | 苏州工业园 | 10 |
| 12 | 长沙高新区 | 9 | 苏州工业园 | 9 | 天津滨海 | 10 |
| 13 | 苏州工业园 | 9 | 济南高新区 | 8 | 南京高新区 | 9 |
| 14 | 济南高新区 | 7 | 长沙高新区 | 8 | 济南高新区 | 9 |
| 15 | 佛山高新区 | 7 | 宁波高新区 | 7 | 宁波高新区 | 8 |
| 16 | 天津滨海 | 7 | 天津滨海 | 6 | 长沙高新区 | 7 |
| 17 | 重庆高新区 | 7 | 佛山高新区 | 6 | 佛山高新区 | 7 |
| 18 | 贵阳高新区 | 6 | 无锡高新区 | 6 | 玉溪高新区 | 6 |
| 19 | 无锡高新区 | 6 | 襄阳高新区 | 6 | 无锡高新区 | 6 |
| 20 | 宁波高新区 | 6 | 青岛高新区 | 6 | 青岛高新区 | 6 |

# 第五节　本章小结

本章以国家高新区的创新产出为主题，主要利用2017—2019年各高新区的多项评价其创新产出能力的指标数据，形成基于多主体的高新区创新产出综合评价体系。在本章中，对于高新区创新产出的分析主要包括了对创新成果、创新企业竞争力、创新转化收益三方面的分析。在此基础上，合理选择创新产出三级指标，从更微观的层面分析各高新区创新产出能力。通过本章分析得出以下结论及建议：

中国国家高新区创新产出能力存在较大差异，这种差异不仅表现在头部高新区之间，还有头部与非头部高新区之间、各区域高新区之间、区域内部的高新区之间。具体来说，北京中关村的创新产出能力领先于其他高新区，东部沿海地区国家高新区的创新能力要高于东北和中西部地区，而中西部地区的总体情况要好于东北地区。各分项创新产出能力中，东部地区各分项创新产出能力也是远高于其他地区的，中西部高新区各分项创新产出能力差别不大，但表现均好于东北地区。就单个高新区而言，北京中关村作为中国发展最成功的高新区，在创新企业竞争力、创新转化能力方面遥遥领先于其他高新区。上海张江、深圳高新区、广州高新区、杭州高新区各分项创新产出能力水平是除北京中关村外表现最好的高新区。成都高新区、西安高新区、合肥高新区、武汉东湖、长春高新区是西部、中部、东北地区表现最好的高新区，但仍与上述提及的高新区在创新产出能力上存在较大差距。

这说明中国大部分国家高新区，尤其是非东部地区的高新区，仍未摆脱一些旧有的经济增长方式，并未形成好的区域创新发展联动机制。未来各高新区应该充分认识到区域创新产出能力的空间差异，积极有效的构建高新区创新联动发展机制。进一步加强与创新能力较强的高新区的创新合作、产业承接等，充分利用创新产出能力强的高新区的技术扩散效应。引进先进管理经验，同时要提高自身的自主研发能力，进一步提升高新区创新产出绩效，强化高新区创新产出能力。此外，企业作为市场经济的主体，同时也是衡量高新区创新产出能力的重要主体，维持企业持续创新的活力是增强其竞争实力的重要途径。这就需要高新区放宽市场准入，推行市场导向型经济，为企业打造开放式创新氛围，推动企业与多种创新资源对接，增强产学研的互补效应，并进一步通过减免赋税和资金支持等举措降低其创新创业风险。

# 第五章

# 中国国家高新区创新要素投入及其对创新产出的影响

　　提高自主创新能力，需要较长时间形成技术积累，从而不断克服核心技术和关键技术的难题。这是一个庞大而漫长的工程，需要持续不断的知识累积和创新，最终，还需要有效配置创新资源来提高高新区的自主创新能力。在经济全球化和技术高速累积发展的时期，各高新区如何增强自主创新能力，如何维持现有发展地位并不断增强竞争优势，取决于全社会知识和技术的获得和利用的能力，取决于高新区各微观企业主体创造、应用、分享和积累知识的能力，以及有效地整合全社会科技资源的能力。

　　本章在总结前人优秀的研究成果的基础上，吸纳更多的与创新相关的核心要素，纳入更为全面的创新体系中，形成基于多主体的高新区创新要素投入综合评价体系。如图5-1所示，创新要素投入主要包括创新物质资本投入、创新人力资本投入、创新人力资本结构。在此基础上，本章合理选择创新要素投入指标，分析高新区创新要素投入对创新成果的影响；用高新区利润率、新开发项目数、有效发明专利数等多个指标表征创新产出成果；运用DEA模型计算各高新区的创新投入产出效率并作综合分析；最后，运用多元回归模型分析创新投入各变量与创新产出之间的关系。

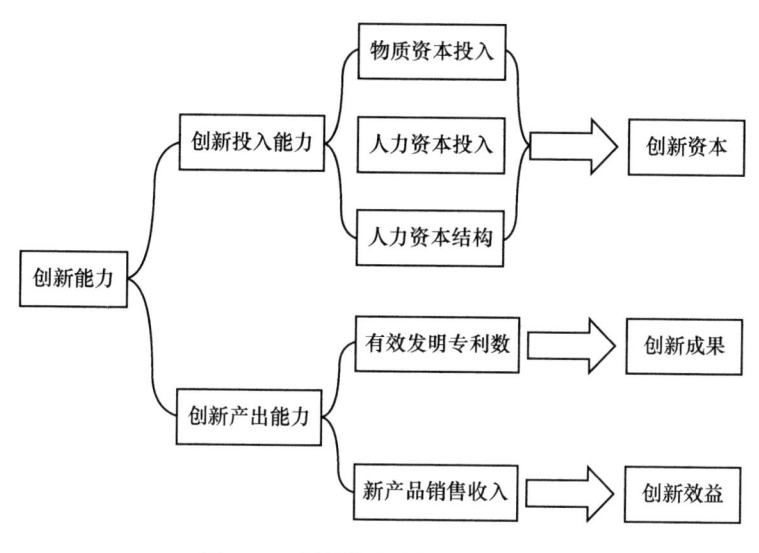

```
                    ┌─ 物质资本投入 ─┐
          ┌ 创新投入能力 ─┼─ 人力资本投入 ─┼─▶ 创新资本
          │         └─ 人力资本结构 ─┘
创新能力 ─┤
          │         ┌─ 有效发明专利数 ─▶ 创新成果
          └ 创新产出能力 ┤
                    └─ 新产品销售收入 ─▶ 创新效益
```

**图 5-1　创新能力分解及衡量标准**

## 第一节　创新投入产出效应的理论分析

创新投入有利于创新能力的提高（张建伟，2017）。一个区域创新投入的多寡在很大程度上决定了该区域创新能力的强弱，它一方面体现了不同高新区的资源禀赋等基础条件，另一方面也体现了政府及其微观企业主体对于实现创新发展的意愿与决心。R&D 投入一直是促进技术创新的核心动力，而技术进步是推动产业创新的核心力量，而基础研究和应用研究的积累是推动技术进步的主要途径。因此，随着技术水平的不断进步，基础研究领域的重大创新成果、先进的研究设施和高校的研究网络是获得国际产业的话语权的关键，有助于逐渐减少对国外技术的依赖，形成自主研发与原始创新为主要内容的新型发展模式，基础研究与应用研究对创新产出的促进作用将越来越大；现阶段，高新区内企业微观主体的试验发展也可以直接推动企业的创新发展。总体来看，目前还是主要依靠试验发展来驱动创新的发展，试验发展对创新产出的影响应当大于基础研究。

研究 R&D 投入对创新产出影响的文献中，李金保（2010）认为中国现阶段的 R&D 经费投入模式结构呈低水平均衡状态、资金的结构和配置还存在很大缺陷。陈恒（2017）通过实证分析表明随着知识产权的保护力度提高，地区 R&D 投入对各地区技术创新总体上起到了很大程度的正向效应。卫平等（2013）将政府 R&D 投入和与企业 R&D 投入的产出做了比较，分析两者间的最优情况。王鹏（2013）利用2001—2012年省际面板数据，考察了基础研究、应用研究和试验发展三类研发活动与区域创新的关系，研究结果显示，基础研究抑制了研究内外活动对区域创新的影响，应用研究则能直接推动创新产出的增长。林宇佳和谷玉飒等（2015）认为企业研发资金投入是成果产出的关键影响因素。张永安和郄海拓（2018）研究发现，中国各省市的创新成果有所增加，但是效率有待提高。朱巍等（2018）认为人员投入和经费投入对创新产出高度相关。孙早（2017）研究了基础研究和应用研究对创新绩效影响的差异性，并比较了不同技术密集型行业影响的差异性。

## 第二节　国家高新区创新要素投入概况分析

创新的发展与技术的进步离不开持续的、优质的要素投入。创新要素投入分为创新物质资本投入、创新人力资本投入和创新人力资本结构，它们对创新的持续发展起着推动和支持的作用，已经成为提升创新实力的重要保障。经过多年的发展和建设，国家高新区正在不断提高创新要素的投入水平。同时，政府也出台相应的政策、创新支持方式，正在逐步建立起政府、社会、企业等多方参与的创新投入体系。

### 一　国家高新区创新物质资本投入概况

在对创新物质资本投入的分析中，本节采用高新区层面的"研发经费内部支出""科技活动经费占工业总产值比重""每万人科技活动人员科技活动经费"等数据指标来反映各高新区对于物质资本投入的实际情况。

1. 高新区政府通过财政支持和税收优惠等手段促进创新物资资本投入

国家高新区通过加大政府对于创新等方面的财政投入，充分发挥财政资金的引导和杠杆作用，从而吸引并引导更多社会资本和微观企业主体进入到高新区创新活动当中。财政投入和与税收相关的财税政策的结

第五章　中国国家高新区创新要素投入及其对创新产出的影响　93

合,激励了高新区内企业的研发与创新。

2018年,国家高新区的财政科技拨款总额达到了1057.1亿元,其中有9家高新区当年财政科技拨款在30亿元以上,分别是深圳高新区、上海张江、武汉东湖、合肥高新区、广州高新区、苏州工业园、西安高新区、成都高新区和天津滨海。此外,如图5-2所示,在2011—2018年间,财政科技支出占当年财政支出的比例从2011年的7.8%上升到了2018年的14.8%,关于科技支出的财政投入的比例呈现总体上升趋势,也反映出政府对于高新区创新发展的推动与支持。

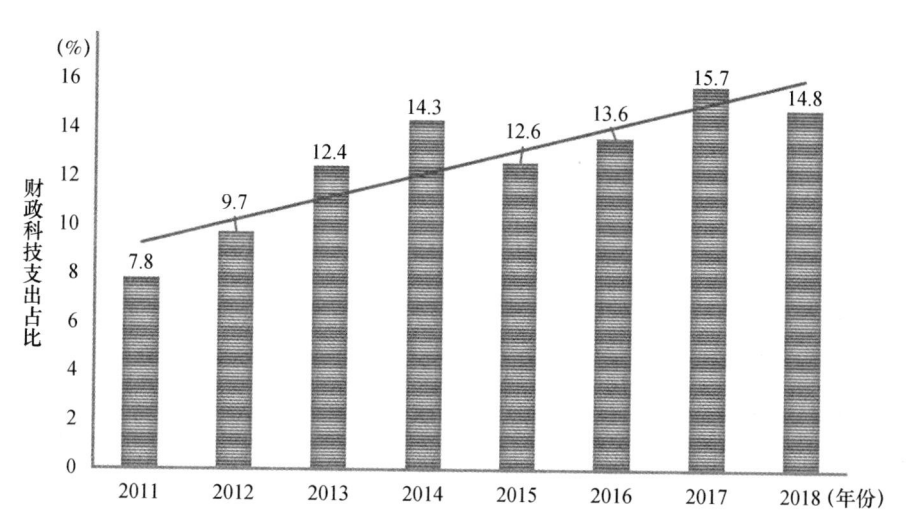

图5-2　2011—2018年高新区财政科技支出占当年财政支出比例(%)
数据来源:《国家高新区创新能力评价报告2019》

对比不同地区的高新区,各高新区的"财政科技支出占总财政支出比例"也呈现较大的差异。2018年财政科技支出占比最高的地区是中部地区的高新区,比例达到18.5%;占比排在第二位的是东部地区的高新区,为15.0%,西部地区的占比为10.9%,东北地区的占比最低,为9.1%;此外,从2017年和2018年的变化情况来看,中部地区和东部地区高新区的财政科技支出占比都明显下降,西部地区和东北地区高新区的财政科技支出占比则明显上升。这在一定程度上反映了西部地区和东北地区高新区对于创新投入的财政支持的强化,同时也反映了政府对于发展西部和东北地区高新区的一定程度上的政策倾斜和导向，以实现区域协调发展。

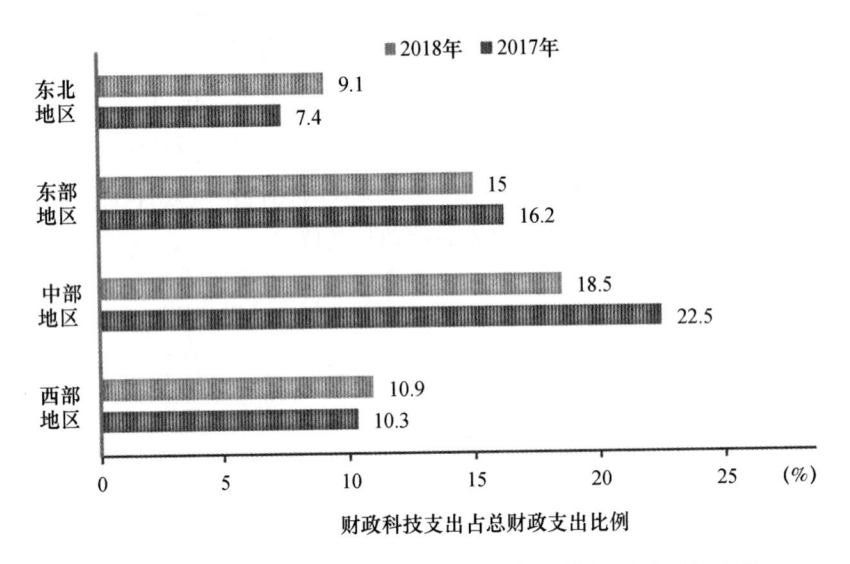

图 5-3　2017—2018 年各地区高新区财政科技支出占比及变化

数据来源：《国家高新区创新能力评价报告 2019》

在财税政策方面，2018 年有 151 家高新区为支持企业创新提供了相应的财政税收优惠政策；从采取的政策数量来看，排名前 3 位的财政税收优惠政策分别是：设立高新技术产业专项补助资金、科技发展资金资助企业科研开发以及设立专利申请资助专项经费。此外，企业的创新投入提供信用担保、实施科技产业引导性投资、对自主创新型企业减税或返还、特许权使用费实行免征或减征、建立高增值产品的增值税补偿机制、帮助中小企业增加在政府采购合同中所占比重等相关政策也被某些高新区采用。

2. 高新区研发经费内部支出不断增加

研发经费内部支出主要是指企业用于科技活动的实际支出，包括劳务费、科研业务费、科研管理费，非基建投资购建的固定资产、科研基建支出以及其他用于科技活动的支出等等，一般来说，它反映了创新投入的实际完成情况。

总体上看，高新区的研发经费内部支出增长十分迅速。如图 5-4 所

第五章 中国国家高新区创新要素投入及其对创新产出的影响 95

示，各高新区加总的研发经费内部支出从2017年的5665.8亿元迅速增加到2019年的8259.2亿元，增长率高达45.8%。这反映了高新区内的创新活动的投入和强度正在不断增强。

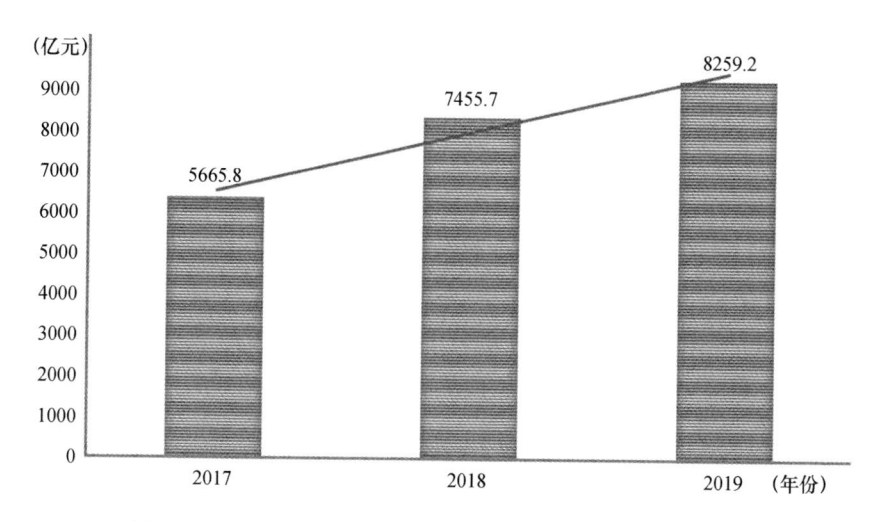

**图5-4 2017—2019年高新区总体研发经费内部支出及变化**

从国家高新区企业的研发投入强度来看，如图5-5所示，2011—2018年企业研发经费投入占增加值比例整体呈递增的趋势。

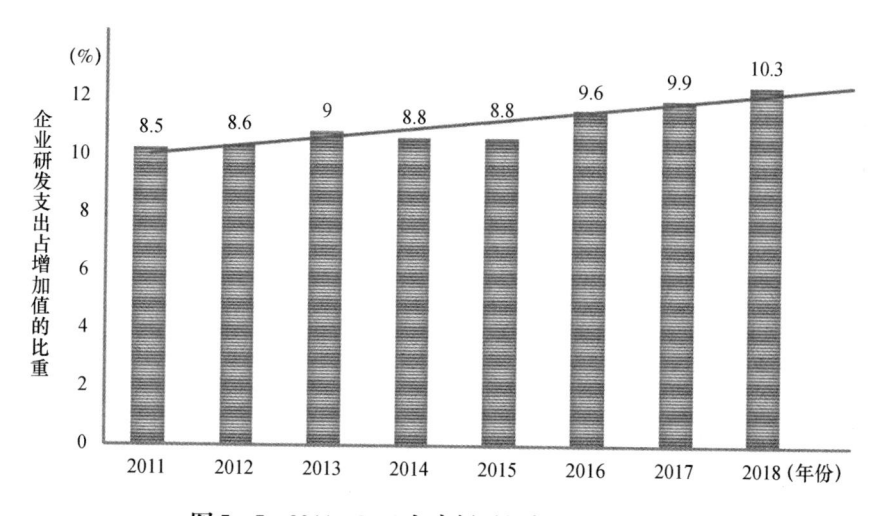

**图5-5 2011—2018年高新区研发投入强度变化**

数据来源：《国家高新区创新能力评价报告2019》

对比不同地区的高新区可知，各地区内高新区研发经费内部支出占总体的比例存在着较大的差异，且从2017—2019年的变化趋势来看，东部地区的高新区研发经费内部支出占总体的比例仍在不断上升。如图5-6所示，东部地区的高新区研发经费内部支出的比例从2017年的60%上升至2019年的68%，而东北地区、西部地区、中部地区的高新区研发经费内部支出的比例在2017—2019年间均有不同程度的下降。一方面，该现象在一定程度上反映了东部地区的高新区创新要素投入水平相对较高；另一方面，该现象也反映了东部地区的高新区正处于高投入、高增长的发展阶段，东部地区是中国经济发展水平相对较高的地区，高新区内产业基础较为雄厚，产业链条附加值相对较高，承担了大部分的科技研发的创新活动，创新产出也相对丰厚。东部地区高新区的这样一种"高投入—高产出—更高投入"的良性循环使得其发展水平不断得到提高，在全国范围内处于领先地位，因此东部地区的高新区研发经费内部支出占比得以呈现从2017年至2019年不断提高的现象。

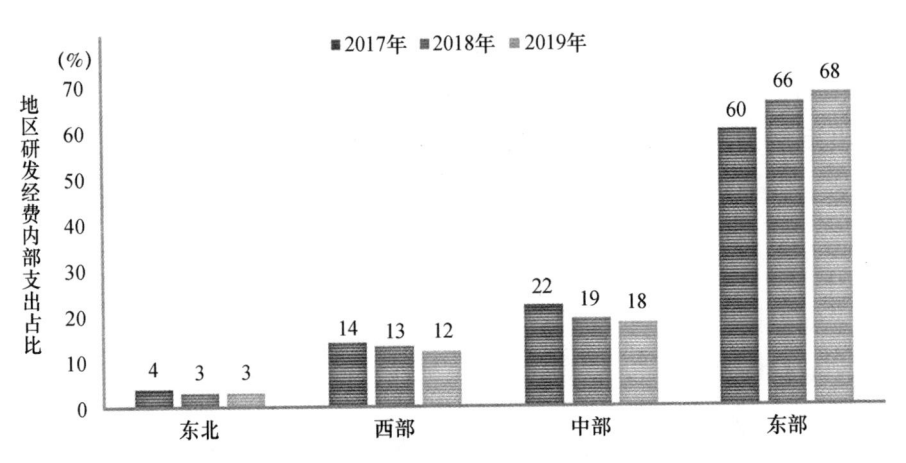

图5-6 2017—2019年各地区高新区研发经费内部支出占比及变化

此外，对比中部地区、西部地区和东北地区的高新区，中部地区的高新区研发经费内部支出占比在三年间均排在第二位，西部地区的高新区占比第三，东北地区的高新区占比最少。这样的格局一方面与各地区间高新区的数量有关，另一方面也与各地区高新区的实际研发经费内部支出的数目大小有关。

## 二 国家高新区创新人力资本投入与创新人力资本结构概况

人才作为当今社会竞争的关键所在。在创新活动十分活跃的高新区中，人力资本的重要性就更加凸显。国家高新区始终高度重视人才工作，将大力招揽高精尖人才与高标准培养预备人才相结合，目前，各高新区内聚集了一大批顶尖的科学家、科技研究人员、企业家、技能型专门人才等各类人才，成为人才集聚的高地。因此，在衡量各高新区的创新要素投入水平时，有必要分析各高新区的创新人力资本投入与创新人力资本结构状况。在本节中，将采用各高新区层面的"年末从业人员""研发人员全时当量""学历分布及占比""留学归国人员""科技活动人员占年末从业人员比重"等指标来衡量各高新区的创新人力资本投入及创新人力资本结构水平。

1. 各高新区从业人员数量不断增长

近年来，各高新区不断加强人才招揽和培养工作，创新和完善人才政策体系，出台了一系列的政策来吸引各类人才进驻高新区从事创新创业活动，面向创新人才的支持政策已经成为各高新区创新政策的基本政策配置。主要的人才政策有：培养技术创新支持人才、试行企业科技人员个人所得税返还、鼓励科技企业设立知识产权股，等等。其中，不少先进高新区在探索特色化的人才支持政策方面走在了前列：中关村持续推进着外籍人才出入境管理改革，这使得其对于全球杰出创新创业人才的吸引力进一步提升；杭州高新区提出支持高校科研团队参与高新区内企业协同创新；武汉东湖高新区的"3551光谷人才计划"从人才引进、配套资金支持等方面分层次引进和培养掌握国际领先技术的领军人才和在新兴产业领域从事科技创新创业等的高层次人才，实现了人才的梯度配置和结构优化配置。

随着高新区的各类人才支持政策的落地和园区配套设施的逐步完善丰富，高新区的人才发展环境显著改善，高新区内从业人员的数量得到不断增长。2019年，各类高新区从业人员从2017年的1940.7万人增长至2201.0万人，同比增长13.4%。分地区来看，2017—2019年间，东部地区的高新区年末从业人员的占比最高，占比达到了一半以上；同时在三年间该占比仍在不断增大，从2017年的54.9%上升至2019年的61.2%，这反映了东部地区的高新区在从业人数上相较其他地区的高新区处于净增加状态，在一定程度上也说明，相较于中国其他地区的高新区，东部地区高新区在创新人力资本投入方面的发展速度更快，发展质量更高。此外，2017—2019年间中部地区高新区的从业人员占比均值为19.58%，排在第二位；西部地区和东北地区的高新区从业人员占比均值排名相对靠后，分别为16.7%和5%，在一定程度上反映了西部地区和东北地区高新区的创新人力资本投入方面的相对落后。

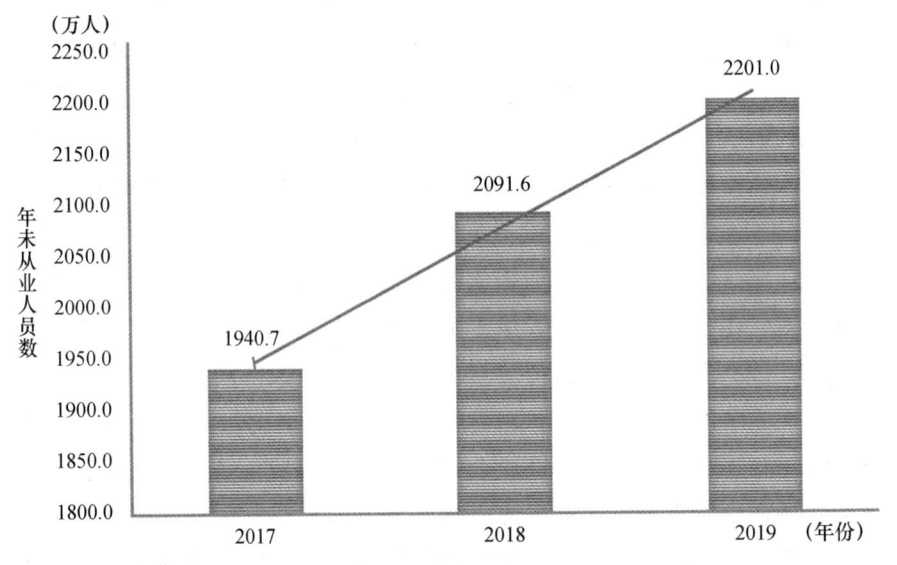

图5-7 2017—2019年高新区年末从业人员数及变化

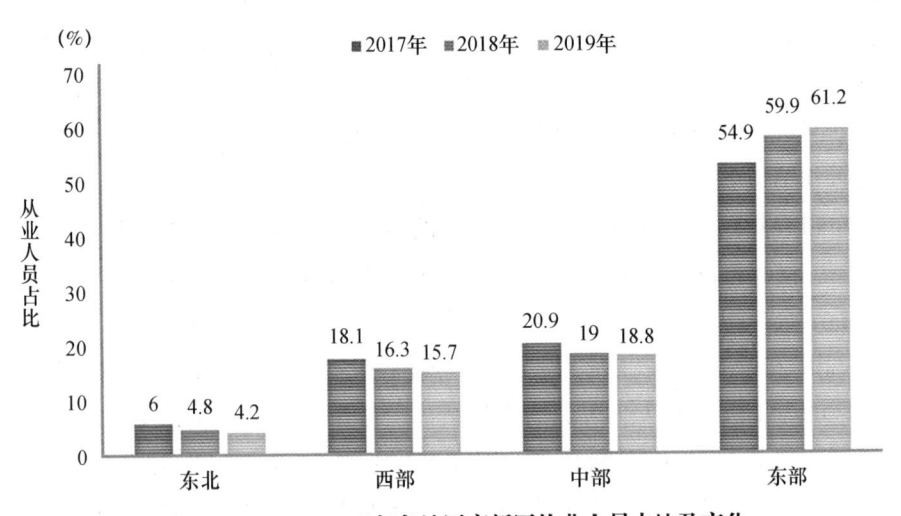

图5-8 2017—2019年各地区高新区从业人员占比及变化

## 2. 各高新区人才结构不断优化

高新区的各类从业人员不断增长的同时，高新区从业人员队伍的整体人才结构也处于不断优化的阶段。整体来看，呈现出高学历化和高技能化的趋势。下文中将采用科技活动人员占年末从业人员比重、大专以上学历人员占年末从业人员比重、留学归国人员与常驻外籍人员占科技活动人员比重等多个三级指标来反映2017—2019年来各高新区的人才结构演变情况。

首先，考察各高新区的科技活动人员占年末从业人员比重的情况。总体来看，2017—2019年各高新区科技活动人员占年末从业人员比重的均值呈现逐年上升的趋势，各高新区比重的均值从2017年的13.5%上升到2019年的14.4%，反映出高新区内人才结构越来越趋于高科技化、高技能化。分地区来看，总体上2017—2019年东部地区高新区的科技活动人员占年末从业人员比重最高，三年平均达到了15.5%；中部地区的高新区次之，三年平均达到14.3%，东北地区和西部地区的高新区排名相对靠后。

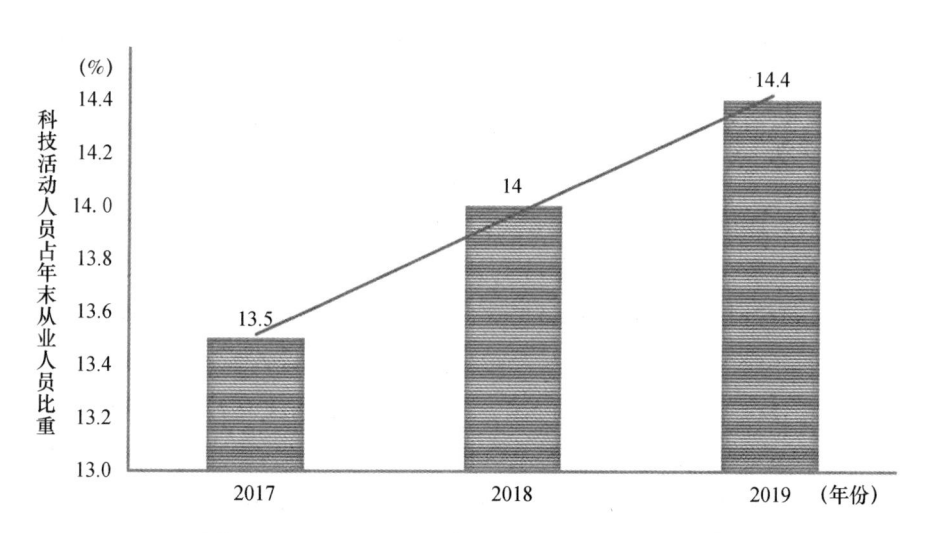

图 5-9　2017—2019年高新区科技活动人员占年末
从业人员比重均值变化

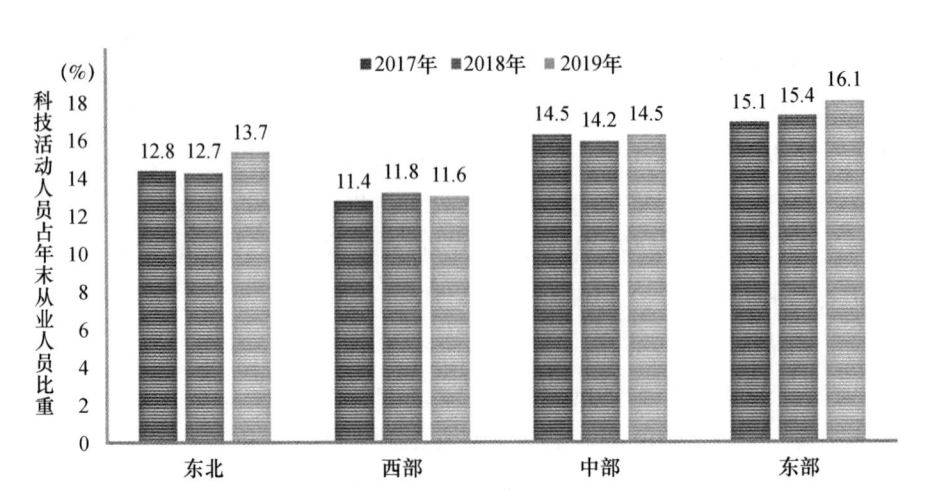

图 5-10　2017—2019 年各地区高新区科技活动人员占年末从业人员比重

其次，考察各高新区从业人员的学历构成情况。总的来说，高新区从业人员的学历构成层次越高，其高新区的科创能力相对越高，发展水平和产出效益也相对越高。各级政府、各高新区对于高学历的人才越来越重视，因此近几年中国的一些二线城市爆发了"抢人才"的现象，通过低门槛的落户条件和直接的就业补贴，以此来吸引高等院校的毕业生。高新区作为中高端就业机会最多的地方之一，理所当然成为吸引知识型人才最多的地方之一。本节选取历年各类高新区大专以上学历人员占年末从业人员比重作为高新区从业人员学历构成的评价指标。

总体来看，2017—2019 年各高新区大专以上学历人员占年末从业人员比重的均值呈现逐年上升的趋势，各高新区比重的均值从 2017 年的 44.9% 上升到 2019 年的 47.2%，反映出高新区内人才结构越来越趋于高学历化。分地区来看，总体上 2017—2019 年东北地区高新区的科技活动人员占年末从业人员比重最高，三年平均达到了 54.27%，这一方面与东北地区接受教育的程度较高有关，另一方面东北地区的高新区数量有限，在一定程度上也拉高了整体的占比；东部地区、中部地区、西部地区的高新区的科技活动人员占年末从业人员比重大致相当，三年平均值均在 45% 左右；同时，从每个地区自身来看，三年间各地区高新区的大专以上学历人员占年末从业人员比重均有逐年递增的趋势。

第五章 中国国家高新区创新要素投入及其对创新产出的影响 101

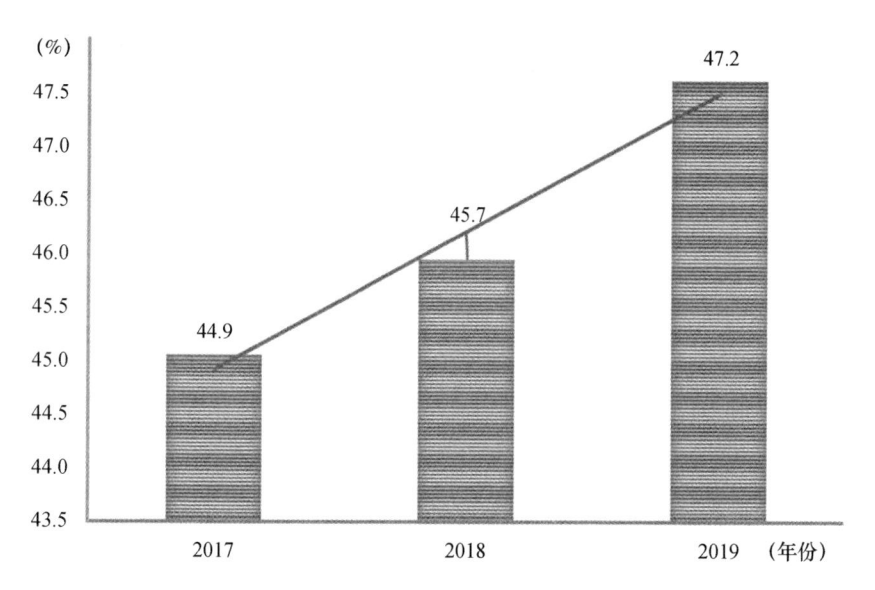

**图 5-11　2017—2019 年高新区大专以上学历人员占年末从业人员比重均值**

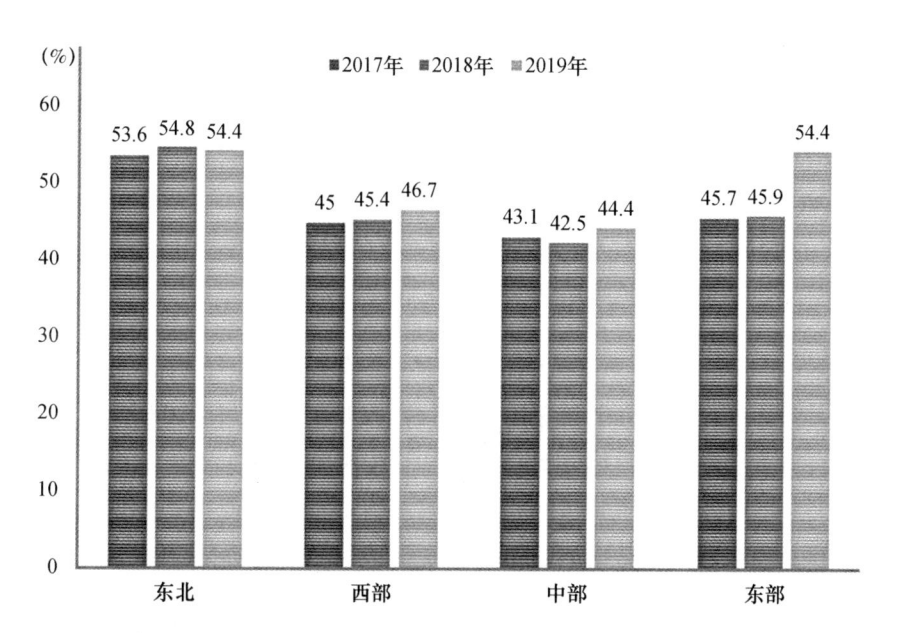

**图 5-12　2017—2019 年各地区高新区大专以上学历人员占年末从业人员比重均值**

从学历结构上来看，2018 年各高新区从业人员中有研究生（硕士、博士)135.2万人,本科生629.6万人,分别同比增长11.1%、9.2%。此外,如图5-13所示,2017—2018年本科学历从业人员由29.1%提升至30.1%,研究生学历从业人员由6.2%提升至6.5%,而大专及其他学历的从业人员的比例均有所下降,这表明以研究生、本科生为代表的高新区高学历从业人员的增速明显高于其他学历人员,且高学历从业人员的占比在不断提升。

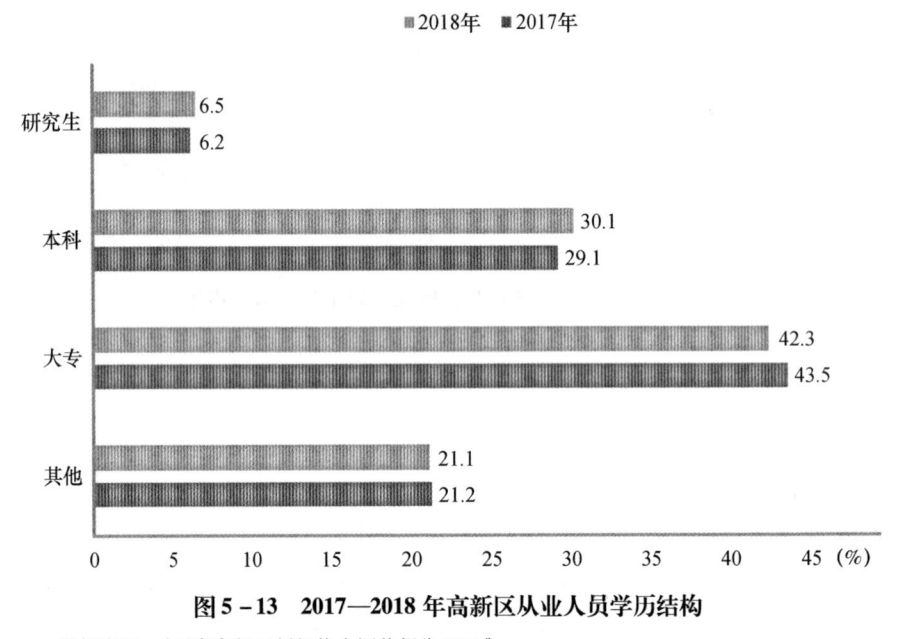

图5-13 2017—2018年高新区从业人员学历结构

数据来源:《国家高新区创新能力评价报告2019》

最后,采用"留学归国人员数"等指标分析各高新区国际人才集聚情况。总体来看,各高新区采取了多种方式吸引大量国际高端人才进驻高新区就业、创业,具体来看主要有以下几种形式:加大政策支持力度、创新支持方式、优化人才发展环境。高新区广阔的职业发展空间及高新区各项招财引智的政策措施,吸引了越来越多的国际人才进驻。

总体来看,如图5-14所示,2017—2019年间中国高新区留学归国人员总数不断攀升,总人数从2017年的134693人上升到170759人,增幅达27%。分地区来看,如图5-15所示,2017—2019年东部地区高新区留学归国人员总数最多,且三年间人数保持增长趋势;中部地区高新区的留学归国人员数排名第二,西部地区和东北地区高新区的排名相对靠后。

第五章 中国国家高新区创新要素投入及其对创新产出的影响 103

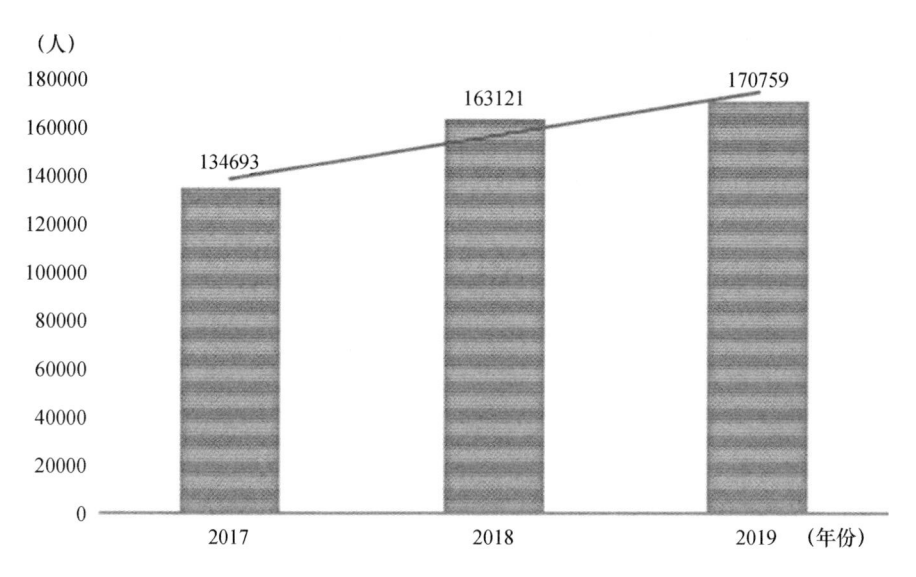

图 5-14 2017—2019 年高新区留学归国人员总数变化

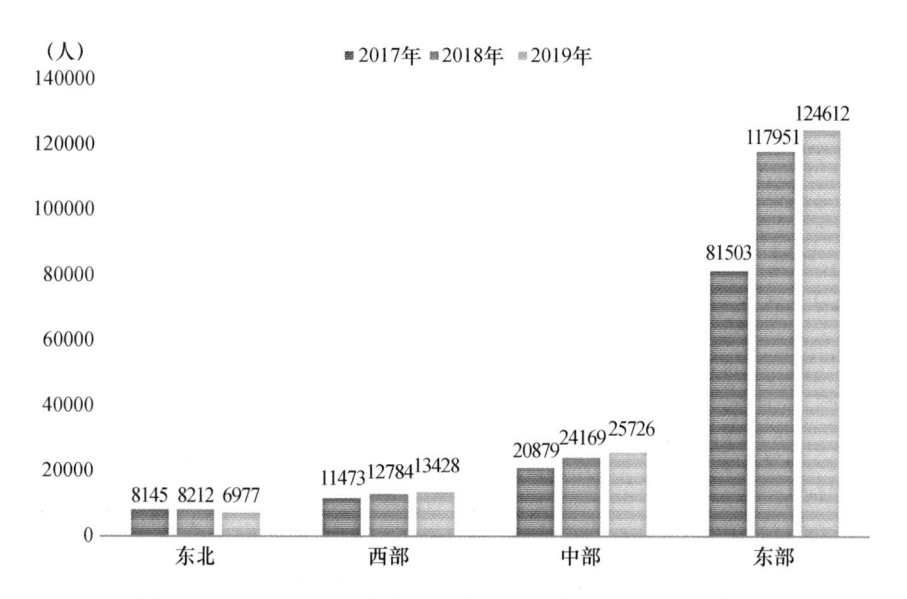

图 5-15 2017—2019 年各地区高新区留学归国人员总数变化

## 第三节 国家高新区创新要素投入水平评价

本节将基于前述章节提到的创新能力评价体系，利用省研发经费加权，分别计算得到 2017—2019 年各高新区总体创新要素投入评价值、创新物质资本投入评价值、创新人力资本投入评价值以及创新人力资本结构评价值。本节将基于计算得到的创新要素投入评价值，对各高新区的创新要素投入情况进行分类别地具体分析及排名。各项评价所依据的三级指标如下表 5 –1 所示。

表 5 –1　2017—2019 年高新区创新要素投入评价指标依据

| 一级指标 | 二级指标 | 三级指标 |
| --- | --- | --- |
| 创新要素投入水平 | 创新物质资本投入水平 | 研发经费内部支出 |
| | | 科技活动经费占工业总产值比重 |
| | | 每万人科技活动人员科技活动经费 |
| | | 当年实际使用外资金额 |
| | 创新人力资本投入水平 | 科技活动人员 |
| | | 年末从业人员 |
| | | 研发人员全时当量 |
| | | 留学归国人员 |
| | 创新人力资本结构水平 | 科技活动人员占年末从业人员比重 |
| | | 大专以上学历人员占年末从业人员比重 |

### 一　国家高新区总体创新要素投入水平评价及分析

首先，从整体上来看，如图 5 – 16 所示，2017—2019 年各高新区总体创新要素投入评价值在 1—82 分之间，其中，三年间绝大部分高新区的创新要素投入得分集中在 0—20 分区间内，头部高新区之间创新要素投入得分差异更大，得分从 20 分到 80 分不等。反映出三年间大部分的高新区创新要素投入方面的整体差异并不大，但得分排名靠前的高新区之间在创新要素投入方面却存在着体量上较大的区别，例如北京中关村三年间的创新要素投入平均得分为 80 分，远高于其他各类高新区。

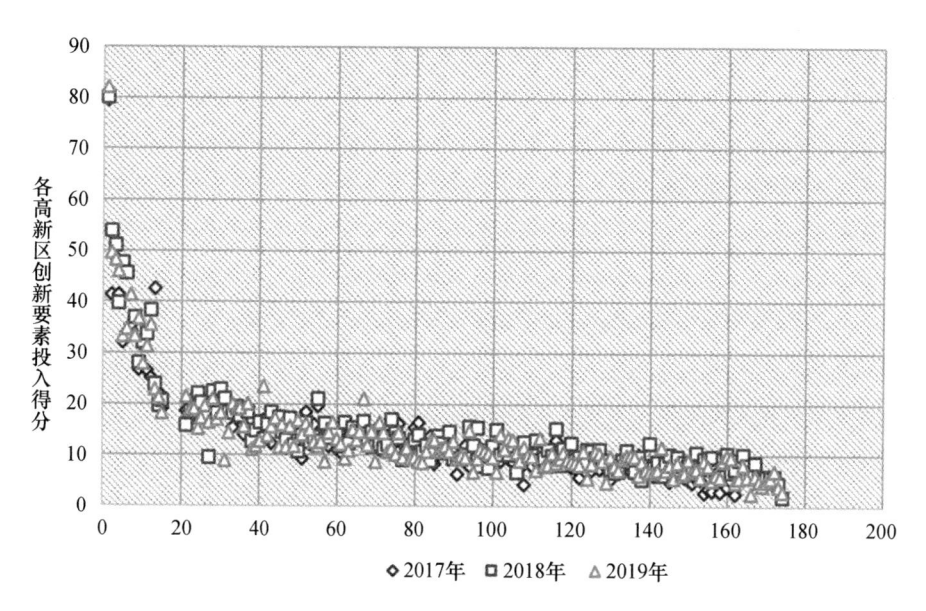

图 5-16 2017—2019 年各高新区创新要素投入得分分布

其次，根据得分情况及总体得分的分布情况，可将各高新区的创新要素投入情况分为如下三个层次：得分高于 20 分的高新区可认为是创新要素投入水平较高的高新区；得分在 10—20 分的高新区可认为是创新要素投入水平中等的高新区；得分低于 10 分的高新区可认为是创新要素投入水平有待提高的高新区。分年份来看，如图 5-17 所示，2017 年创新要素投入得分高于 20 分，即创新要素投入水平较高的高新区共有 19 个，2018 年上升到 20 个，2019 年上升到 21 个；2017 年创新要素投入得分在 10—20 分之间，即创新要素投入水平中等的高新区共有 75 个，2018 年上升到 89 个，2019 年又回落到 78 个；2017 年创新要素投入得分低于 10 分，即创新要素投入水平有待提高的高新区共有 75 个，2018 年下降到 60 个，2019 年又回升至 70 个。根据数据结果，总体上看，三年间高新区的整体创新要素投入水平有所上升。

此外，对不同地区高新区的创新要素投入的整体情况进行分析。如图 5-18 所示，分不同地区来看，各地区高新区创新要素投入水平评价的平均值相对较为接近，得分均处于 10—20 分的区间内。其中，东部地区高新区的创新要素投入水平评价的平均值最高，2017—2019 年三年间的平均值达到 16.2 分，且三年间得分逐年递增；中部地区高新区的平均值

■2019年 ■2018年 ■2017年

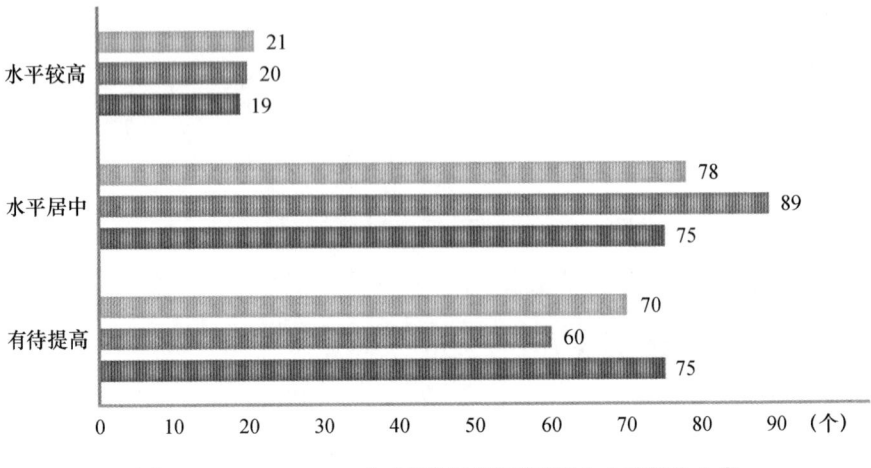

水平较高: 21 / 20 / 19

水平居中: 78 / 89 / 75

有待提高: 70 / 60 / 75

图 5-17　2017—2019 年高新区创新要素投入水平评价分类

排名次之，三年间的平均值达到 13.7 分，得分也逐年递增；东北地区、西部地区高新区的平均值排名相对靠后，三年间的平均值分别是 12.7 分和 12.5 分，但东北地区高新区三年间的得分比较稳定，没有明显的增长趋势，西部地区高新区的得分则和东部地区、中部地区的高新区一致，评分保持着逐年递增的趋势。这一数据表明，总体上看，2017—2019 年间，各地区高新区的创新要素投入水平均有所上升，其中东部地区高新区创新要素投入水平最高，中部地区次之，东北地区和西部地区相对落后。这一评分结果与本章第二节中对各高新区的创新要素投入概况分析中所得出的结论一致。

再次，本节将对 2017—2019 年高新区创新要素投入水平评分最高的前二十位进行排名，并对排名靠前的高新区的整体情况做简要分析。如表 5-2 所示，2017—2019 年，头部高新区的排名情况没有太大的变化，北京中关村、深圳高新区、上海紫竹、上海张江、武汉东湖、西安高新区排名基本稳定在前五名，可认为是中国创新要素投入水平最高的五个高新区，从事实来看，北京中关村、上海张江、武汉东湖也有着"国家自主创新示范区""世界一流高科技园区建设试点园区"等荣誉，同时北京中关村从评分来看处于绝对领先地位；此外，西安高新区、苏州工业园、杭州高新区、广州高新区的排名也基本稳定在前十名，值得一提的

第五章 中国国家高新区创新要素投入及其对创新产出的影响　107

■2017年 ■2018年 ■2019年

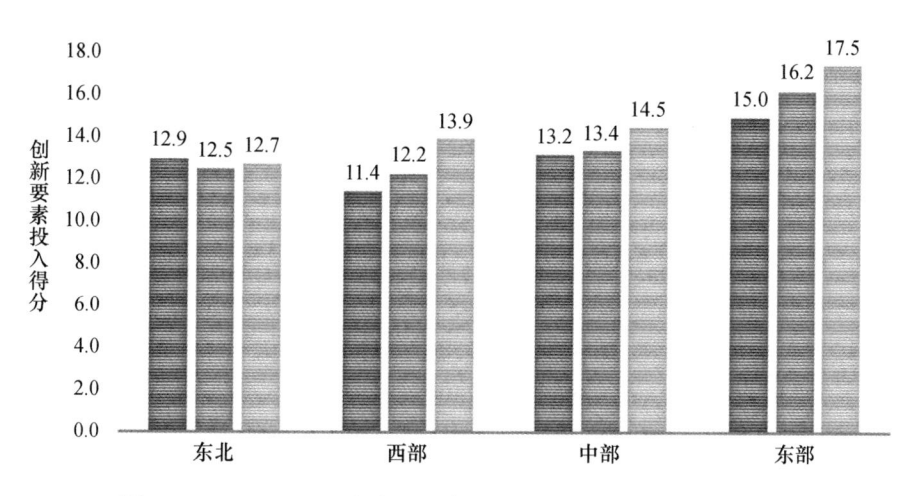

图 5-18　2017—2019 年各地区高新区创新要素投入水平平均得分

是成都高新区的排名在 2017—2019 年内逐年攀升，从 2017 年的第 12 名上升到 2019 年的第 7 名，表明成都高新区在创新要素投入方面正在不断加强，这在一定程度上也使得成都高新区的综合实力不断提升。最后，成都高新区、南京高新区、长沙高新区、长春高新区在三年间基本处于创新要素投入水平的第三梯队，其创新投入水平也相对较高，且同一梯队内部创新要素投入水平的差距较小。

表 5-2　2017—2019 年全国创新要素投入水平评分前二十的高新区名单

| 排名 | 2017 年 | 评分 | 2018 年 | 评分 | 2019 年 | 评分 |
|---|---|---|---|---|---|---|
| 1 | 北京中关村 | 75.3 | 北京中关村 | 77.0 | 北京中关村 | 87.4 |
| 2 | 上海张江 | 45.6 | 深圳高新区 | 52.3 | 深圳高新区 | 52.5 |
| 3 | 深圳高新区 | 39.9 | 上海张江 | 50.2 | 上海张江 | 50.3 |
| 4 | 武汉东湖 | 39.1 | 武汉东湖 | 44.9 | 武汉东湖 | 47.2 |
| 5 | 西安高新区 | 34.5 | 西安高新区 | 43.0 | 西安高新区 | 41.8 |
| 6 | 杭州高新区 | 34.1 | 杭州高新区 | 38.9 | 杭州高新区 | 36.2 |
| 7 | 上海紫竹 | 34.0 | 上海紫竹 | 33.8 | 成都高新区 | 34.6 |
| 8 | 广州高新区 | 32.1 | 广州高新区 | 31.6 | 广州高新区 | 34.3 |

续表

| 排名 | 2017年 | 评分 | 2018年 | 评分 | 2019年 | 评分 |
|---|---|---|---|---|---|---|
| 9 | 合肥高新区 | 29.3 | 成都高新区 | 30.9 | 上海紫竹 | 32.5 |
| 10 | 苏州工业园 | 28.1 | 苏州工业园 | 29.9 | 苏州工业园 | 31.9 |
| 11 | 南京高新区 | 25.5 | 合肥高新区 | 29.8 | 合肥高新区 | 30.0 |
| 12 | 成都高新区 | 25.2 | 南京高新区 | 27.0 | 南京高新区 | 28.8 |
| 13 | 长沙高新区 | 23.8 | 长沙高新区 | 22.7 | 连云港高新区 | 25.2 |
| 14 | 长春高新区 | 20.3 | 连云港高新区 | 22.2 | 长沙高新区 | 23.7 |
| 15 | 青岛高新区 | 20.3 | 济南高新区 | 21.2 | 潜江高新区 | 23.1 |
| 16 | 郑州高新区 | 19.9 | 南昌高新区 | 21.0 | 济南高新区 | 22.5 |
| 17 | 济南高新区 | 19.9 | 石家庄高新区 | 20.9 | 东莞松山湖 | 21.7 |
| 18 | 大连高新区 | 19.5 | 大连高新区 | 20.1 | 郑州高新区 | 21.3 |
| 19 | 连云港高新区 | 19.3 | 青岛高新区 | 19.7 | 南昌高新区 | 21.0 |
| 20 | 南昌高新区 | 19.3 | 天津滨海 | 19.5 | 石家庄高新区 | 20.3 |

## 二 国家高新区创新物质资本投入水平评价及分析

首先，从整体上来看，如图5-19所示，2017—2019年各高新区创新物质资本投入评价值在0—80分之间，其中，三年间绝大部分高新区的创新物质资本投入得分集中在0—10分区间内，头部高新区之间创新物质资本投入得分差异更大，得分从30分到80分不等。与高新区创新要素投入水平得分的分布类似，同样反映出三年间大部分的高新区创新物质资本投入水平方面的整体差异并不大，但得分排名靠前的高新区之间在创新物质资本投入方面却存在着体量上较大的区别，例如北京中关村三年间的创新要素投入平均得分为66分，远高于其他高新区。

其次，本节将对2017—2019年高新区创新物质资本投入水平评分最高的前二十位进行排名，并对排名靠前的高新区的整体情况做简要分析。如表5-3所示，2017—2019年，头部高新区的排名情况没有太大的变化，北京中关村、深圳高新区、上海张江、武汉东湖排名基本稳定在前五名，可认为是中国创新物质资本投入水平最高的五个高新区，同时北京中关村从评分来看处于绝对领先地位，三年的平均分达到了66分；此外，西安高新区、杭州高新区、成都高新区、上海紫竹的排名也基本稳

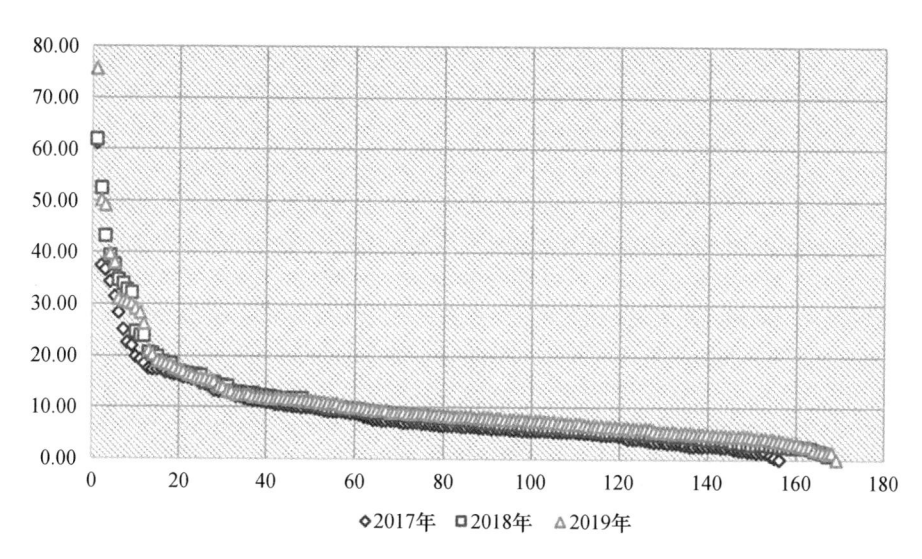

**图 5 - 19　2017—2019 年各高新区创新物质资本投入得分分布**

定在前十名。值得一提的是成都高新区的排名在 2017—2019 年内逐年攀升，2019 年上升到第八名，表明成都高新区在创新物质资本投入方面正在不断加强，这在一定程度上也使其综合实力不断提升。最后，广州高新区、苏州工业园、南京高新区、合肥高新区在三年间基本处于创新物质资本投入水平的第三梯队（10—20 名之间），其创新物质资本投入水平也相对较高，且同一梯队内部创新物质资本投入水平的差距也较小。总体来看，各高新区的物质资本投入水平得分排名与创新要素投入水平的排名总体一致，但因为事实上的各个高新区的发展策略、发展产业等的侧重不同，物质资本投入水平的得分与总体相比也表现出一定的差异性，且物质资本投入得分的差异也更大，这在一定程度上反映了各高新区对创新物质资本投入的体量上存在着巨大的差异。

**表 5 - 3　2017—2019 年全国创新物质资本投入水平评分前二十的高新区名单**

| 排名 | 2017 年 | 评分 | 2018 年 | 评分 | 2019 年 | 评分 |
| --- | --- | --- | --- | --- | --- | --- |
| 1 | 北京中关村 | 61.1 | 北京中关村 | 61.9 | 北京中关村 | 75.6 |
| 2 | 上海张江 | 37.3 | 深圳高新区 | 52.4 | 武汉东湖 | 50.1 |
| 3 | 武汉东湖 | 36.6 | 武汉东湖 | 43.3 | 深圳高新区 | 49.3 |

续表

| 排名 | 2017 年 | 评分 | 2018 年 | 评分 | 2019 年 | 评分 |
|---|---|---|---|---|---|---|
| 4 | 上海紫竹 | 34.4 | 潜江高新区 | 39.3 | 上海张江 | 39.8 |
| 5 | 深圳高新区 | 31.4 | 上海张江 | 37.6 | 潜江高新区 | 37.9 |
| 6 | 杭州高新区 | 28.4 | 杭州高新区 | 34.7 | 上海紫竹 | 31.0 |
| 7 | 西安高新区 | 25.1 | 西安高新区 | 33.9 | 西安高新区 | 30.7 |
| 8 | 安康高新区 | 22.5 | 上海紫竹 | 32.8 | 成都高新区 | 30.4 |
| 9 | 广州高新区 | 21.9 | 安康高新区 | 32.1 | 连云港高新区 | 30.0 |
| 10 | 南通高新区 | 19.8 | 成都高新区 | 24.7 | 杭州高新区 | 29.1 |
| 11 | 青岛高新区 | 19.2 | 连云港高新区 | 23.9 | 广州高新区 | 28.3 |
| 12 | 呼和浩特金山 | 18.6 | 广州高新区 | 23.8 | 东莞松山湖 | 26.3 |
| 13 | 连云港高新区 | 17.5 | 攀枝花钒钛高新区 | 20.5 | 合肥高新区 | 20.9 |
| 14 | 合肥高新区 | 17.4 | 合肥高新区 | 20.4 | 苏州工业园 | 20.2 |
| 15 | 东莞松山湖 | 17.2 | 湛江高新区 | 19.9 | 南京高新区 | 19.1 |
| 16 | 长沙高新区 | 17.2 | 南京高新区 | 18.9 | 湛江高新区 | 18.9 |
| 17 | 南京高新区 | 16.8 | 苏州工业园 | 18.5 | 长沙高新区 | 18.4 |
| 18 | 苏州工业园 | 16.5 | 呼和浩特金山 | 18.5 | 呼和浩特金山 | 18.3 |
| 19 | 大庆高新区 | 16.3 | 新乡高新区 | 17.1 | 安康高新区 | 17.7 |
| 20 | 珠海高新区 | 16.1 | 益阳高新区 | 16.9 | 青岛高新区 | 17.3 |

### 三 国家高新区创新人力资本投入水平评价及分析

首先，从整体上来看，如图 5-20 所示，2017—2019 年各高新区创新人力资本投入评价值在 0—100 分之间，且各高新区总体得分相对更加分散。其中，三年间绝大部分高新区的创新物质资本投入得分集中在 20—40 分区间内；相较于高新区创新物质资本投入水平得分，头部高新区之间创新人力资本投入得分差异有所减少，得分大部分集中在 60—80 分之间。与高新区创新要素投入水平得分的分布类似，同样反映出三年间大部分的高新区创新人力资本投入水平方面的整体差异并不大，但得分排名靠前的高新区之间在创新人力投入方面却存在着体量上较大的区别，例如上海紫竹高新区三年间的创新人力资本投入平均得分为 91 分，远高于其他各类高新区。

其次，本节将对 2017—2019 年高新区创新人力资本投入水平评分最

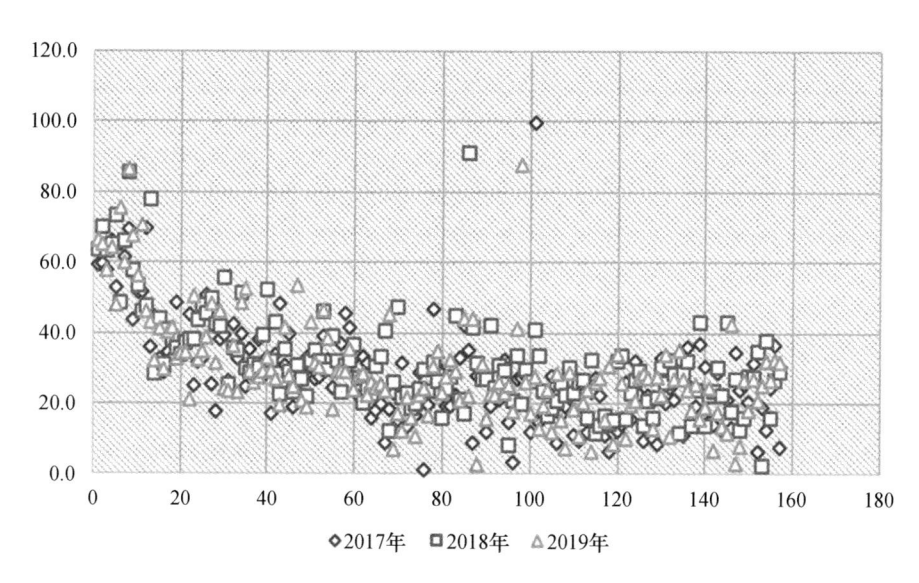

图 5-20　2017—2019 年各高新区创新人力资本投入得分分布

高的前二十位进行排名，并对排名靠前的高新区的整体情况做简要分析。如表 5-4 所示，2017—2019 年，头部高新区的排名情况没有太大的变化，北京中关村、上海张江、深圳高新区、西安高新区、武汉东湖基本稳定在前五名，可认为是中国创新人力资本投入水平最高的五个高新区，同时北京中关村从评分来看处于绝对领先地位，三年的平均分达到了 92 分；此外，广州高新区、杭州高新区、苏州工业园、合肥高新区、杭州高新区等的排名也基本稳定在前十名，且同一梯队内部创新物质资本投入水平的差距也较小。总体来看，各高新区的人力资本投入水平得分排名与创新要素投入水平的排名不太一致，因为事实上的各个高新区的发展策略、发展产业等的侧重性不同，人力资本投入水平的得分与总体相比也表现出一定的差异性。

表 5-4　　　　2017—2019 年全国创新人力资本投入水平
评分前二十的高新区名单

| 排名 | 2017 年 | 评分 | 2018 年 | 评分 | 2019 年 | 评分 |
|---|---|---|---|---|---|---|
| 1 | 北京中关村 | 87.1 | 北京中关村 | 89.9 | 北京中关村 | 100.0 |
| 2 | 上海张江 | 37.7 | 上海张江 | 48.1 | 上海张江 | 44.9 |

续表

| 排名 | 2017 年 | 评分 | 2018 年 | 评分 | 2019 年 | 评分 |
|---|---|---|---|---|---|---|
| 3 | 深圳高新区 | 23.7 | 深圳高新区 | 37.9 | 深圳高新区 | 44.0 |
| 4 | 武汉东湖 | 22.4 | 武汉东湖 | 27.4 | 武汉东湖 | 26.5 |
| 5 | 广州高新区 | 21.7 | 西安高新区 | 27.2 | 西安高新区 | 25.3 |
| 6 | 西安高新区 | 18.3 | 广州高新区 | 22.9 | 广州高新区 | 24.8 |
| 7 | 苏州工业园 | 16.9 | 苏州工业园 | 18.0 | 苏州工业园 | 19.7 |
| 8 | 杭州高新区 | 14.4 | 杭州高新区 | 17.7 | 成都高新区 | 15.6 |
| 9 | 合肥高新区 | 13.1 | 成都高新区 | 14.0 | 合肥高新区 | 15.4 |
| 10 | 长沙高新区 | 12.3 | 合肥高新区 | 13.2 | 杭州高新区 | 15.2 |
| 11 | 成都高新区 | 11.9 | 南京高新区 | 12.6 | 南京高新区 | 14.6 |
| 12 | 南京高新区 | 11.5 | 长沙高新区 | 10.5 | 长沙高新区 | 11.5 |
| 13 | 天津滨海 | 8.7 | 济南高新区 | 9.2 | 济南高新区 | 10.6 |
| 14 | 佛山高新区 | 8.5 | 佛山高新区 | 8.6 | 佛山高新区 | 9.4 |
| 15 | 济南高新区 | 8.3 | 珠海高新区 | 7.9 | 厦门火炬高新区 | 9.0 |
| 16 | 珠海高新区 | 8.2 | 天津滨海 | 7.7 | 珠海高新区 | 8.5 |
| 17 | 无锡高新区 | 7.9 | 厦门火炬高新区 | 7.6 | 宁波高新区 | 8.2 |
| 18 | 大连高新区 | 7.4 | 宁波高新区 | 7.1 | 无锡高新区 | 7.4 |
| 19 | 厦门火炬高新区 | 7.1 | 大连高新区 | 6.7 | 天津滨海 | 7.4 |
| 20 | 苏州高新区 | 6.9 | 苏州高新区 | 6.4 | 苏州高新区 | 6.2 |

## 四 国家高新区创新人力资本结构水平评价及分析

首先，从整体上来看，如图 5 – 21 所示，2017—2019 年各高新区创新人力资本结构评价值在 0—80 分之间，且各高新区总体得分相对更加分散。其中，三年间绝大部分高新区的创新物质资本投入得分集中在 0—20 分区间内；相较于高新区创新物质资本投入水平得分，头部高新区之间创新人力资本投入得分差异有所减少，得分大部分集中在 40—50 分之间。与高新区创新要素投入水平得分的分布类似，同样反映出三年间大部分的高新区创新人力资本结构水平方面的整体差异并不大，但得分排名靠前的高新区之间在创新人力资本结构方面却存在着体量上较大的差异，但这样的差异相比高新区创新要素投入水平得分更小，位列第一名的北京中关村三年间的平均得分为 74 分，与第二名的平均得分 52 分的差距相比上述其他排名来说，得分差距有所缩小。

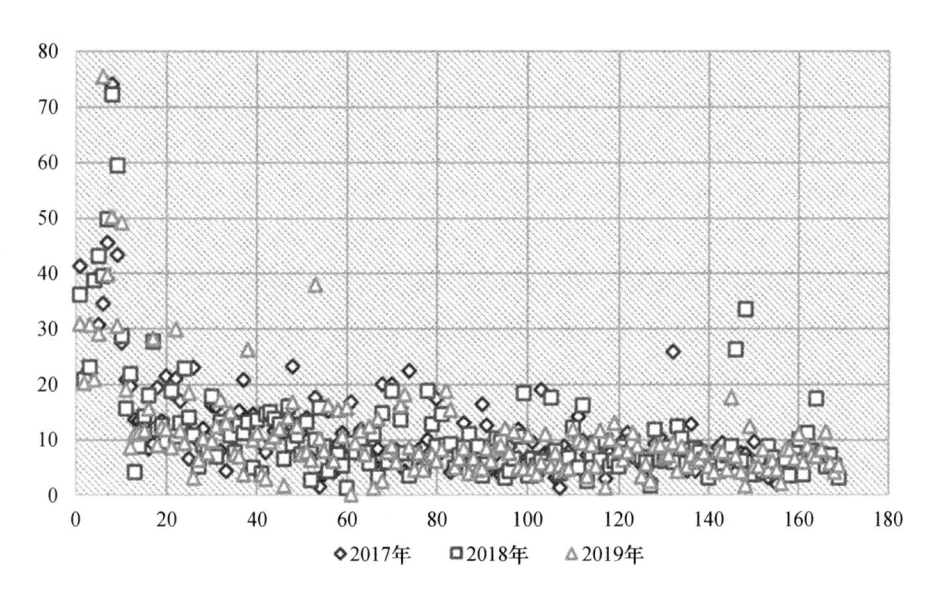

**图 5-21　2017—2019 年各高新区创新人力资本投入得分分布**

其次，本节将对 2017—2019 年高新区创新人力资本结构水平评分最高的前二十位进行排名，并对排名靠前的高新区的整体情况做简要分析。如表 5-5 所示，2017—2019 年，头部高新区的排名情况没有太大的变化，上海紫竹高新区、深圳高新区、合肥高新区、西安高新区、杭州高新区排名基本稳定在前五名，可认为是中国创新人力资本结构水平最高的五个高新区，同时上海紫竹从评分来看处于领先地位，三年的平均分达到了 98 分；此外，北京中关村、上海张江、武汉东湖、成都高新区、苏州工业园等排名也基本稳定在前十名，值得一提的是武汉东湖的排名在 2017—2019 年内逐年攀升，从 2017 年的第八名上升到 2019 年的第五名，且评分在三年间保持递增水平，表明武汉东湖在创新人力资本结构水平方面正在不断提升，这在一定程度上也使其综合实力不断提升。总体来看，各高新区的物质资本投入水平得分排名与创新要素投入水平的排名总体一致，但因为事实上的各个高新区的发展策略、发展产业等的侧重性不同，创新人力资本结构的得分与总体相比也表现出一定的差异性，这样的差异性主要体现在是排名十到十五位的高新区，出现了一些部分年份评分较高,其他年份评分又下落的情况,一定程度上反映了这类高新区创新人力资本结构方面仍存在较大的提升空间。其中,上海紫竹的人力资本结构水平最高,其高新区内创业和从业人员近4万名,其中本科及以上学历占76%,硕士及以上占20%,平均受教育程度在国家高新区中位居第一。多年来,上海紫竹持续保持较高的企业研发经费投入,每年在研发经费上的投入占技工贸收入超过6%,在全国高新区中也首屈一指。以2019年技工贸总收入680亿元来计,上海紫竹一年的企业研发投入就超过了40亿元。同时,以上海交通大学和华东师范大学为核心,引入国内外著名高等学府的科研机构和分支院校,为上海紫竹产业发展提供了充沛的人才、智力、师资、科研等支撑,也大大提高了其创新人力资本结构水平。

表5-5 2017—2019年全国创新人力资本结构水平评分前二十的高新区名单

| 排名 | 2017年 | 评分 | 2018年 | 评分 | 2019年 | 评分 |
| --- | --- | --- | --- | --- | --- | --- |
| 1 | 上海紫竹 | 96.6 | 上海紫竹 | 100.2 | 上海紫竹 | 97.5 |
| 2 | 深圳高新区 | 89.7 | 西安高新区 | 93.1 | 西安高新区 | 97.0 |
| 3 | 西安高新区 | 86.0 | 杭州高新区 | 89.9 | 杭州高新区 | 92.4 |
| 4 | 合肥高新区 | 85.5 | 武汉东湖 | 83.3 | 北京中关村 | 86.0 |
| 5 | 杭州高新区 | 85.0 | 合肥高新区 | 81.8 | 武汉东湖 | 82.6 |
| 6 | 北京中关村 | 79.9 | 北京中关村 | 81.7 | 上海张江 | 82.0 |
| 7 | 上海张江 | 78.1 | 深圳高新区 | 80.7 | 成都高新区 | 80.8 |
| 8 | 武汉东湖 | 77.9 | 上海张江 | 79.6 | 苏州工业园 | 79.8 |
| 9 | 苏州工业园 | 73.5 | 成都高新区 | 77.4 | 合肥高新区 | 77.2 |
| 10 | 广州高新区 | 73.0 | 苏州工业园 | 76.6 | 南京高新区 | 76.7 |
| 11 | 南京高新区 | 71.2 | 南京高新区 | 71.9 | 福州高新区 | 76.6 |
| 12 | 成都高新区 | 70.5 | 石家庄高新区 | 71.5 | 深圳高新区 | 76.0 |
| 13 | 石家庄高新区 | 67.5 | 福州高新区 | 71.2 | 郑州高新区 | 73.2 |
| 14 | 郑州高新区 | 65.8 | 济南高新区 | 66.0 | 石家庄高新区 | 69.7 |
| 15 | 福州高新区 | 63.7 | 广州高新区 | 64.6 | 济南高新区 | 66.7 |

续表

| 排名 | 2017年 | 评分 | 2018年 | 评分 | 2019年 | 评分 |
|---|---|---|---|---|---|---|
| 16 | 济南高新区 | 62.2 | 郑州高新区 | 63.2 | 徐州高新区 | 66.4 |
| 17 | 大连高新区 | 61.7 | 南昌高新区 | 61.9 | 广州高新区 | 65.5 |
| 18 | 咸宁高新区 | 61.0 | 沈阳高新区 | 61.4 | 沈阳高新区 | 65.4 |
| 19 | 长沙高新区 | 59.7 | 连云港高新区 | 60.7 | 连云港高新区 | 63.4 |
| 20 | 连云港高新区 | 59.3 | 太原高新区 | 60.1 | 南昌高新区 | 62.6 |

**五 典型国家高新区创新要素投入结构分析**

在本节中，选取在2017—2019年间创新投入要素水平排名靠前的典型开发区，对其进行创新要素投入方面的结构分析。主要评价依据为高新区在创新物质资本投入、创新人力资本投入以及创新人力资本结构水平的评分。

根据2017—2019年各高新区的创新要素投入水平评分排名，以及各高新区在创新物质资本投入、人力资本投入和人力资本结构三方面投入的结构特点，本节选取了北京中关村、深圳高新区、上海张江、西安高新区、武汉东湖以及苏州工业园作为分析对象。本节绘制了6个高新区的创新要素投入结构示意图，如图5-22所示，可以看出，各个高新区在创新要素投入的类别和程度上都存在着较大的差异。首先，北京中关村、深圳高新区、武汉东湖属于综合型创新要素投入结构，其在物质资本投入、人力资本投入和人力资本结构三方面都相对均衡，且发展水平都相对较高，尤其是北京中关村的各项指数评分均得到最高分，表明其创新要素投入结构最均衡，一定程度上也反映了该高新区的综合实力。深圳高新区和武汉东湖高新区创新要素投入结构和北京中关村类似，但指数评分比中关村要低。其次，上海张江、西安高新区、苏州工业园属于特色型创新要素投入结构，即在总体的创新要素投入水平较高的前提下，在创新物质资本投入、创新人力资本投入或创新人力资本结构中的某一项评分表现突出。上海张江、西安高新区、苏州工业园在创新人力资本结构方面评分较高，创新物质资本投入方面相比之下，相对薄弱。这一现象与其发展战略、发展模式和发展产业有密切的关系，创新人力资本结构方面评分较高说明科技人员占园区从业人员比重较高,国际人才占比较高,这样的结果离不开高新区的相关政策倾斜和支持。

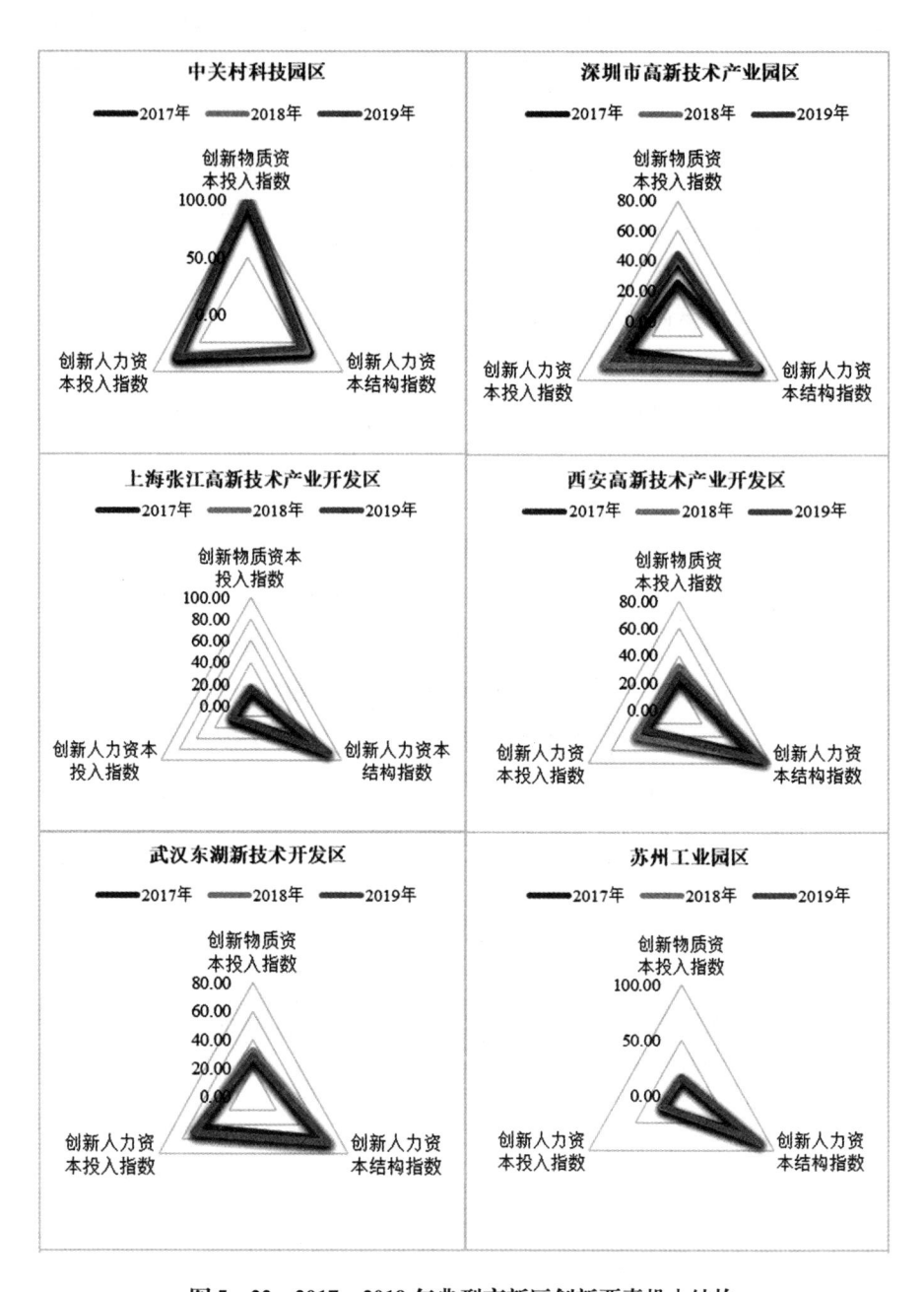

图 5-22　2017—2019 年典型高新区创新要素投入结构

## 第四节 基于 DEA 模型的国家高新区投入产出效率分析

### 一 DEA 模型简介及模型

数据包络分析（DEA）是一种局部逼近构建前沿生产函数，进而计算各决策单元（DMU）的相对效率，并以此为基础对具有相同类型的多投入、多产出的决策单元进行相对有效性评价的方法。采用数据包络分析评判各决策单元是否相对有效的标准在于：同样的投入产生较高的产出，或者同样的产出需要较低的投入。它能有效处理多指标投入和多指标产出的复杂系统，可以对多输入、多输出的同类型部门进行有效的综合评价。高新区创新投入产出效率是一个多指标投入和多指标产出的综合评价问题，投入与产出间的关系式不需要确定，基于 DEA 模型分析中国高新区创新投入产出情况，主要是分析高新区创新投入产出的规模效益。

数据包络分析经典模型包括 CCR 模型与 BCC 模型，前者假定规模报酬不变，后者假定规模报酬可变。实际中规模报酬更多呈现的是变化的情形，BCC 模型还可以将技术效率分解为纯技术效率与规模效率，能够从生产技术与规模报酬的角度进一步分析效率，考虑选择 BCC 模型。

产出 CCR 模型表达为：

$$\begin{cases} \max z = V_{C^2R} \\ \text{s.t.} \sum_{j=1}^{n} X_j \lambda_j \leq X_0 \\ \sum_{j=1}^{n} Y_j \lambda_j \geq z X_0 \\ \lambda_j \geq 0, j = 1, \cdots, n \end{cases}$$

产出 BCC 模型表达为：

$$\begin{cases} \max z = V_{BC^2} \\ s.t. \sum_{j=1}^{n} X_j \lambda_j \leqslant X_0 \\ \sum_{j=1}^{n} Y_j \lambda_j \geqslant zX_0 \\ \sum_{j=1}^{n} \lambda_j = 1 \\ \lambda_j \geqslant 0, j = 1, \cdots, n \end{cases}$$

BCC 模型的技术效率可以分解为纯技术效率以及规模效率。纯技术效率指的是产出相对投入已达到最大，即决策单元处于生产函数曲线上，当该值为 1 时，说明对应决策单元的生产技术处于最佳状态。规模效率指的是投入与产出是否具有等比例变动的关系。如果规模效率的值为 1，说明决策单元处于固定规模报酬情形；如果规模效率值不为 1，说明决策单元处于非固定规模报酬情形。

### 二 DEA 模型应用步骤

评价模型、评价单元和相关数据的选取将对评价结果产生直接影响，决定了其能否真实反映评价对象的实际情况。因此，为使评价结果更具真实性、客观性、科学性，需要科学选择决策单元、评价指标体系和评价模型。DEA 方法的应用步骤如图 5 – 23 所示。

### 三 评价指标体系和决策单元选取

高新区创新投入产出是一项多投入、多产出的复杂活动，对其效率进行分析是一个复杂的系统工程。本书采用各高新区研发经费内部支出、科技活动经费占工业总产值比重、每万人科技活动人员科技活动经费、科技活动人员作为高新区创新效率评价的投入指标，采用高新区净利润以及各类专利数据作为产出指标，如下表 5 – 6 所示。

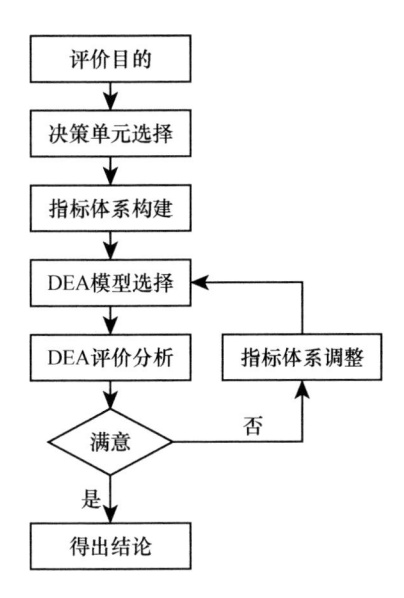

图 5-23 高新区创新投入产出效率 DEA 分析应用步骤

表 5-6 高新区创新投入产出效率衡量指标

| 一级指标 | 二级指标 | 三级指标 |
| --- | --- | --- |
| 创新投入 | 物质资本投入 | 研发经费内部支出 |
| | | 科技活动经费占工业总产值比重 |
| | 人力资本投入 | 每万人科技活动人员科技活动经费 |
| | | 科技活动人员 |
| | 人力资本结构 | 大专以上学历人员占年末从业人口比重 |
| 创新产出 | 成果转化 | 净利润 |
| | | 发明专利授权数 |
| | | 实用新型专利授权数 |

## 四 实证结果

本书采用 DEAP 软件，对 2017—2019 年中国各高新区的科技投入产出效率进行分析。首先，对 2017—2019 年创新要素投入水平排名前十五位的高新区的创新投入产出效率进行分析，如表 5-7、表 5-8、表 5-9 所示。根据计算结果可知，在 2017—2019 年间，北京中关村、上海张江高新区、深圳高新区、苏州工业园区等在三年间均达到创新投入产出效率 DEA 有效,即这几个高新区的创新科技投入产出比例合理,效率达到了相对最优。而三年间的前十五名中其他高新区没有完全达到 DEA 有效。从规模效率角度来看,三年间前十五名中大部分高新区的规模效率都超过了 0.6,尤其是创新要素投入排名相对靠前的高新区,这说明前十五名中高新区创新投入产出总体上看是规模有效的。

表 5-7 2017 年创新要素投入排名前十五的高新区创新投入产出效率

| 决策单元 | 高新区名称 | 综合效率 | 纯技术效率 | 规模效率 | 规模 |
| --- | --- | --- | --- | --- | --- |
| 1 | 北京中关村 | 1 | 1 | 1 | - |
| 2 | 上海张江 | 1 | 1 | 1 | - |
| 3 | 上海紫竹 | 0.644 | 1 | 0.644 | drs |
| 4 | 武汉东湖 | 0.857 | 0.862 | 0.995 | irs |
| 5 | 深圳高新区 | 1 | 1 | 1 | - |
| 6 | 西安高新区 | 0.711 | 0.712 | 0.998 | irs |
| 7 | 杭州高新区 | 0.664 | 0.664 | 1 | - |
| 8 | 广州高新区 | 0.507 | 0.511 | 0.993 | irs |
| 9 | 苏州工业园 | 1 | 1 | 1 | - |
| 10 | 合肥高新区 | 0.6 | 0.604 | 0.993 | irs |
| 11 | 南京高新区 | 0.602 | 0.608 | 0.989 | irs |
| 12 | 成都高新区 | 0.88 | 0.896 | 0.983 | irs |
| 13 | 长沙高新区 | 0.706 | 0.717 | 0.984 | irs |
| 14 | 长春高新区 | 1 | 1 | 1 | - |
| 15 | 青岛高新区 | 0.466 | 0.527 | 0.883 | drs |

注:irs 表示规模收益递增,drs 表示规模收益递减, - 表示规模收益不变

表 5-8 2018 年创新要素投入排名前十五的高新区创新投入产出效率

| 决策单元 | 高新区名称 | 综合效率 | 纯技术效率 | 规模效率 | 规模 |
| --- | --- | --- | --- | --- | --- |
| 1 | 北京中关村 | 1 | 1 | 1 | - |
| 2 | 深圳高新区 | 1 | 1 | 1 | - |
| 3 | 上海张江 | 1 | 1 | 1 | - |
| 4 | 武汉东湖 | 0.872 | 0.873 | 0.999 | irs |
| 5 | 西安高新区 | 0.78 | 0.781 | 0.998 | irs |

续表

| 决策单元 | 高新区名称 | 综合效率 | 纯技术效率 | 规模效率 | 规模 |
|---|---|---|---|---|---|
| 6 | 杭州高新区 | 0.595 | 0.623 | 0.955 | drs |
| 7 | 上海紫竹 | 0.824 | 1 | 0.824 | drs |
| 8 | 苏州工业园 | 1 | 1 | 1 | - |
| 9 | 合肥高新区 | 0.579 | 0.583 | 0.995 | irs |
| 10 | 广州高新区 | 0.734 | 0.739 | 0.993 | irs |
| 11 | 成都高新区 | 0.723 | 0.731 | 0.989 | irs |
| 12 | 南京高新区 | 0.532 | 0.537 | 0.99 | irs |
| 13 | 长沙高新区 | 0.634 | 0.64 | 0.991 | irs |
| 14 | 大连高新区 | 0.394 | 0.411 | 0.958 | drs |
| 15 | 南昌高新区 | 0.311 | 0.313 | 0.993 | irs |

注：irs 表示规模收益递增，drs 表示规模收益递减，- 表示规模收益不变

**表5-9  2019年创新要素投入排名前十五的高新区创新投入产出效率**

| 决策单元 | 高新区名称 | 综合效率 | 纯技术效率 | 规模效率 | 规模 |
|---|---|---|---|---|---|
| 1 | 北京中关村 | 1 | 1 | 1 | - |
| 2 | 深圳高新区 | 1 | 1 | 1 | - |
| 3 | 上海张江 | 1 | 1 | 1 | - |
| 4 | 武汉东湖 | 0.787 | 0.995 | 0.791 | drs |
| 5 | 西安高新区 | 0.848 | 0.877 | 0.967 | drs |
| 6 | 苏州工业园 | 1 | 1 | 1 | - |
| 7 | 上海紫竹 | 1 | 1 | 1 | - |
| 8 | 杭州高新区 | 0.431 | 0.6 | 0.719 | drs |
| 9 | 成都高新区 | 0.622 | 0.667 | 0.933 | drs |
| 10 | 广州高新区 | 0.727 | 0.736 | 0.988 | irs |
| 11 | 合肥高新区 | 0.454 | 0.609 | 0.746 | drs |
| 12 | 南京高新区 | 0.314 | 0.327 | 0.962 | drs |
| 13 | 连云港高新区 | 0.341 | 0.572 | 0.597 | drs |
| 14 | 长沙高新区 | 0.528 | 0.537 | 0.983 | drs |
| 15 | 济南高新区 | 0.493 | 0.494 | 0.998 | drs |

注：irs 表示规模收益递增，drs 表示规模收益递减，- 表示规模收益不变

其次，根据计算结果，对2017—2019年中国169个高新区创新投入产出效率总体情况进行分析。总体来看，中国高新区的创新投入产出效率偏低。三年间平均只有24个高新区达到了DEA有效，占高新区总数的14%，但三年间DEA有效的高新区的数量在不断攀升，从2017年的19个上升到了2019年的30个。

分地区来看，2017—2019年间东部地区高新区DEA有效的数量最多，并在三年内保持递增趋势，且2018—2019年增速较快，从2017年的8个DEA有效高新区到2019年的19个DEA有效高新区。西部地区DEA有效的高新区数量排名第二，三年间数量保持相对平稳，平均有7个DEA有效高新区。东北地区和中部地区的DEA有效的高新区数量相对较少，三年间东北地区平均有3个DEA有效高新区，而中部地区平均只有1.7个DEA有效的高新区。

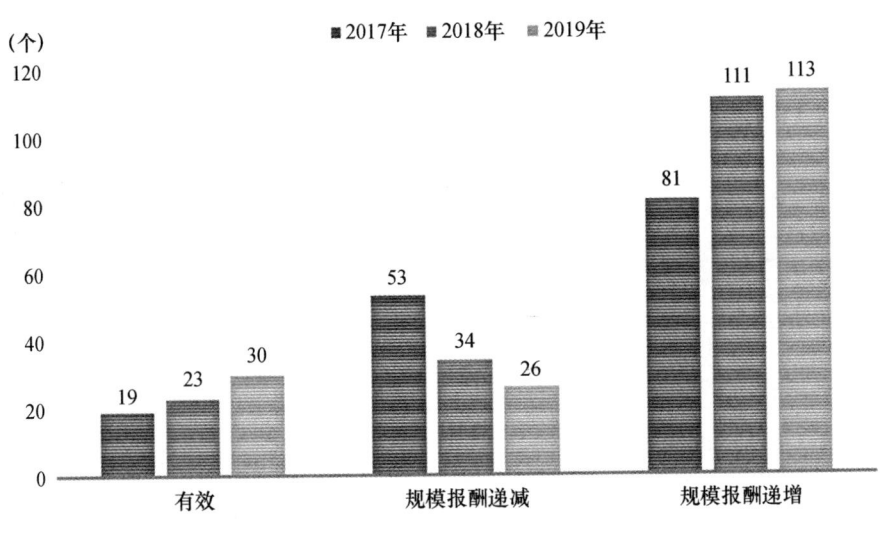

图5-24 2017—2019年高新区创新投入产出效率变化

### 五 不同类型的创新投入要素对创新产出的异质性分析

根据前面的章节，创新要素投入可以分成如下三个类型：创新物质资本投入、创新人力资本投入、创新人力资本结构。本节将建立2017—2019年高新区级的面板数据，利用固定效应方法，分析不同类型的创新投入要素对创新产出的异质性影响，分析哪一种要素投入对创新产出的

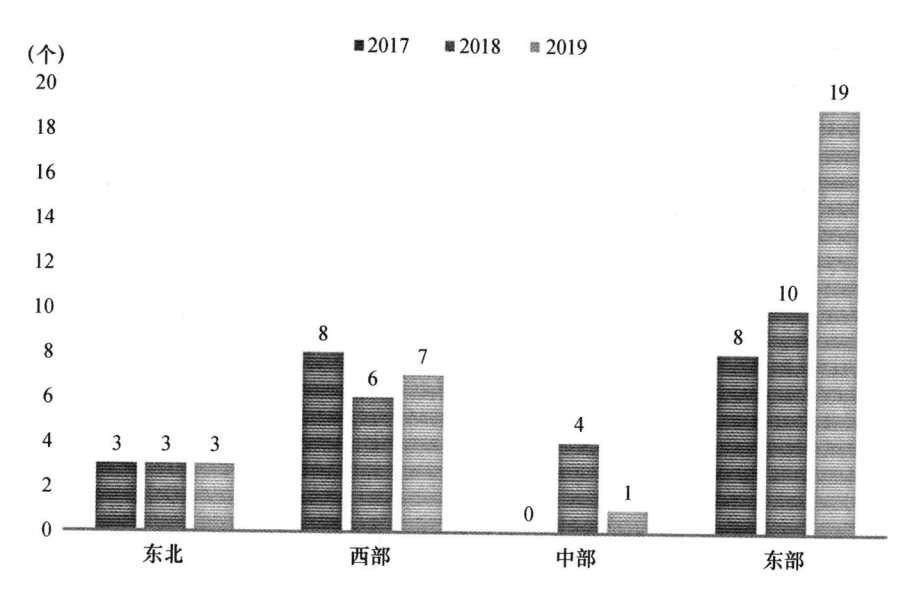

图 5-25　2017—2019 年各地区 DEA 有效的高新区数量

影响更大。

基准回归模型设定如下：

$$Innovation\_output_{it} = \alpha_0 + \alpha_1 Innovation\_input_{it} + \varepsilon_{it}$$

解释变量 $Innovation\_output_{it}$ 用高新区 $i$ 在 $t$ 年的创新产出的代理变量，本节用各高新区相应年份的专利授权数来衡量；$Innovation\_input_{it}$ 是高新区 $i$ 在 $t$ 年的创新投入的代理变量，在本节中，物质资本投入用各高新区相应年份的研发经费内部支出来衡量，用 $rd\_exp$ 来表示，人力资本投入用各高新区相应年份的科技活动人员数来衡量，用 $rd\_pop$ 来表示，人力资本结构用各高新区相应年份的大专以上学历人员占年末从业人员比重来衡量，用 $edu\_stru$ 来表示；$\varepsilon_{it}$ 为误差项。

为了消除量纲对回归结果的潜在影响，对上述数据进行了标准化处理，公式如下：

$$\widehat{X} = \frac{X - X_{min}}{Xmax - X}$$

根据上述基准回归方程和数据，得到如下表 5-10 所示的回归结果。

表 5-10　　　　不同创新投入要素对创新产出的回归结果

| 变量 | (1)<br>物质资本投入 | (2)<br>人力资本投入 | (3)<br>人力资本结构 |
| --- | --- | --- | --- |
| 物质资本投入 | 0.128***<br>(7.54) | | |
| 人力资本投入 | | 0.714***<br>(23.83) | |
| 人力资本结构 | | | 0.243***<br>(9.76) |
| 常数项 | 0.013***<br>(2.74) | -0.004<br>(-1.15) | 0.008*<br>(1.92) |
| 观测值数量 | 490 | 490 | 490 |
| 高新区样本数量 | 170 | 170 | 170 |

注：z-statistics in parentheses；*** 表示 $p<0.01$，* 表示 $p<0.1$

根据表5-10的回归结果，不同类型的创新投入要素对创新产出的作用效应均在1%的统计水平下显著为正，表明三种类型的投入对于创新产出的增加都有显著的促进作用。此外，人力资本投入的回归系数为0.714，大于人力资本结构的回归系数0.243，并且大于物质资本投入的回归系数0.128。因此，可认为人力资本投入对于创新产出的影响作用最大，人力资本结构对创新产出的影响次之，物质资本投入对创新产出的影响作用相对较小。

这一结果说明了人才的重要性。因此，各高新区在力图实现创新发展的过程中，在做好可持续性的创新物质资本投入的同时，应该出台相应的高新区人才政策，完善高新区人才引进体制机制、人才创业机制、人才科研机制，用丰厚的优待政策、良好的创新创业环境，吸引不同领域、不同层次的高学历人才进驻高新区，这样能对创新产出、创新效益有更大的提升。

## 第五节　本章小结

本章以各国家高新区的创新要素投入为主题，围绕2017—2019年各高新区的多项创新要素投入细化指标数据，形成基于多主体的高新区创新投入综合评价体系。在本章中，对于创新要素投入的分析主要包括了对创新物质资本投入、创新人力资本投入、创新人力资本结构等三方面的分析。在此基础上，合理选择创新要素投入指标，分析高新区创新要素投入对创新成果的影响；其次，用高新区利润率、新开发项目数、有效发明专利数等多个指标表征创新产出成果，运用DEA模型计算各高新区的创新投入产出效率并作综合分析；最后，运用多元回归模型分析创新要素投入各变量与创新产出之间的关系。

得出的基本结论有：一、数据显示，各国家高新区正在不断加大创新要素投入，创新要素投入水平正在不断提高，其中东部地区高新区的创新要素投入水平增速快于其他地区的高新区；二、除头部高新区的创新要素投入水平远远高于平均值之外，大部分高新区的创新要素投入水平基本一致；三、各高新区的创新要素投入结构存在较大差异，部分高新区偏重物质资本投入，部分高新区偏重人力资本投入，这一现象与高新区发展产业的差异等有关；四、总体来看，各高新区的创新投入产出效率偏低，东部地区创新投入产出效率相对最高，且东部地区DEA有效的高新区数量在2017—2019年间保持增长趋势；五、从回归结果来看，创新人力资本投入对于创新产出的影响作用最大，创新人力资本结构对创新产出的影响次之，创新物质资本投入对创新产出的影响作用相对最小。因此，各高新区在做好可持续性的创新物质资本投入的同时，应出台相应的高新区人才政策，完善高新区人才引进体制机制，以达到促进高新区创新产出、提升创新效益的目的。

# 第 六 章

# 中国国家高新区创新环境及其对创新产出的影响

## 第一节 创新环境总体描述与分析

创新环境主要考察影响企业创新的外部因素，关注的是高新区所营造的创新环境对提升创新能力方面的作用（李享等，2019）。国家高新区创新环境的营造一方面取决于高新区管委会建设的营商环境；另一方面则是高新区内创新机会的丰富程度，具体体现在资金和技术的丰富度上（Bronwyn H. Hall，2010）。前者可以直接通过高新区的基础设施条件和服务资源来测度，而后两者则可以从高新区技术市场及金融市场的活跃程度得到反映。

创新环境的衡量指标体系如图6-1所示。创新环境下设3个二级指标，分别为营商环境、技术市场环境及金融环境。二级指标下再设共9个三级指标，分别为地方政府公共预算支出中科学技术支出、政府网上办事绩效指数、高新区核准面积、输出技术成交金额、吸纳技术成交金额、年度A股直接融资额、年度风投金额、年末金融机构人民币各项贷款余额及创投机构数量。

从测算结果来看，2019年，全国高新区创新环境指数平均为9.48分。三个二级指标中营商环境的平均得分均最高，金融环境得分次之，技术市场环境得分在三者中最低。具体地，营商环境平均得分为19.52分，对创新环境的贡献率为71.15%；技术市场环境平均得分为2.41分，对创新环境的贡献率为8.77%；金融环境平均得分为5.51分，对创新环

## 第六章 中国国家高新区创新环境及其对创新产出的影响

```
                    ┌─ 地方政府公共预算支出中科学技术支出
           ┌ 营商环境 ─┼─ 政府网上办事绩效指数
           │        └─ 高新区核准面积
           │
创新环境指数 ─┼ 技术市场环境 ┬─ 输出技术成交金额
           │            └─ 吸纳技术成交金额
           │
           │        ┌─ 年度A股直接融资额
           │        ├─ 年度风投金额
           └ 金融环境 ─┼─ 年末金融机构人民币各项贷款余额
                    └─ 创投机构数量
```

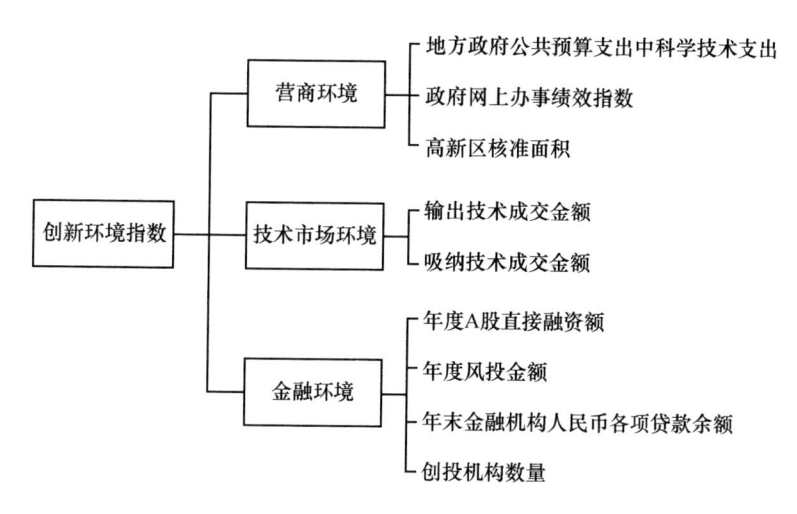

图 6-1 创新环境评价体系

境的贡献率为 20.08%。可以看出，目前在三个二级指标中，营商环境建设得最好，对创新环境建设的贡献最大。

从高新区创新环境指数排名来看，2017—2019 年，北京中关村均位列第 1，三年的创新环境指数均超过 90；深圳高新区及上海张江稳定地排在第 2、第 3，其中深圳高新区的创新环境指数逐年提升，在 2019 年达到 62；广州高新区、武汉东湖、苏州工业园、杭州高新区及西安高新区属于第二梯队，三年中的排名均处于 4—10 名之间，其中广州高新区的排名稳定在前 5，在 2018、2019 年均排在第 4 位；11—20 名高新区的排名波动较大，其中有 3 家高新区在 2019 年首次进入前 20 名，分别为宁波高新区、苏州高新区及东莞松山湖（见表 6-1）。

表 6-1　2017—2019 年创新环境前二十名高新区

| 排名 | 2017 年 | 评分 | 2018 年 | 评分 | 2019 年 | 评分 |
|---|---|---|---|---|---|---|
| 1 | 北京中关村 | 94.3 | 北京中关村 | 99.5 | 北京中关村 | 91.7 |
| 2 | 深圳高新区 | 36.4 | 深圳高新区 | 57.9 | 深圳高新区 | 62.0 |
| 3 | 上海张江 | 34.7 | 上海张江 | 40.7 | 上海张江 | 37.8 |
| 4 | 武汉东湖 | 21.3 | 广州高新区 | 32.2 | 广州高新区 | 36.8 |
| 5 | 广州高新区 | 17.1 | 杭州高新区 | 30.8 | 武汉东湖 | 33.0 |
| 6 | 苏州工业园 | 16.9 | 武汉东湖 | 29.6 | 苏州工业园 | 32.5 |

续表

| 排名 | 2017 年 | 评分 | 2018 年 | 评分 | 2019 年 | 评分 |
| --- | --- | --- | --- | --- | --- | --- |
| 7 | 南京高新区 | 15.6 | 南京高新区 | 29.4 | 杭州高新区 | 27.4 |
| 8 | 西安高新区 | 14.6 | 苏州工业园 | 27.8 | 成都高新区 | 26.3 |
| 9 | 杭州高新区 | 13.8 | 西安高新区 | 23.5 | 西安高新区 | 24.8 |
| 10 | 天津滨海 | 10.2 | 成都高新区 | 19.3 | 济南高新区 | 21.7 |
| 11 | 成都高新区 | 8.6 | 珠海高新区 | 17.6 | 南京高新区 | 21.0 |
| 12 | 合肥高新区 | 8.2 | 长春高新区 | 17.4 | 珠海高新区 | 19.7 |
| 13 | 长沙高新区 | 7.8 | 贵阳高新区 | 15.9 | 天津滨海 | 19.4 |
| 14 | 长春高新区 | 6.7 | 佛山高新区 | 15.6 | 合肥高新区 | 18.5 |
| 15 | 济南高新区 | 5.8 | 惠州仲恺 | 14.5 | 宁波高新区 | 17.7 |
| 16 | 珠海高新区 | 5.7 | 长沙高新区 | 14.0 | 长沙高新区 | 17.6 |
| 17 | 重庆高新区 | 5.5 | 济南高新区 | 13.9 | 贵阳高新区 | 16.9 |
| 18 | 厦门火炬 | 4.8 | 海口高新区 | 13.6 | 苏州高新区 | 16.9 |
| 19 | 青岛高新区 | 4.6 | 天津滨海 | 13.6 | 东莞松山湖 | 16.5 |
| 20 | 南昌高新区 | 4.5 | 温州高新区 | 13.5 | 青岛高新区 | 15.8 |

## 第二节　营商环境

国家高新区一方面通过积极探索和完善创新相关的政府服务平台及模式，为园区企业的创新发展提供良好的政务服务环境；另一方面通过投入科技资金及基础设施资金，推动园区硬件及软件的发展，提高园区服务创新的能力。本节营商环境评价中，采用"政府网上办事绩效指数"指标来体现创新相关的政务服务方面的情况，采用"地方政府公共预算支出中科学技术支出"指标来衡量政府对创新的资金支持力度，以及采用"高新区核准面积"指标来反映政府在基础设施建设方面的支持力度。

从营商环境得分排名来看，2017—2019 年，北京中关村均排在第 1 位，三年的营商环境得分均超过 70 分，在 2019 年达到 82.3 分；深圳高新区、苏州工业园、广州高新区及上海张江三年中的排名均处于 2—5 名之间，其中深圳高新区在 2018、2019 年连续两年排在第 2 名；6—10 名高新区的排名波动较大，2019 年排在第 6 名的珠海高新区在 2017 年仅排在第 17 名，2019 年排在第 7 名的佛山高新区、第 8 名的惠州仲恺及第 10 名的泉州高新区在 2017 年均未进入前 20 名；11—20 名高新区的排名同样不稳定，其中有 4 家高新区在 2019 年首次进入前 20 名，分别为济南高新区、威海火炬高新区、烟台高新区及东莞松山湖（见表 6-2）。

表 6-2　　　　2017—2019 年营商环境前二十名高新区

| 排名 | 2017 年 | 评分 | 2018 年 | 评分 | 2019 年 | 评分 |
| --- | --- | --- | --- | --- | --- | --- |
| 1 | 北京中关村 | 70.2 | 北京中关村 | 82.3 | 北京中关村 | 82.3 |
| 2 | 苏州工业园 | 36.5 | 深圳高新区 | 72.1 | 深圳高新区 | 69.5 |
| 3 | 上海张江 | 33.3 | 苏州工业园 | 58.0 | 苏州工业园 | 58.7 |
| 4 | 广州高新区 | 23.9 | 广州高新区 | 49.2 | 广州高新区 | 53.3 |
| 5 | 深圳高新区 | 23.4 | 上海张江 | 44.1 | 上海张江 | 41.6 |
| 6 | 天津滨海 | 22.9 | 珠海高新区 | 39.1 | 珠海高新区 | 39.3 |
| 7 | 武汉东湖 | 21.9 | 武汉东湖 | 37.7 | 佛山高新区 | 38.2 |
| 8 | 南京高新区 | 13.0 | 佛山高新区 | 37.1 | 惠州仲恺 | 36.0 |
| 9 | 西安高新区 | 12.3 | 惠州仲恺 | 35.9 | 武汉东湖 | 35.5 |
| 10 | 合肥高新区 | 11.9 | 泉州高新区 | 35.4 | 泉州高新区 | 35.4 |
| 11 | 杭州高新区 | 10.9 | 贵阳高新区 | 35.3 | 贵阳高新区 | 35.4 |
| 12 | 沈阳高新区 | 10.6 | 温州高新区 | 34.6 | 温州高新区 | 34.6 |
| 13 | 成都高新区 | 10.2 | 郴州高新区 | 34.5 | 郴州高新区 | 34.5 |
| 14 | 荆门高新区 | 9.2 | 海口高新区 | 34.0 | 海口高新区 | 34.0 |
| 15 | 哈尔滨高新区 | 9.0 | 杭州高新区 | 32.7 | 长沙高新区 | 33.8 |
| 16 | 重庆高新区 | 8.8 | 南京高新区 | 31.8 | 济南高新区 | 33.6 |
| 17 | 珠海高新区 | 8.8 | 成都高新区 | 30.1 | 威海火炬高新区 | 31.9 |
| 18 | 长春净月 | 8.7 | 青岛高新区 | 28.1 | 烟台高新区 | 31.9 |
| 19 | 长沙高新区 | 8.7 | 长春高新区 | 27.9 | 成都高新区 | 31.7 |
| 20 | 青岛高新区 | 8.7 | 长沙高新区 | 27.8 | 东莞松山湖 | 31.4 |

下面对营商环境下属的 3 个三级指标进行分析。

**一　政务服务更加高效，四大地区相对均衡**

政务服务是指各级政府、各相关部门及单位，根据法律法规，为高新区企业及个人提供的许可、确认、裁决等行政服务,是营商环境的重要一环,体现高新区对创新的软件支持,而指标"政府网上办事绩效指数"反映的是高新区政务服务效率。2019年,全国高新区网上办事绩效指数平均为0.64,比2018年提高0.02,增长幅度为3.23%。以下按不同地区高新区、不同省(自治区、直辖市)高新区对评价指标"政府网上办事绩效指数"进行分析。

分地区来看,国家高新区政府网上办事绩效指数的地区间差异并不明显,仅东北地区稍有落后。东部地区高新区政府网上办事的效率最高,绩效指数平均为0.67,比总体平均值高4.69%;其次为中部地区,绩效指数平均为0.64,与总体平均水平持平;西部地区、东北地区的绩效指数分别为0.63、0.56,均低于总体平均水平,其中东北地区比总体平均值低12.50%,落后于其他三个地区(见图6-2)。

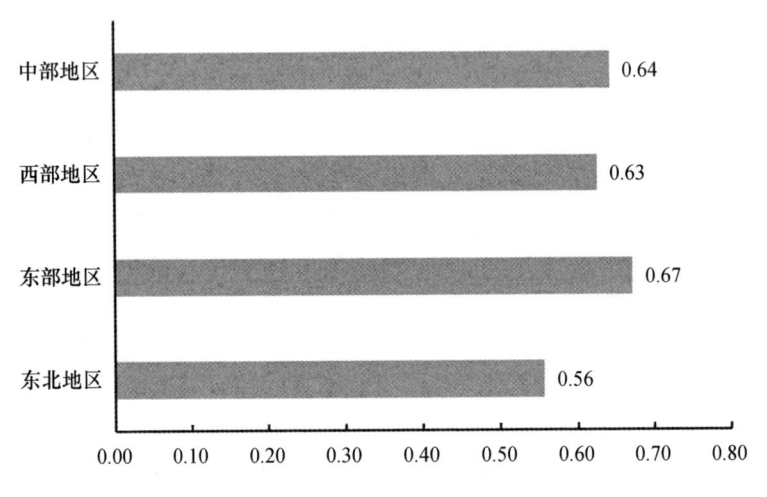

**图6-2 2019年各地区高新区政府网上办事绩效指数的平均值**

分省份来看,国家高新区政府网上办事绩效指数平均值较高的省份主要是东部沿海省份及中部个别省份。有5个省(市)的绩效指数平均值超过0.7,分别是北京市(0.80)、海南省(0.80)、贵州省(0.75)、广东省(0.72)和浙江省(0.71)。其中,贵州省是前5名中唯一来自中部地区的省份,其余4个省(市)均来自东部沿海地区(见表6-3)。具体到单个园区,2018年政府网上办事绩效指数超过0.7的园区共计52

家，比例达到 30.77%。

表 6-3　　2019 年各省（自治区、直辖市）政府网上办事绩效指数平均值及其增长率

| 省（自治区、直辖市） | 政府网上办事绩效指数均值 | 增长率（%） | 省（自治区、直辖市） | 政府网上办事绩效指数均值 | 增长率（%） |
| --- | --- | --- | --- | --- | --- |
| 北京市 | 0.80 | 0.00 | 湖北省 | 0.63 | 5.56 |
| 海南省 | 0.80 | 0.00 | 江西省 | 0.63 | 6.60 |
| 贵州省 | 0.75 | 0.00 | 河南省 | 0.62 | 1.16 |
| 广东省 | 0.72 | 2.55 | 陕西省 | 0.62 | 3.57 |
| 浙江省 | 0.71 | 0.00 | 广西壮族自治区 | 0.61 | 2.08 |
| 湖南省 | 0.68 | 4.81 | 甘肃省 | 0.60 | 0.00 |
| 上海市 | 0.68 | 3.85 | 青海省 | 0.60 | 0.00 |
| 四川省 | 0.68 | 3.85 | 天津市 | 0.60 | 0.00 |
| 福建省 | 0.67 | 2.17 | 吉林省 | 0.59 | 1.72 |
| 安徽省 | 0.66 | 6.76 | 云南省 | 0.58 | -2.78 |
| 山东省 | 0.66 | 4.27 | 重庆市 | 0.58 | 4.55 |
| 内蒙古自治区 | 0.65 | 8.33 | 河北省 | 0.57 | 5.56 |
| 宁夏回族自治区 | 0.65 | 0.00 | 黑龙江省 | 0.57 | 6.25 |
| 山西省 | 0.65 | 0.00 | 新疆维吾尔自治区 | 0.53 | 0.00 |
| 江苏省 | 0.64 | 2.21 | 辽宁省 | 0.53 | 3.66 |

注：西藏自治区由于缺失数据而不在表中。

**二　政府资金支持力度增强，东部优势依旧明显**

资金是创新必不可少的投入要素，对创新至关重要。政府的科技支出不仅能为创新提供公共的创新服务支持，而且能反映政府对创新的支持力度，是创新环境和营商环境的重要一环。2019 年，地方政府公共预算中的科学技术支出有所增加，达到 2286.1 亿元，同比增长 7.98%。以下按不同地区高新区、不同省份高新区对评价指标"地方政府公共预算中的科学技术支出"进行分析。

从地区分布来看，2019 年东北地区、东部地区、西部地区、中部地区地方政府公共预算中的科学技术支出分别为 26.6 亿元、1606 亿元、

151.3亿元、503.1亿元。东部地区占整体科学技术支出的比重最高,达70.25%,该比重较上年下降1.43个百分点,但东部地区在政府创新资金支持方面的优势依旧明显;中部地区位列第二,占比达21.97%,相较于上年增加了2.31个百分点;西部地区的占比略有下降,2019年占比为6.62%,下降0.5个百分点;东北地区占比在四个地区中最少,仅占1.17%,与上一年相比有所下降(见图6-3)。

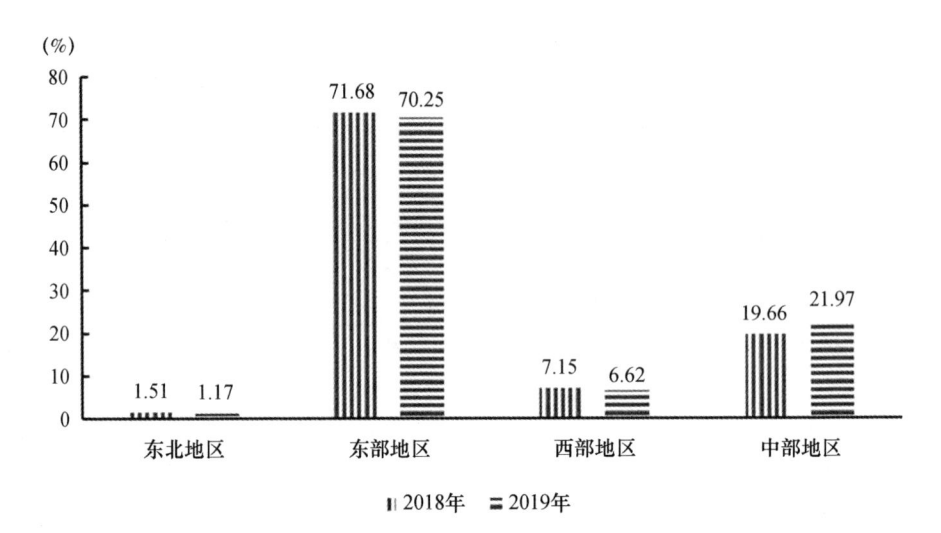

图6-3 2018、2019年各地区高新区地方政府预算中的科学技术支出占整体的比重

分省份来看,地方政府预算中的科学技术支出最多的省份是广东、湖北、江苏、北京、浙江及上海,主要是东部沿海省份。其中,广东最为突出,地方政府预算中的科学技术支出为752.3亿元,占整体比重达到33.13%;湖北、江苏及北京3省(市)的支出金额相近,分别达到225.8亿元、221.2亿元及215亿元,分别占整体比重的9.94%、9.74%及9.47%;浙江、上海及安徽的支出金额同样超过100亿元,分别为155.3亿元、125.2亿元及112.8亿元;在其余省份中,有10个省份的地方政府预算中科学技术支出不超10亿元,其中海南、甘肃、青海3省的支出金额不到1亿元,占比均不到1%(见表6-4)。

表6-4　　　2019年各省份高新区所在地方政府公共预算
支出中的科学技术支出

| 省份 | 地方政府公共预算支出中科学技术支出（亿元） | 占比（%） | 省份 | 地方政府公共预算支出中科学技术支出（亿元） | 占比（%） |
| --- | --- | --- | --- | --- | --- |
| 广东省 | 752.3 | 33.13 | 重庆市 | 15.1 | 0.66 |
| 湖北省 | 225.8 | 9.94 | 广西壮族自治区 | 13.4 | 0.59 |
| 江苏省 | 221.2 | 9.74 | 吉林省 | 12.1 | 0.53 |
| 北京市 | 215.0 | 9.47 | 贵州省 | 11.8 | 0.52 |
| 浙江省 | 155.3 | 6.84 | 辽宁省 | 10.7 | 0.47 |
| 上海市 | 125.2 | 5.51 | 山西省 | 8.0 | 0.35 |
| 安徽省 | 112.8 | 4.97 | 河北省 | 7.8 | 0.34 |
| 山东省 | 80.1 | 3.53 | 黑龙江省 | 3.8 | 0.17 |
| 四川省 | 67.7 | 2.98 | 内蒙古自治区 | 3.6 | 0.16 |
| 江西省 | 64.1 | 2.82 | 云南省 | 2.2 | 0.10 |
| 湖南省 | 61.8 | 2.72 | 新疆维吾尔自治区 | 1.7 | 0.07 |
| 陕西省 | 34.1 | 1.50 | 宁夏回族自治区 | 1.0 | 0.04 |
| 福建省 | 30.4 | 1.34 | 海南省 | 0.8 | 0.03 |
| 河南省 | 29.6 | 1.30 | 甘肃省 | 0.7 | 0.03 |
| 天津市 | 17.8 | 0.79 | 青海省 | 0.1 | 0.00 |

注：西藏自治区由于缺失数据而不在表中

具体到园区层面，2019年高新区所在地方政府公共预算支出中的科学技术支出排名前十的国家高新区依次为深圳高新区、北京中关村、武汉东湖、广州高新区、上海张江、合肥高新区、杭州高新区、苏州工业园、成都高新区及南京高新区。其中，深圳高新区最为突出，支出达到457.1亿元，占整体的比例达20.00%；其次是北京中关村，支出215.0亿元，占比9.40%；武汉东湖、广州高新区及上海张江3个园区的支出金额均超过100亿元，分别达到176.4亿元、146.6亿元及122.3亿元（见图6-4）。

| 高新区 | 金额 |
|---|---|
| 深圳高新区 | 457.1 |
| 北京中关村 | 215.0 |
| 武汉东湖 | 176.4 |
| 广州高新区 | 146.6 |
| 上海张江 | 122.3 |
| 合肥高新区 | 81.8 |
| 杭州高新区 | 74.9 |
| 苏州工业园 | 74.1 |
| 成都高新区 | 57.1 |
| 南京高新区 | 54.5 |

地方政府公共预算支出中科学技术支出（亿元）

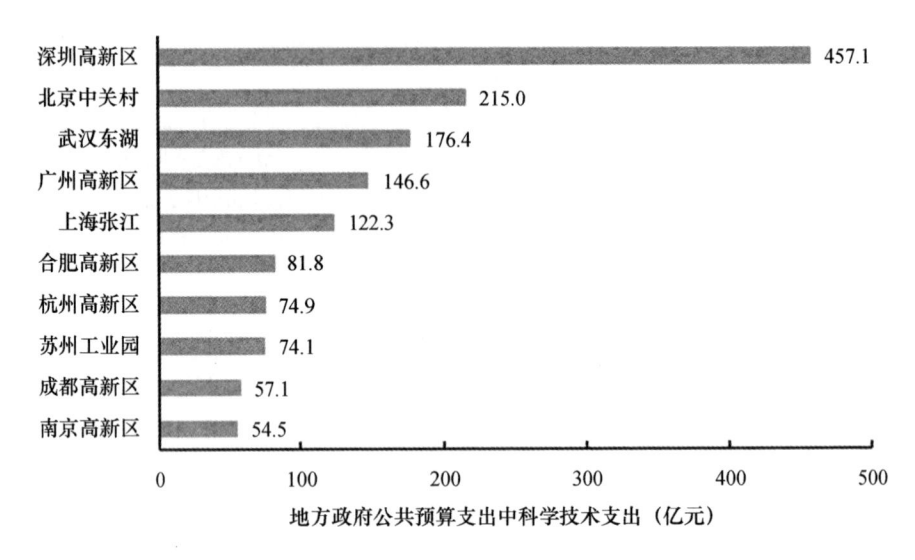

**图6-4　2019年高新区所在地方政府公共预算支出中科学技术支出前十名**

### 三　东部地区政府硬件支持力度最大，广东、江苏表现突出

创新环境由硬件和软件构成，大部分硬件设施具有外部性，主要由政府提供，因而政府对高新区硬件的支持力度是创新环境的重要组成部分。在本书的指标体系中，选取高新区核准面积指标作为政府对高新区硬件支持力度的体现。2019年全国高新区核准面积为175360.9公顷，与2018年持平。以下按不同地区高新区、不同省份高新区对评价指标"高新区核准面积"进行分析。

分地区来看，政府对高新区的硬件支持力度的地区间差异较大，东部地区高新区核准面积最大，面积达到92523.6公顷，占整体高新区总核准面积的50.31%。中部地区和西部地区的高新区核准面积差异不大，分别为38538.7公顷、34528.5公顷，占比分别为20.96%、18.78%；东北地区的高新区核准面积最小，占比仅为9.95%（见图6-5）。

分省份来看，高新区核准面积超过10000公顷的省份有广东、江苏、山东、北京、湖北及陕西。其中广东和江苏的核准面积最大，二者旗鼓相当，均超过18000公顷，分别为19366.89公顷、18358.00公顷，分别占整体比重的11.04%、10.47%；山东、北京及湖北的高新区核准面积差异不大，分别占比7.97%、7.59%及7.14%；陕西的核准面积超过10000公顷，占整体比重的5.71%（见表6-5）。

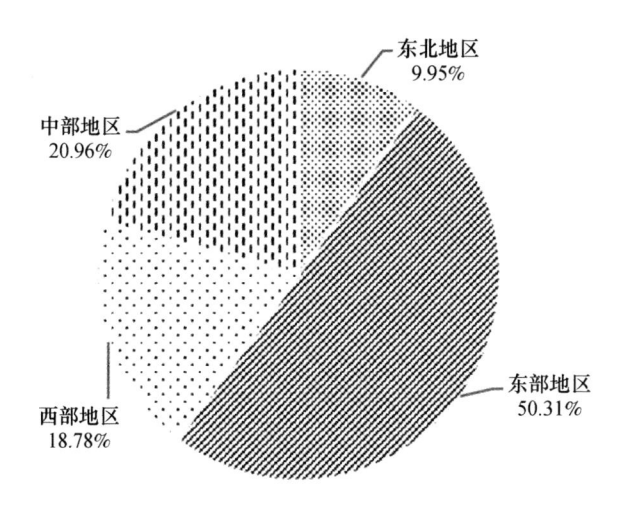

第六章 中国国家高新区创新环境及其对创新产出的影响　135

东北地区 9.95%
中部地区 20.96%
西部地区 18.78%
东部地区 50.31%

**图 6-5　2019 年各地区高新区核准面积占比**

表 6-5　　　　　　2019 年各省份高新区核准面积及其占比

| 省份 | 高新区核准面积（公顷） | 占比（%） | 省份 | 高新区核准面积（公顷） | 占比（%） |
| --- | --- | --- | --- | --- | --- |
| 广东省 | 19366.89 | 11.04 | 安徽省 | 5113 | 2.92 |
| 江苏省 | 18358 | 10.47 | 上海市 | 5079.88 | 2.90 |
| 山东省 | 13975.52 | 7.97 | 河南省 | 4650.9 | 2.65 |
| 北京市 | 13306 | 7.59 | 黑龙江省 | 4131 | 2.36 |
| 湖北省 | 12513 | 7.14 | 重庆市 | 3984 | 2.27 |
| 陕西省 | 10017.54 | 5.71 | 云南省 | 2928 | 1.67 |
| 辽宁省 | 7770.69 | 4.43 | 内蒙古自治区 | 2456 | 1.40 |
| 湖南省 | 7596.78 | 4.33 | 甘肃省 | 2301.05 | 1.31 |
| 江西省 | 7112.03 | 4.06 | 广西壮族自治区 | 2287.34 | 1.30 |
| 四川省 | 6068.2 | 3.46 | 山西省 | 1553.01 | 0.89 |
| 福建省 | 5644.12 | 3.22 | 宁夏回族自治区 | 996.7 | 0.57 |
| 浙江省 | 5615.2 | 3.20 | 贵州省 | 955 | 0.54 |
| 天津市 | 5524 | 3.15 | 青海省 | 403 | 0.23 |
| 河北省 | 5377 | 3.07 | 海南省 | 277 | 0.16 |

具体到单个园区，2019 年核准面积超过 2000 公顷的高新区共有 16

个。其中，北京中关村的面积最大，超过 10000 公顷，达到 13306 公顷，占中国高新区总核准面积的 7.23%；苏州工业园的面积次之，占比 4.35%；天津滨海、上海张江及广州高新区的核准面积在 3500—6000 公顷之间；而有 11 个高新区的面积在 2000—3000 公顷之间，分别为沈阳高新区、武汉东湖、哈尔滨高新区、荆门高新区、肇庆高新区、长春净月、西安高新区、杨凌农业高新区、成都高新区、咸阳高新区及重庆高新区。

| 高新区 | 核准面积（公顷） |
|---|---|
| 北京中关村 | 13306 |
| 苏州工业园 | 8000 |
| 天津滨海 | 5524 |
| 上海张江 | 4211.7 |
| 广州高新区 | 3734 |
| 沈阳高新区 | 2750 |
| 武汉东湖 | 2400 |
| 哈尔滨高新区 | 2370 |
| 荆门高新区 | 2302 |
| 肇庆高新区 | 2252.04 |
| 长春净月 | 2246 |
| 西安高新区 | 2235 |
| 杨凌农业高新区 | 2212 |
| 成都高新区 | 2150 |
| 咸阳高新区 | 2037.45 |
| 重庆高新区 | 2000 |

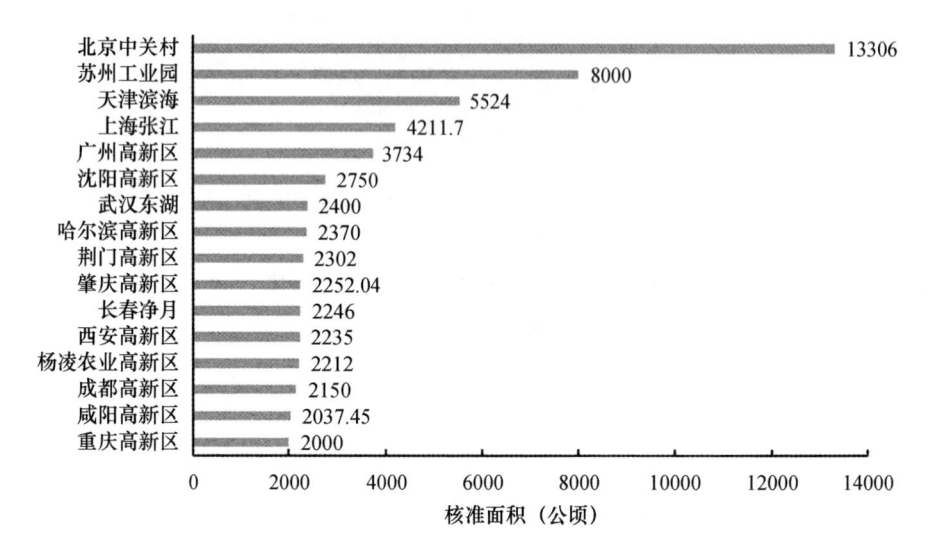

图 6-6　2019 年高新区核准面积超过 2000 公顷的高新区

## 第三节　技术市场环境

技术市场是创新生态的重要组成部分，为企业提供技术买卖的平台，使企业得以获取所需投入技术要素而推进创新，或是出售专利技术而获得创新报酬。基于技术市场之于创新的重要性，技术市场环境被认为是创新环境的重要组成部分，是评价高新区创新环境必不可少的考察对象。国家高新区技术市场环境考察中，以"输出技术成交金额"指标反映高新区向外输送技术的活跃程度，以"吸纳技术成交金额"指标反映高新区向内吸收技术的活跃程度。

从技术市场环境得分排名来看，2017—2019 年，北京中关村均排在第 1 位，三年的技术市场环境得分均超过 70 分，在 2019 年达到满分 100 分；处于 2—10 名的高新区的排名相对稳定，三年中均处于 2—10 名内的高新区有 8 家，分别为深圳高新区、西安高新区、武汉东湖、广州高新区、上海张江、成都高新区、杭州高新区及苏州工业园；处于 11—20 名的高新区大部分呈上升趋势，与 2018 年的排名相比，有 7 家高新区的排名有所上升，分别为东莞松山湖、南京高新区、珠海高新区、济南高新区、佛山高新区、长沙高新区及青岛高新区（见表 6-6）。

表 6-6　　2017—2019 年技术市场环境指数前二十名高新区

| 排名 | 2017 年 | 评分 | 2018 年 | 评分 | 2019 年 | 评分 |
| --- | --- | --- | --- | --- | --- | --- |
| 1 | 北京中关村 | 70.7 | 北京中关村 | 79.3 | 北京中关村 | 100.0 |
| 2 | 上海张江 | 15.1 | 西安高新区 | 30.5 | 深圳高新区 | 38.7 |
| 3 | 深圳高新区 | 11.1 | 深圳高新区 | 26.0 | 西安高新区 | 27.0 |
| 4 | 武汉东湖 | 18.2 | 武汉东湖 | 21.1 | 武汉东湖 | 21.8 |
| 5 | 广州高新区 | 7.3 | 上海张江 | 17.3 | 广州高新区 | 18.1 |
| 6 | 杭州高新区 | 4.1 | 长春高新区 | 12.7 | 上海张江 | 16.5 |
| 7 | 西安高新区 | 20.7 | 广州高新区 | 9.8 | 成都高新区 | 13.2 |
| 8 | 南京高新区 | 2.7 | 成都高新区 | 9.0 | 长春高新区 | 10.5 |
| 9 | 苏州工业园 | 3.5 | 杭州高新区 | 7.2 | 杭州高新区 | 8.1 |
| 10 | 成都高新区 | 4.7 | 苏州工业园 | 5.5 | 苏州工业园 | 7.5 |
| 11 | 合肥高新区 | 3.4 | 合肥高新区 | 5.0 | 东莞松山湖 | 7.1 |
| 12 | 长沙高新区 | 2.8 | 襄阳高新区 | 4.6 | 合肥高新区 | 6.6 |
| 13 | 长春高新区 | 5.5 | 天津滨海 | 4.3 | 南京高新区 | 6.4 |
| 14 | 上海紫竹 | 0.8 | 南京高新区 | 4.3 | 珠海高新区 | 5.1 |
| 15 | 东莞松山湖 | 2.3 | 贵阳高新区 | 3.6 | 天津滨海 | 4.9 |
| 16 | 青岛高新区 | 1.6 | 珠海高新区 | 3.6 | 济南高新区 | 4.8 |
| 17 | 珠海高新区 | 3.0 | 重庆高新区 | 3.5 | 襄阳高新区 | 4.8 |
| 18 | 天津滨海 | 4.0 | 东莞松山湖 | 2.9 | 佛山高新区 | 3.9 |
| 19 | 佛山高新区 | 2.6 | 济南高新区 | 2.8 | 长沙高新区 | 3.8 |
| 20 | 济南高新区 | 1.7 | 宜昌高新区 | 2.6 | 青岛高新区 | 3.4 |

下面对技术市场环境下属的2个三级指标进行分析。

## 一 国家高新区技术输出金额增加两成，北京中关村大幅领先

技术输出成交额反映高新区中技术向外交易渠道的便利性及丰富度，能较好地测度高新区外向的技术环境水平。2019年国家高新区输出技术成交金额为9130.5亿元，同比增长1613.6亿元，增速为21.47%。以下按不同地区高新区、不同省份高新区对评价指标"输出技术成交金额"进行分析。

从地区分布看，2019年东北地区、东部地区、西部地区及中部地区国家高新区的输出技术成交金额分别为403.8亿元、5905.6亿元、1480.4亿元及1340.8亿元。东部地区相较于上一年实现大幅增长，且占高新区整体的比重最高，达64.68%，该比重较上年提高4.37个百分点，在技术输出方面的优势进一步强化；西部地区与中部地区的输出技术成交金额相近，均在1000亿—1500亿元之间，占高新区整体的比重分别为16.21%及14.68%；东北地区的金额最少，仅为403.8亿元，但相较于上一年略有提升，幅度为23.2亿元（见图6-7）。

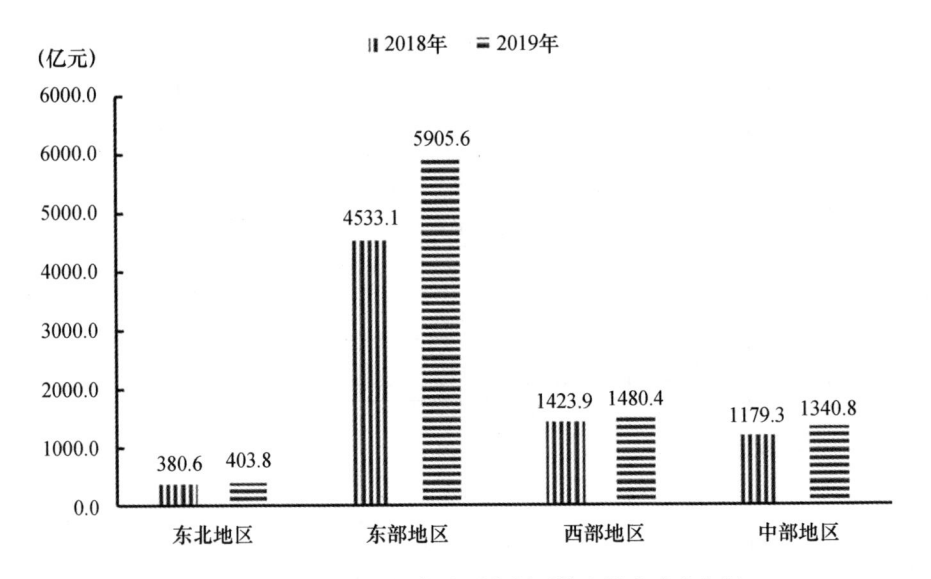

图6-7 2018、2019年各地区高新区输出技术成交金额

分省份来看,输出技术成交金额最多的是北京,达到2824.8亿元,占整体高新区的比重为30.97%,远高于其他省份;第二多的是广东,其技术成交金额同样超过1000亿元,具体为1289.8亿元,占比达到14.14%;陕西、湖北及江苏3省的输出技术成交金额在500亿—1000亿元之间,其中陕西的成交金额为925.8亿元,占整体的比重达到10.15%,湖北的金额为880.5亿元,占比9.66%,江苏的金额为504.1亿元,占比5.53%;在所有省份中,超过半数的省份的输出技术成交金额不到100亿元,其占比在1%以下。其中,有6个省份的成交金额不及10亿元(表6-7)。

表6-7　　　　2019年各省份输出技术成交金额及其占比

| 省份 | 输出技术成交金额(亿元) | 占比(%) | 省份 | 输出技术成交金额(亿元) | 占比(%) |
| --- | --- | --- | --- | --- | --- |
| 北京市 | 2824.8 | 30.97 | 江西省 | 62.2 | 0.68 |
| 广东省 | 1289.8 | 14.14 | 贵州省 | 44.4 | 0.49 |
| 陕西省 | 925.8 | 10.15 | 广西壮族自治区 | 39.7 | 0.44 |
| 湖北省 | 880.5 | 9.66 | 河南省 | 38.9 | 0.43 |
| 江苏省 | 504.1 | 5.53 | 福建省 | 30.9 | 0.34 |
| 上海市 | 457.3 | 5.01 | 黑龙江省 | 25.3 | 0.28 |
| 四川省 | 436.0 | 4.78 | 山西省 | 13.0 | 0.14 |
| 山东省 | 317.1 | 3.48 | 重庆市 | 10.8 | 0.12 |
| 浙江省 | 269.2 | 2.95 | 甘肃省 | 10.2 | 0.11 |
| 吉林省 | 254.9 | 2.79 | 云南省 | 5.9 | 0.06 |
| 湖南省 | 184.4 | 2.02 | 内蒙古自治区 | 5.3 | 0.06 |
| 安徽省 | 161.8 | 1.77 | 海南省 | 1.5 | 0.02 |
| 天津市 | 147.5 | 1.62 | 新疆维吾尔自治区 | 1.2 | 0.01 |
| 辽宁省 | 123.6 | 1.36 | 宁夏回族自治区 | 0.9 | 0.01 |
| 河北省 | 63.4 | 0.70 | 青海省 | 0.1 | 0.00 |

注:西藏自治区由于缺失数据而不在表中

具体到园区层面，2019 年共有 15 家高新区的输出技术成交金额超过 100 亿元。其中，金额最高的是北京中关村，成交金额为 2824.8 亿元，远高于其他园区，占整体高新区的比重达到 30.94%；排在第二名的是西安高新区，金额达到 832.4 亿元；深圳高新区及武汉东湖高新区的成交金额同样超过 500 亿元，分别为 627.9 亿元及 568 亿元，分别占比 6.88% 及 6.22%；上海张江、成都高新区、广州高新区及长春高新区的金额在 200 亿—500 亿元之间；其余 7 家高新区的输出技术成交金额均不超过 200 亿元（见图 6-8）。

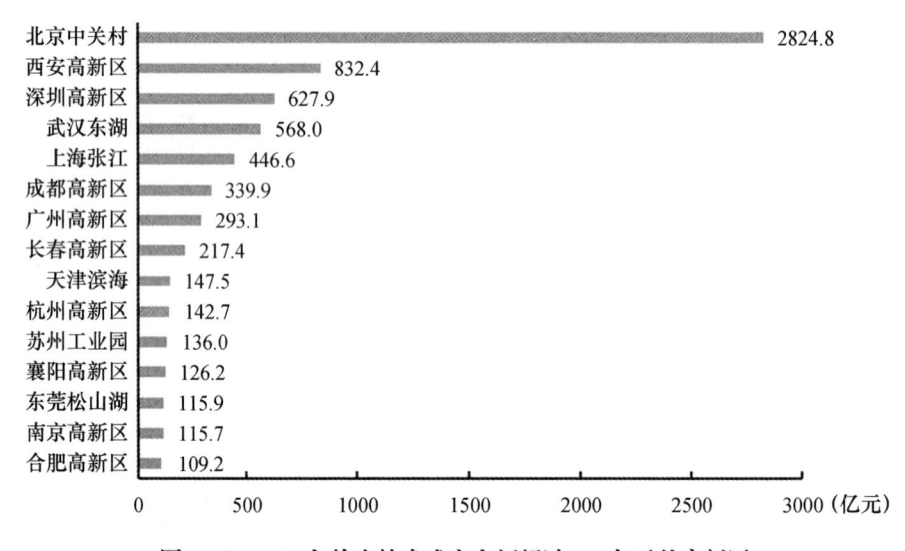

| 高新区 | 金额（亿元） |
| --- | --- |
| 北京中关村 | 2824.8 |
| 西安高新区 | 832.4 |
| 深圳高新区 | 627.9 |
| 武汉东湖 | 568.0 |
| 上海张江 | 446.6 |
| 成都高新区 | 339.9 |
| 广州高新区 | 293.1 |
| 长春高新区 | 217.4 |
| 天津滨海 | 147.5 |
| 杭州高新区 | 142.7 |
| 苏州工业园 | 136.0 |
| 襄阳高新区 | 126.2 |
| 东莞松山湖 | 115.9 |
| 南京高新区 | 115.7 |
| 合肥高新区 | 109.2 |

图 6-8  2019 年输出技术成交金额超过 100 亿元的高新区

## 二  吸纳技术进一步增长，广东、北京表现突出

吸纳技术成交额反映高新区中技术向内交易渠道的便利性及丰富度，能较好地测度高新区内向的技术环境水平。2019 年国家高新区输出技术成交金额为 7872.1 亿元，同比增长 1724.0 亿元，增速为 28.04%。以下按不同地区高新区、不同省份高新区对评价指标"吸纳技术成交金额"进行分析。

分地区来看，高新区吸纳技术成交金额的地区间差异较大，东部地区高新区吸纳技术最多，金额达到 5232.9 亿元，占整个国家高新区总量的 66.47%，较上年提高 7.89 个百分点；西部、东北地区高新区吸纳技术成交金额的比重均有下降，其中中部地区吸纳技术成交金额为1177.9亿元，占比14.96%，较上年上升1.57个百分点；西部地区高新区吸纳技术成交金额与中部地区相近，为1119.3亿元，占比14.22%，较上年下降4.14个百分点；东北地区的成交金额最少，仅为342.0亿元，占整体的比重为4.34%，较上年下降2.18个百分点（见图6-9）。

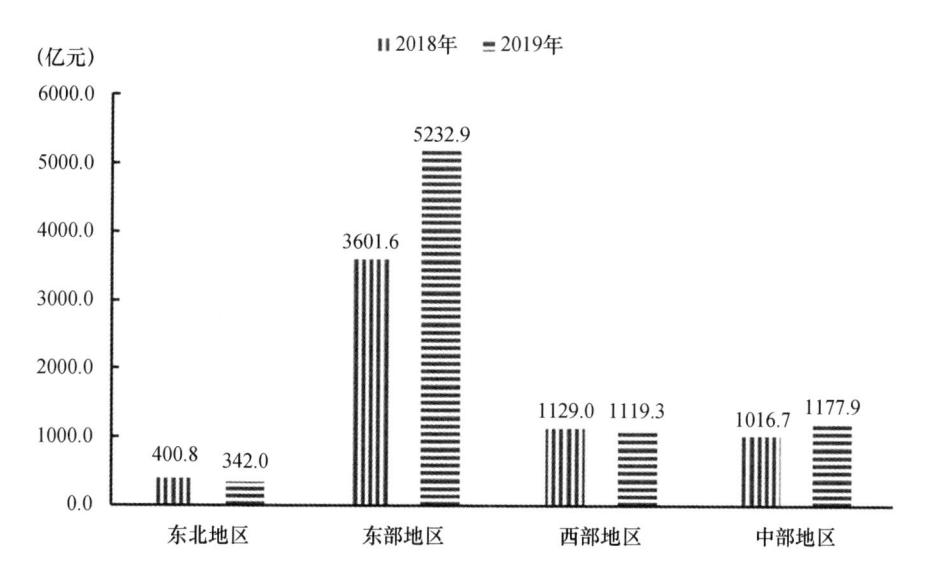

图6-9 2018、2019年各地区高新区吸纳技术成交金额

分省份来看，吸纳技术成交金额最多的两个省（市）为广东及北京，其成交金额均超过1000亿元，广东为1813.6亿元，北京为1598.9亿元，占整体比重分别达到23.18%和20.44%；江苏排在第三，其成交金额为605.5亿元，占比7.74%；湖北的吸纳技术成交金额同样超过500亿元，具体为581.9亿元，占整体的比重达7.44%；陕西、浙江、山东、四川、上海、吉林、安徽、广西壮族自治区、湖南及江西10省（市、区）的金额在100亿—500亿元之间，其中陕西的金额达到437亿元，占比5.59%；有9省（市、区）的成交金额在50亿元以下，其中宁夏回族自治区及青海的吸纳技术成交金额不到10亿元（见表6-8）。

表6-8　　2019年各省份吸纳技术成交金额及其占比

| 省份 | 吸纳技术成交金额（亿元） | 占比（%） | 省份 | 吸纳技术成交金额（亿元） | 占比（%） |
| --- | --- | --- | --- | --- | --- |
| 广东省 | 1813.6 | 23.18 | 福建省 | 93.1 | 1.19 |
| 北京市 | 1598.9 | 20.44 | 辽宁省 | 78.9 | 1.01 |
| 江苏省 | 605.5 | 7.74 | 贵州省 | 78.0 | 1.00 |
| 湖北省 | 581.9 | 7.44 | 天津市 | 74.9 | 0.96 |
| 陕西省 | 437.0 | 5.59 | 河南省 | 69.8 | 0.89 |
| 浙江省 | 338.0 | 4.32 | 山西省 | 52.6 | 0.67 |
| 山东省 | 317.3 | 4.06 | 重庆市 | 47.9 | 0.61 |
| 四川省 | 293.1 | 3.75 | 内蒙古自治区 | 42.5 | 0.54 |
| 上海市 | 283.1 | 3.62 | 新疆维吾尔自治区 | 26.5 | 0.34 |
| 吉林省 | 250.5 | 3.20 | 云南省 | 15.4 | 0.20 |
| 安徽省 | 219.5 | 2.80 | 黑龙江省 | 12.6 | 0.16 |
| 广西壮族自治区 | 161.9 | 2.07 | 甘肃省 | 12.5 | 0.16 |
| 湖南省 | 129.1 | 1.65 | 海南省 | 11.3 | 0.14 |
| 江西省 | 125.1 | 1.60 | 宁夏回族自治区 | 3.1 | 0.04 |
| 河北省 | 97.1 | 1.24 | 青海省 | 1.4 | 0.02 |

注：西藏自治区由于缺失数据而不在表中

具体到单个园区，2019年共有14家高新区的吸纳技术成交金额超过100亿元，其中最多的是北京中关村，其金额达到1598.9亿元，占整体比重的20.31%，远高于其他园区；深圳高新区排在第二，其成交金额超过500亿元，占比11.21%；广州高新区、西安高新区及武汉东湖的金额相近，分别为412.2亿元、392.9亿元及375.3亿元；上海张江、成都高新区及长春高新区的金额在200亿—300亿元之间，占整体的比重分别为2.28%、2.08%及2.07%；其余6家高新区的金额均不超过200亿元（见图6-10）。

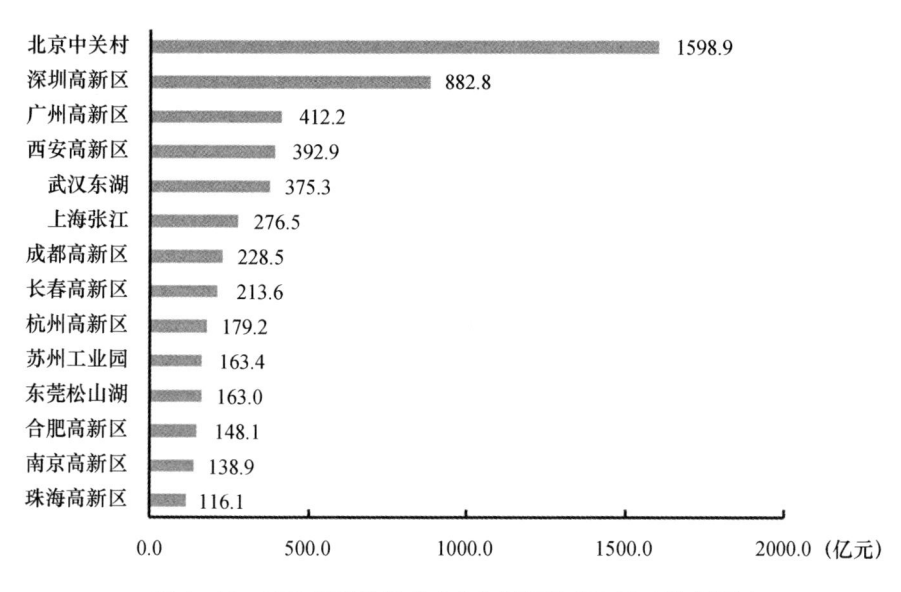

| 高新区 | 金额(亿元) |
| --- | --- |
| 北京中关村 | 1598.9 |
| 深圳高新区 | 882.8 |
| 广州高新区 | 412.2 |
| 西安高新区 | 392.9 |
| 武汉东湖 | 375.3 |
| 上海张江 | 276.5 |
| 成都高新区 | 228.5 |
| 长春高新区 | 213.6 |
| 杭州高新区 | 179.2 |
| 苏州工业园 | 163.4 |
| 东莞松山湖 | 163.0 |
| 合肥高新区 | 148.1 |
| 南京高新区 | 138.9 |
| 珠海高新区 | 116.1 |

图 6-10　2019 年吸纳技术成交金额超过 100 亿元的高新区

## 第四节　金融环境

金融对高新区创新发展意义重大。新产品的创新研发、旧工艺的创新改进，都需要大量资金支持。且创新的投入大、风险高，一般企业难以承担，使得可以为企业提供资金支持的金融体系显得尤为重要。在评价创新环境时，对金融环境的评估是评价体系的重要组成部分。

企业通过金融体系获取创新资金的主要渠道有：风险投资、股票市场及银行等金融机构，而创新投资机构在企业获取创新资金的过程中扮演着重要角色。在评价高新区的金额环境时，我们选取相应的指标加以衡量，以指标"年度 A 股直接融资额"来反映股票市场渠道的完善及活跃程度；以指标"年度风投金额"来反映风险资本投资的丰富程度；以指标"年末金融机构人民币各项贷款余额"来反映银行等金融机构渠道的发达程度；以指标"创投机构数量"来反映创新投资的丰富程度。

从金融环境得分排名来看，2017—2019 年，北京中关村均排在第 1 位，三年的金融环境得分均超过 90，在 2018、2019 年达到了满分 100 分；深圳高新区及上海张江稳定地排在第 2、第 3；4—10 名范围内的高新区的排名同样波动不大，三年中均处于4—10名内的高新区有5家，分别为武汉东湖、杭州高新区、广州高新区、苏州工业园及西安高新区；11—20名范围内的高新区的排名波动则较大，在2019年排在11—20名的高新区中，有4家在2017年未进前二十，分别为长春高新区、太原高新区、贵阳高新区及昆明高新区（见表6-9）。

表6-9　　　2017—2019年金融环境指数前二十名高新区

| 排名 | 2017年 | 评分 | 2018年 | 评分 | 2019年 | 评分 |
| --- | --- | --- | --- | --- | --- | --- |
| 1 | 北京中关村 | 94.5 | 北京中关村 | 100 | 北京中关村 | 100 |
| 2 | 深圳高新区 | 68.0 | 深圳高新区 | 65.0 | 深圳高新区 | 61.9 |
| 3 | 上海张江 | 45.6 | 上海张江 | 52.9 | 上海张江 | 48.6 |
| 4 | 武汉东湖 | 36.6 | 杭州高新区 | 44.6 | 南京高新区 | 26.0 |
| 5 | 杭州高新区 | 34.6 | 南京高新区 | 43.6 | 武汉东湖 | 23.0 |
| 6 | 广州高新区 | 33.7 | 广州高新区 | 30.2 | 杭州高新区 | 22.2 |
| 7 | 成都高新区 | 28.9 | 武汉东湖 | 27.2 | 广州高新区 | 19.1 |
| 8 | 苏州工业园 | 25.4 | 西安高新区 | 22.0 | 苏州工业园 | 12.8 |
| 9 | 西安高新区 | 24.2 | 成都高新区 | 15.4 | 西安高新区 | 12.1 |
| 10 | 天津滨海 | 21.5 | 苏州工业园 | 12.3 | 长沙高新区 | 10.6 |
| 11 | 南京高新区 | 21.4 | 合肥高新区 | 11.0 | 成都高新区 | 10.1 |
| 12 | 济南高新区 | 21.2 | 长春高新区 | 9.9 | 合肥高新区 | 8.8 |
| 13 | 沈阳高新区 | 18.9 | 南昌高新区 | 8.8 | 济南高新区 | 7.9 |
| 14 | 合肥高新区 | 18.0 | 济南高新区 | 8.4 | 长春高新区 | 6.5 |
| 15 | 宁波高新区 | 17.3 | 长沙高新区 | 8.2 | 南昌高新区 | 6.4 |
| 16 | 青岛高新区 | 16.5 | 宁波高新区 | 7.3 | 太原高新区 | 6.1 |
| 17 | 厦门火炬高新区 | 16.1 | 天津滨海 | 7.0 | 厦门火炬高新区 | 6.1 |
| 18 | 潍坊高新区 | 15.6 | 厦门火炬高新区 | 6.5 | 贵阳高新区 | 5.9 |
| 19 | 苏州高新区 | 14.1 | 潍坊高新区 | 6.2 | 天津滨海 | 5.9 |
| 20 | 南昌高新区 | 13.4 | 石家庄高新区 | 6.2 | 昆明高新区 | 5.9 |

下面对金融环境下属的4个三级指标进行分析。

## 一 融资金额地区差异较大，北京、广东表现突出

股票市场是企业融资的重要渠道，为企业提供稳定的资金。中国股票市场持续壮大，特别是"新三板""新四板"及"科创板"等与创新息息相关的板块发展迅速，为高新区的创新发展提供了重要的资金支持。2019年度全国高新区A股直接融资额达到148993.9亿元，与上一年基本持平。下面按不同地区高新区、不同省份高新区对评价指标"年度A股直接融资额"进行分析。

分地区来看，2019年度不同地区之间的A股直接融资额差距较大。其中，融资额最多的地区是东部地区高新区，金额达到118208.1亿元，占了整体的大部分比重，具体比例达79.34%；中部地区与西部地区的融资额较为相近，分别为14967.4亿元及12544.10亿元，占整体的比重分别达10.05%及8.80%；东北地区的年度A股直接融资额在四个地区中最少，仅占整体融资额的1.81%，具体金额为2702.8亿元（图6-11）

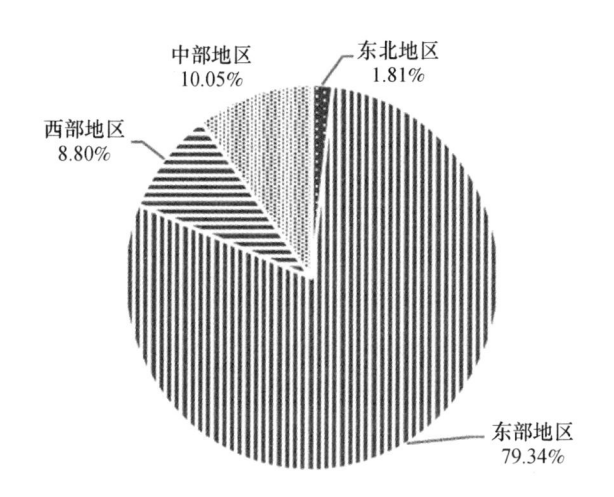

图6-11 2019年度各地区高新区A股直接融资额占比

分省份来看，2019年在年度A股直接融资额方面，北京市和广东省表现最为突出，金额分别达到46312.0亿元及27973.6亿元，共占整体的比重达到50.35%，其中，北京占比31.39%，广东占比18.96%；处于第二梯队的省份为上海及江苏，其年度A股直接融资额分别为14290.8

亿元及 11216.6 亿元，分别占比 9.68% 和 7.60%；浙江和湖北两省的融资额同样超过 5000 亿元，其中浙江接近 7000 亿元，具体为 6930.0 亿元，占比达 4.70%；在所有省份中，共有 5 个省份的年度 A 股直接融资额不超过 100 亿元，其中青海的金额最少，仅 7.2 亿元（见表 6 – 10）。

表 6 – 10　　2019 年各省份年度 A 股直接融资额及其占比

| 省份 | 年度 A 股直接融资额（亿元） | 占比（%） | 省份 | 年度 A 股直接融资额（亿元） | 占比（%） |
| --- | --- | --- | --- | --- | --- |
| 北京市 | 46312.0 | 31.39 | 重庆市 | 1436.1 | 0.97 |
| 广东省 | 27973.6 | 18.96 | 辽宁省 | 1431.5 | 0.97 |
| 上海市 | 14290.8 | 9.68 | 吉林省 | 1047.7 | 0.71 |
| 江苏省 | 11216.6 | 7.60 | 河南省 | 996.7 | 0.68 |
| 浙江省 | 6930.0 | 4.70 | 贵州省 | 897.2 | 0.61 |
| 湖北省 | 5042.1 | 3.42 | 内蒙古自治区 | 825.2 | 0.56 |
| 四川省 | 4878.9 | 3.31 | 山西省 | 659.1 | 0.45 |
| 福建省 | 4538.7 | 3.08 | 河北省 | 654.2 | 0.44 |
| 山东省 | 4442.8 | 3.01 | 新疆维吾尔自治区 | 317.8 | 0.22 |
| 江西省 | 3429.3 | 2.32 | 黑龙江省 | 223.6 | 0.15 |
| 陕西省 | 2612.0 | 1.77 | 海南省 | 97.5 | 0.07 |
| 湖南省 | 2502.0 | 1.70 | 云南省 | 68.7 | 0.05 |
| 安徽省 | 2338.2 | 1.58 | 宁夏回族自治区 | 67.0 | 0.05 |
| 广西壮族自治区 | 1949.0 | 1.32 | 甘肃省 | 56.6 | 0.04 |
| 天津市 | 1751.9 | 1.19 | 青海省 | 7.2 | 0.00 |

注：西藏自治区由于缺失数据而不在表中

具体到单个园区，2019 年度 A 股直接融资额超过 2000 亿元的高新区有 13 家。其中，北京中关村表现最为突出，年度 A 股直接融资金额达到 46312.0 亿元，占高新区整体的比例达到 31.08%，远高于其他园区；深圳高新区及上海张江位列第二、第三，其融资额分别为 18968.4 亿元及 13957.7 亿元，各占比 12.73% 及 9.36%；南京高新区和广州高新区的融资额超过 5000 亿元，分别为 6654.3 亿元、5804.9 亿元；其余高新区的年度 A 股直接融资额均在 5000 亿元以下，其中有包括济南高新区、成都高新区及西安高新区等 6 家高新区的融资额在 2000 亿—3000 亿元之间（见图 6-12）。

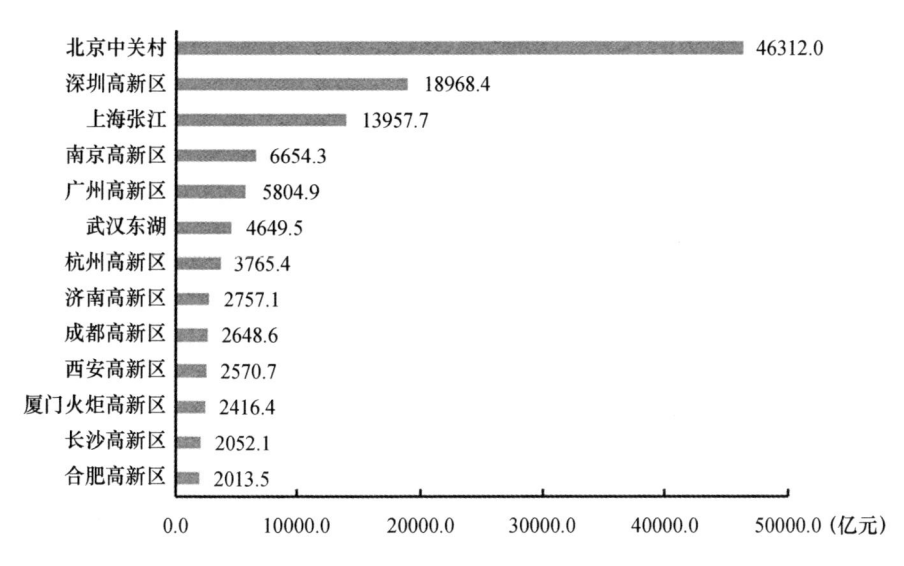

| 高新区 | 融资额（亿元） |
| --- | --- |
| 北京中关村 | 46312.0 |
| 深圳高新区 | 18968.4 |
| 上海张江 | 13957.7 |
| 南京高新区 | 6654.3 |
| 广州高新区 | 5804.9 |
| 武汉东湖 | 4649.5 |
| 杭州高新区 | 3765.4 |
| 济南高新区 | 2757.1 |
| 成都高新区 | 2648.6 |
| 西安高新区 | 2570.7 |
| 厦门火炬高新区 | 2416.4 |
| 长沙高新区 | 2052.1 |
| 合肥高新区 | 2013.5 |

**图 6-12　2019 年度 A 股直接融资额超过 2000 亿元的高新区**

### 二　风险投资急剧下降，地区发展极不平衡

前几年，随着大众创业万众创新的深入推进，风险投资行业在中国得到快速的发展。然而随着热度的消逝，风险投资行业的发展速度有所回落，年风投金额出现大幅下降。国家高新区作为创新的高低和风险投资的热地，受风投行业发展减速的影响较大。2019 年，国家高新区投资总金额为 3831.3 亿元，同比下降 4170.8 亿元，下降幅度达 52.12%。下面按不同地区高新区、不同省份高新区对评价指标"年度风投金额"进行分析。

分地区来看，2019 年四大地区高新区的风投金额均有下降。具体地，2019 年东北地区、东部地区、西部地区和中部地区的国家高新区产生的年度风投金额分别为 94.5 亿元、3352.2 亿元、161.5 亿元及 223.0 亿元，分别减少 46.6 亿元、3672.0 亿元、249.9 亿元及 202.4 亿元。从地区分布来看，东部地区高新区产生的风投金额最多，所占比例高达 87.50%，与上一年基本持平；中部地区的占比第二高，达到 5.82%，较上一年略有上升；西部地区及东北地区的占比均不到 5%，分别为 4.22% 及 2.47%（见图 6-13）。

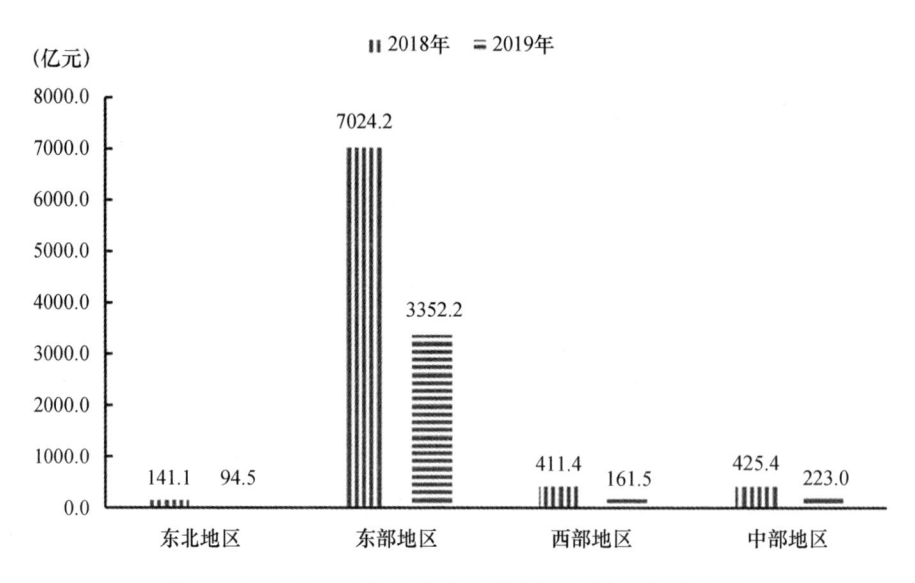

**图 6-13　2018、2019 年各大地区高新区的年度风投金额**

分省份来看，年度风投金额最多的为北京市，达到 1343.9 亿元，占整体的比重为 35.18%；广东及上海的金额均超过 500 亿元，分别达到 767.3 亿元及 525.2 亿元，分别占比 20.08% 及 13.75%；江苏、浙江两省的年度风投金额相近，均在 200 亿—300 亿元之间，其中江苏为 286.7 亿元，占比 7.50%，浙江为 225.6 亿元，占比 5.90%；除以上提及的 5 个省（市）外，其余省份的年度风投金额均在 100 亿元以下，其中有包括河北、青海及河南等在内的 8 个省份的金额不到 10 亿元（见表 6-11）。

**表 6-11　2019 年各省份高新区风投金额及其占比**

| 省份 | 风投金额（亿元） | 占比（%） | 省份 | 风投金额（亿元） | 占比（%） |
| --- | --- | --- | --- | --- | --- |
| 北京市 | 1343.9 | 35.18 | 山西省 | 18.4 | 0.48 |
| 广东省 | 767.3 | 20.08 | 广西壮族自治区 | 16.5 | 0.43 |

续表

| 省份 | 风投金额（亿元） | 占比（%） | 省份 | 风投金额（亿元） | 占比（%） |
| --- | --- | --- | --- | --- | --- |
| 上海市 | 525.2 | 13.75 | 内蒙古自治区 | 14.6 | 0.38 |
| 江苏省 | 286.7 | 7.50 | 新疆维吾尔自治区 | 12.2 | 0.32 |
| 浙江省 | 225.6 | 5.90 | 江西省 | 11.7 | 0.31 |
| 福建省 | 96.9 | 2.54 | 重庆市 | 10.8 | 0.28 |
| 湖南省 | 86.7 | 2.27 | 贵州省 | 10.4 | 0.27 |
| 湖北省 | 66.9 | 1.75 | 河北省 | 8.0 | 0.21 |
| 四川省 | 61.9 | 1.62 | 青海省 | 7.6 | 0.20 |
| 吉林省 | 57.3 | 1.50 | 河南省 | 4.5 | 0.12 |
| 山东省 | 47.5 | 1.24 | 黑龙江省 | 4.2 | 0.11 |
| 天津市 | 47.5 | 1.24 | 云南省 | 3.9 | 0.10 |
| 安徽省 | 34.8 | 0.91 | 海南省 | 3.7 | 0.10 |
| 辽宁省 | 33.0 | 0.86 | 甘肃省 | 0.4 | 0.01 |
| 陕西省 | 23.1 | 0.60 | 宁夏回族自治区 | 0.3 | 0.01 |

注：西藏自治区由于缺失数据而不在表中

具体到单个园区，2019年对企业的风险投资额超过50亿元的高新区有12家，其中有3家超过500亿元。北京中关村的风险投资额最多，达到1343.9亿元，占高新区整体比例的35.08%；深圳高新区及上海张江处于第二梯队，年度风投金额分别达到581.8亿元及512.9亿元，分别占比15.19%和13.39%；杭州高新区、南京高新区及广州高新区的金额较为相近，均在100亿—200亿元之间，其中杭州高新区为166.6亿元、南京高新区为123.6亿元、广州高新区为114.1亿元；其余6家高新区的年度风投金额均不到100亿元，但均在50亿元以上（见图6-14）。

### 三 贷款余额稳步增长，广东表现最佳

银行等金融机构在中国金融体系中有着举足轻重的作用，是企业重要的资金来源。年末金融机构人民币各项贷款余额反映银行贷款机制的完善程度与资金的丰富程度。在2019年，国家高新区年末金融机构人民币各项贷款余额共498453.6亿元，同比增长26825.3亿元，增速达到

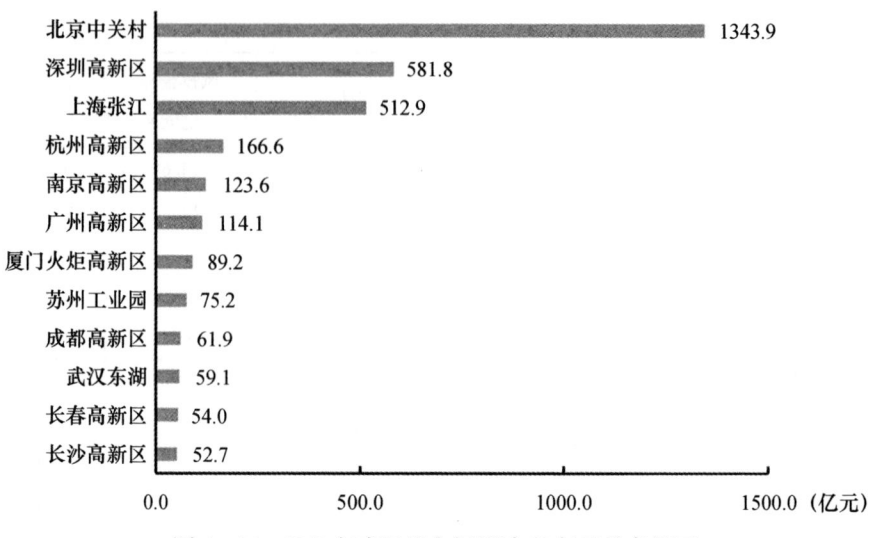

```
北京中关村    ████████████████████ 1343.9
深圳高新区    ████████ 581.8
上海张江      ███████ 512.9
杭州高新区    ██ 166.6
南京高新区    █ 123.6
广州高新区    █ 114.1
厦门火炬高新区 █ 89.2
苏州工业园    █ 75.2
成都高新区    █ 61.9
武汉东湖      █ 59.1
长春高新区    █ 54.0
长沙高新区    █ 52.7
             0.0    500.0   1000.0   1500.0 (亿元)
```

**图 6-14　2019 年度风投金额超过 50 亿元的高新区**

5.69%。下面按不同地区高新区、不同省份高新区对评价指标"年末金融机构人民币各项贷款余额"进行分析。

从地区分布看，2019 年东部地区遥遥领先，年末金融机构人民币各项贷款余额达到 303022.5 亿元，占高新区整体的比重达 60.79%；排在第二位的是中部地区，贷款余额同样不低，达到 95053.0 亿元，占比 19.07%；西部地区紧随其后，贷款余额为 73733.9 亿元，占整体的比重达到 14.79%；东北地区的贷款余额在四大地区中最少，仅 26644.1 亿元，占比 5.35%，比重较上年有所上升（见图 6-15）。

分省份来看，年末金融机构人民币各项贷款余额最多的省份主要为广东、江苏及浙江等东部沿海省份。其中，广东省最为突出，2019 年各项贷款余额达到 102374.1 亿元，占整体比重的 20.83%；江苏省的贷款余额超过 50000 亿元，具体达到 51992.5 亿元，占比 10.58%；浙江、湖北及北京 3 省市的金额接近，依次为 37627.7 亿元、37492.2 亿元、36492.2 亿元，占比分别为 7.65%、7.63%、7.42%；山东、上海及四川 3 省市的贷款余额在 20000 亿—30000 亿元之间，占比分别为 5.24%、4.83% 和 4.58%。其余省份的贷款余额均不超过 20000 亿元，其中包括 3 个省（自治区）的余额在 1000 亿元以下，分别为甘肃、宁夏及青海（见表 6-12）。

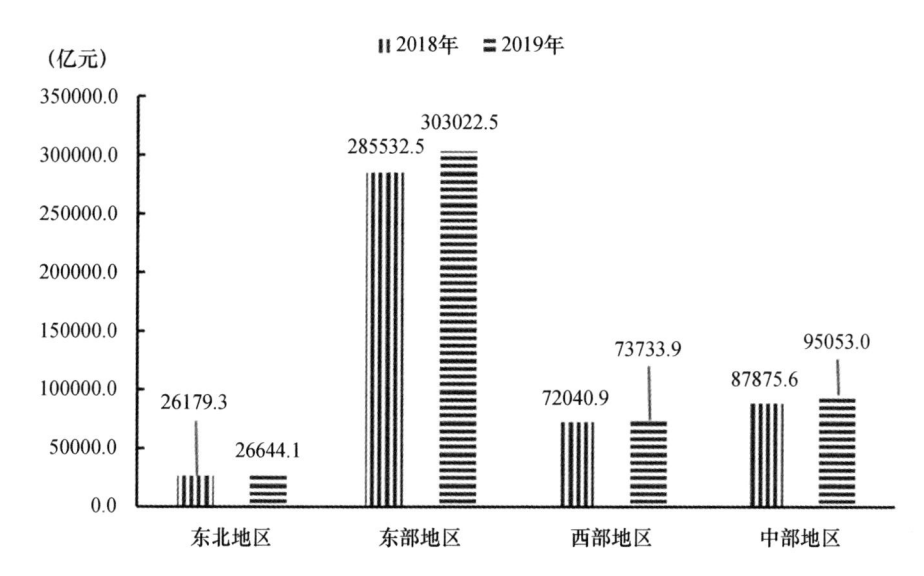

第六章　中国国家高新区创新环境及其对创新产出的影响　　151

图 6-15　2018、2019 年各地区高新区年末金融机构人民币各项贷款余额

表 6-12　2019 年各省份年末金融机构人民币各项贷款余额

| 省份 | 年末金融机构人民币各项贷款余额（亿元） | 占比（%） | 省份 | 年末金融机构人民币各项贷款余额（亿元） | 占比（%） |
| --- | --- | --- | --- | --- | --- |
| 广东省 | 102374.1 | 20.83 | 辽宁省 | 9972.050432 | 2.03 |
| 江苏省 | 51992.5 | 10.58 | 河南省 | 7830.213892 | 1.59 |
| 浙江省 | 37627.7 | 7.65 | 河北省 | 7041.16037 | 1.43 |
| 湖北省 | 37492.2 | 7.63 | 重庆市 | 6885.942872 | 1.40 |
| 北京市 | 36492.2 | 7.42 | 天津市 | 5658.207115 | 1.15 |
| 山东省 | 25749.0 | 5.24 | 贵州省 | 5487.79237 | 1.12 |
| 上海市 | 23733.7 | 4.83 | 山西省 | 5128.245336 | 1.04 |
| 四川省 | 22495.7 | 4.58 | 黑龙江省 | 2986.473133 | 0.61 |
| 陕西省 | 19857.7 | 4.04 | 内蒙古自治区 | 2670.511914 | 0.54 |
| 江西省 | 16786.2 | 3.41 | 海南省 | 1736.827366 | 0.35 |
| 湖南省 | 14998.5 | 3.05 | 云南省 | 1732.19058 | 0.35 |
| 吉林省 | 13685.6 | 2.78 | 新疆维吾尔自治区 | 1285.582575 | 0.26 |
| 安徽省 | 12817.8 | 2.61 | 甘肃省 | 835.3717063 | 0.17 |

续表

| 省份 | 年末金融机构人民币各项贷款余额（亿元） | 占比（%） | 省份 | 年末金融机构人民币各项贷款余额（亿元） | 占比（%） |
| --- | --- | --- | --- | --- | --- |
| 广西壮族自治区 | 11968.5 | 2.43 | 宁夏回族自治区 | 358.7832498 | 0.07 |
| 福建省 | 10617.1 | 2.16 | 青海省 | 155.8323531 | 0.03 |

注：西藏自治区由于缺失数据而不在表中

具体到园区层面，2019年共有14家高新区的年末金融机构人民币各项贷款余额超过10000亿元。其中深圳高新区表现最为突出，贷款余额达到46675.4亿元，占整体的比重达9.36%；其次是北京中关村，其贷款余额为36492.2亿元，占比7.32%；武汉东湖及广州高新区位列第三、第四，贷款余额依次为30569.5亿元、27732.7亿元，分别占比6.13%和5.56%；上海张江及杭州高新区同样表现不俗，金额分别达到23180.6亿元及20856.2亿元；其余8家高新区的年末金融机构人民币各项贷款余额均在10000亿—20000亿元之间（见图6-16）。

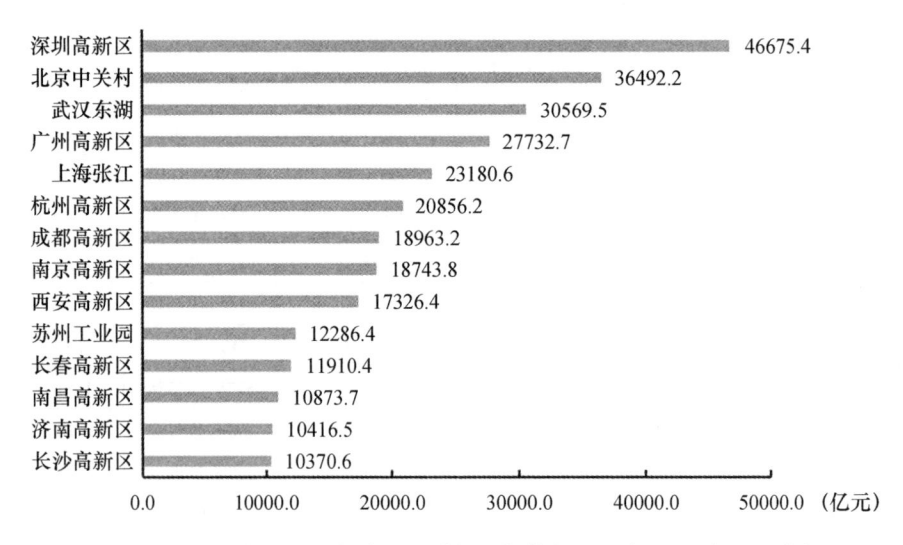

| 高新区 | 金额（亿元） |
| --- | --- |
| 深圳高新区 | 46675.4 |
| 北京中关村 | 36492.2 |
| 武汉东湖 | 30569.5 |
| 广州高新区 | 27732.7 |
| 上海张江 | 23180.6 |
| 杭州高新区 | 20856.2 |
| 成都高新区 | 18963.2 |
| 南京高新区 | 18743.8 |
| 西安高新区 | 17326.4 |
| 苏州工业园 | 12286.4 |
| 长春高新区 | 11910.4 |
| 南昌高新区 | 10873.7 |
| 济南高新区 | 10416.5 |
| 长沙高新区 | 10370.6 |

图6-16 2019年年末金融机构人民币各项贷款余额超过10000亿元的高新区

## 四 创投机构分布不均,东部地区优势明显

创业机构为以高科技为基础的新创公司提供融资,是创新的重要驱动力。统计结果显示,2019 年全国高新区共有 149 家创投机构,不均匀地分布在各个地区、各个省份。下面按不同地区高新区、不同省份高新区对评价指标"创投机构数量"进行分析。

从地区分布看,2019 年东部地区优势明显,有 91 家创投机构,占整体高新区的比重达到 61.07%,远高于其他三个地区;西部地区及中部地区的创投机构数量相近,分别为 24 家和 23 家,分别占比 16.1% 和 15.44%;东北地区的创投机构在四个地区中最少,仅有 11 家,占整体高新区的比重为 7.38%(见图 6-17)。

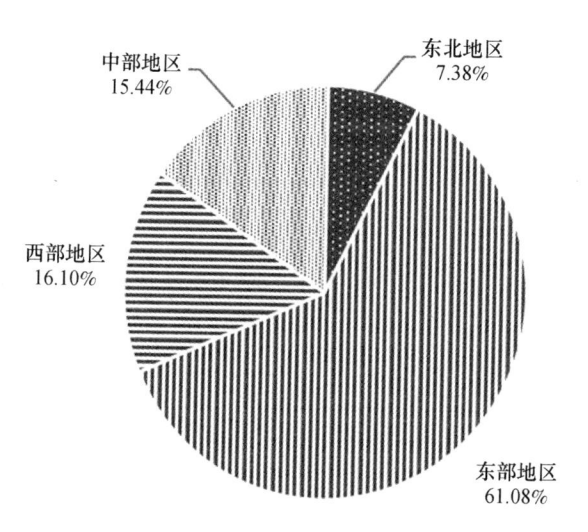

**图 6-17 2019 年各地区高新区创投机构数量占比**

分省份来看,江苏省的创投机构最多,共有 21 家,占整体的比重达到 14.09%;山东及广东两省位列第二、第三,其中山东仅比广东多 1 家,有 17 家创投机构,占比 11.41%,而广东有 16 家,占比 10.74%;浙江省的创投机构数量同样超过 10 家,共有 11 家,占比 7.38%;北京、上海的创投机构数量相等,均为 7 家;而四川、湖北、辽宁及陕西的创投机构数量同样相等,均有 6 家;其余省份的创投机构数量均不超过 5

家，其中有 4 省份没有创投机构，分别为甘肃、海南、内蒙古及青海（见表 6-13）。

表 6-13　　2019 年各省份创投机构数量及其占比

| 省份 | 创投机构数量（家） | 占比（%） | 省份 | 创投机构数量（家） | 占比（%） |
| --- | --- | --- | --- | --- | --- |
| 江苏省 | 21 | 14.09 | 黑龙江省 | 3 | 2.01 |
| 山东省 | 17 | 11.41 | 湖南省 | 3 | 2.01 |
| 广东省 | 16 | 10.74 | 广西壮族自治区 | 3 | 2.01 |
| 浙江省 | 11 | 7.38 | 河北省 | 2 | 1.34 |
| 北京市 | 7 | 4.70 | 吉林省 | 2 | 1.34 |
| 上海市 | 7 | 4.70 | 贵州省 | 2 | 1.34 |
| 四川省 | 6 | 4.03 | 新疆维吾尔自治区 | 2 | 1.34 |
| 湖北省 | 6 | 4.03 | 重庆市 | 2 | 1.34 |
| 辽宁省 | 6 | 4.03 | 云南省 | 2 | 1.34 |
| 陕西省 | 6 | 4.03 | 山西省 | 1 | 0.67 |
| 江西省 | 5 | 3.36 | 宁夏回族自治区 | 1 | 0.67 |
| 天津市 | 5 | 3.36 | 甘肃省 | 0 | 0.00 |
| 福建省 | 5 | 3.36 | 海南省 | 0 | 0.00 |
| 安徽省 | 4 | 2.68 | 内蒙古自治区 | 0 | 0.00 |
| 河南省 | 4 | 2.68 | 青海省 | 0 | 0.00 |

注：西藏自治区由于缺失数据而不在表中

具体到园区层面，2019 年共有 14 家高新区的创投机构数量大于或等于 4。其中，北京中关村拥有的创投机构最多，为 7 家，占整体的比重达到 4.58%；其次是深圳高新区，拥有 6 家创投机构，占比 3.92%；上海张江、成都高新区、苏州工业园、天津滨海、武汉东湖、沈阳高新区及杭州高新区拥有的创投机构数量相等，均为 5 家；其余 5 家高新区各拥有 4 家创投机构（见图 6-18）。

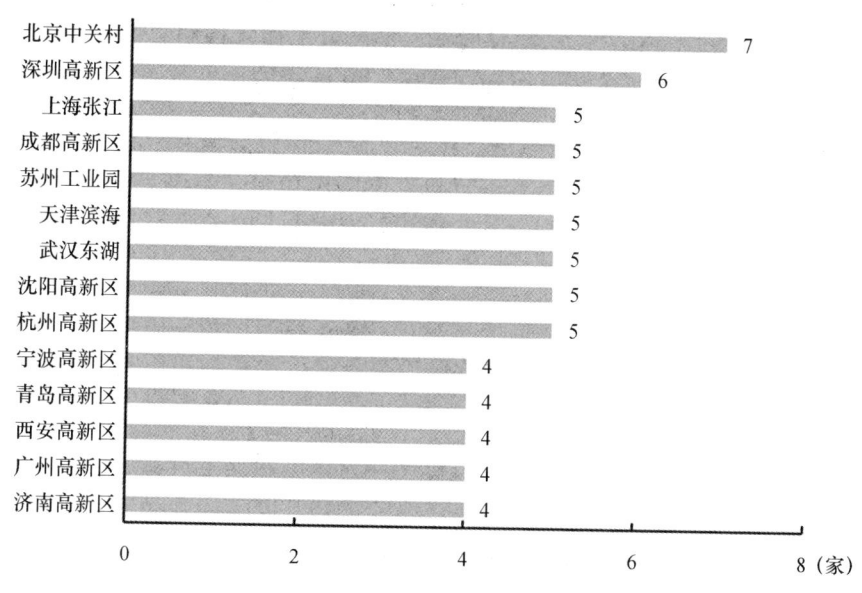

第六章 中国国家高新区创新环境及其对创新产出的影响 155

| 高新区 | 创投机构数量 |
|---|---|
| 北京中关村 | 7 |
| 深圳高新区 | 6 |
| 上海张江 | 5 |
| 成都高新区 | 5 |
| 苏州工业园 | 5 |
| 天津滨海 | 5 |
| 武汉东湖 | 5 |
| 沈阳高新区 | 5 |
| 杭州高新区 | 5 |
| 宁波高新区 | 4 |
| 青岛高新区 | 4 |
| 西安高新区 | 4 |
| 广州高新区 | 4 |
| 济南高新区 | 4 |

图 6-18 2019 年创投机构数量大于或等于 4 的高新区

## 第五节 创新环境对创新产出的影响

创新环境作为创新生态系统的基础条件，是整体创新过程的外部支撑，对创新产出起到关键促进作用，具体体现在营商环境、技术市场环境及金融环境 3 个方面。

完善的营商环境激发企业的创新活力，促成更多的创新产出（雷挺，2020）。高新区的营商环境包括政府及管委会建设的政务服务环境及基础设施环境，分别从软件及硬件方面为创新提供支持。政务服务环境的改善，不仅能够降低企业的非正式支出及制度性交易成本，进而促使资金向研发创新转移，而且可以提高政府行政效率，从而提高创新效率。而完善的基础设施为创新活动提供良好的硬件设备，降低企业的研发成本，同时吸引企业入驻，促进企业间的技术交流，提高创新效率。

完善的技术市场为科技成果转让、技术要素获取和科技资源的合理流动提供平台支持与体制保障（刘辉，2004）。首先，技术市场作为科技成果转让的主要平台，通过提高技术交易效率，缩短创新资金回流时间，从而提高整体创新过程的效率;其次,技术是创新的重要投入要素,完善的技术市场通过减少技术搜寻成本,提高技术搜寻效率,缩短研发创新周期,从而促进创新产出增加;再次,当技术市场发展到一定规模,科技成果的交易频率大大提高,交易方式更加多样,交易流程有效缩短,交易成本显著下降,科技成果与科技资源的价格机制逐渐形成和完善,技术市场的价格信号有助于筛选需求更大的技术,同时为企业创新指明方向。

良好的金融环境保障创新资金充分流动,促进创新产出增加。创新活动投入大、风险高,仅凭内部资金,企业难以承担创新所需的高成本(Schumpeter,1964),因此外部资金是创新必不可少的资金来源。金融体系为企业获取外部资金提供渠道,是创新资金的重要来源。同时,完善的金融环境有利于创新投资,如促进风险投资。风险投资是资本所有者投资创新、获取利益的重要手段,完善的金融环境使风投更加高效,利于投资者发现高回报率项目,也利于筛选更具价值的创新,使创新成果更符合现实市场需求。

## 一 创新环境对创新产出的影响分析

从定性的角度来看,将169个国家高新区在2019年的创新环境指数得分与创新产出指数得分绘制成散点图,得到图6-19。可以看出,创新环境指数得分高的高新区,其创新产出指数往往也高。同时观察到,趋势线的斜率为正,即创新环境指数与创新产出指数之间呈正线性关系,表明创新环境对创新产出有正向作用。

从定量的角度分析,以2019年169个国家高新区的创新产出指数得分和创新环境指数得分作为样本,将创新产出指数得分对创新环境指数得分进行线性回归,得到的结果如表6-14所示。创新环境指数得分显著为正,表明创新环境对创新产出有显著的促进作用,与定性分析的结论吻合。其系数具体为0.78,意味着,平均而言高新区创新环境指数得分每增加1,创新产出指数得分增加0.78。

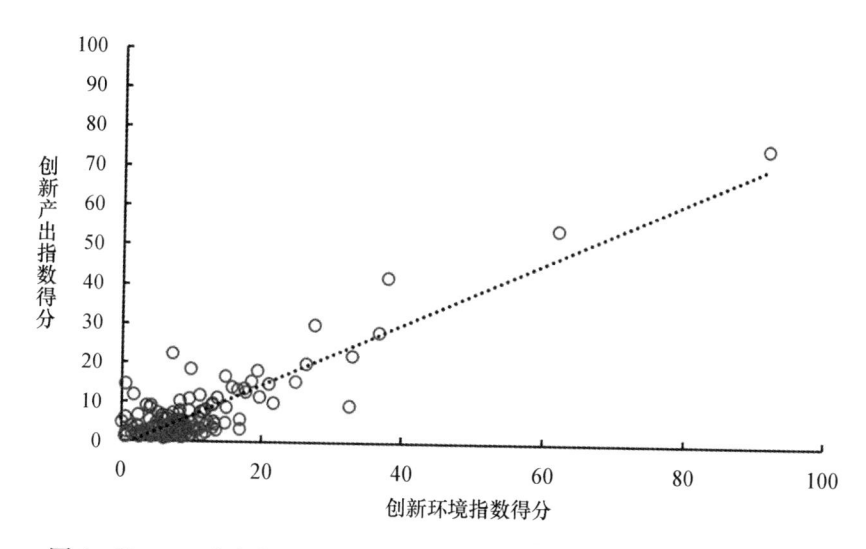

第六章　中国国家高新区创新环境及其对创新产出的影响　157

图 6-19　2019 年创新环境指数得分与创新产出指数得分的散点图及趋势线

表 6-14　2019 年创新产出指数得分对创新环境指数得分的回归结果

| 创新产出指数得分（被解释变量） | 系数 | t 值（0.05 水平下） |
| --- | --- | --- |
| 创新环境指数得分 | 0.7795 | 24.40 |
| 常数项 | -1.1415 | -2.61 |

## 二　营商环境、技术市场环境、金融环境对创新产出的影响及比较

从定性的角度来看，将 169 个国家高新区的营商环境得分、技术市场环境得分及金融环境得分分别与创新产出指数得分绘制成散点图，并将其绘制在同一个坐标轴内进行比较，如图 6-20 所示。大致可看出，营商环境得分、技术市场环境得分或金融环境得分越高的高新区，其创新产出指数得分往往也越高。同时可观察到，三者得分与创新产出指数得分的趋势线斜率均为正，即营商环境得分、技术市场环境得分及金融环境的得分与创新产出指数得分之间均呈正线性关系，表明营商环境、技术市场环境及金融环境均对创新产出有正向作用。关于三者对创新产出的作用大小比较，从趋势线的斜率可看出，金融环境得分每增加一单位所带来的创新产出指数得分的增加最多；而营商环境得分及金融环境得分每增加一单位所分别带来的创新指数得分的增加相近，均小于金融环境得分增加所带来的创新产出指数得分的增加。表明，相较于营商环境及

技术市场环境，改善金融环境对创新产出的促进作用更大。

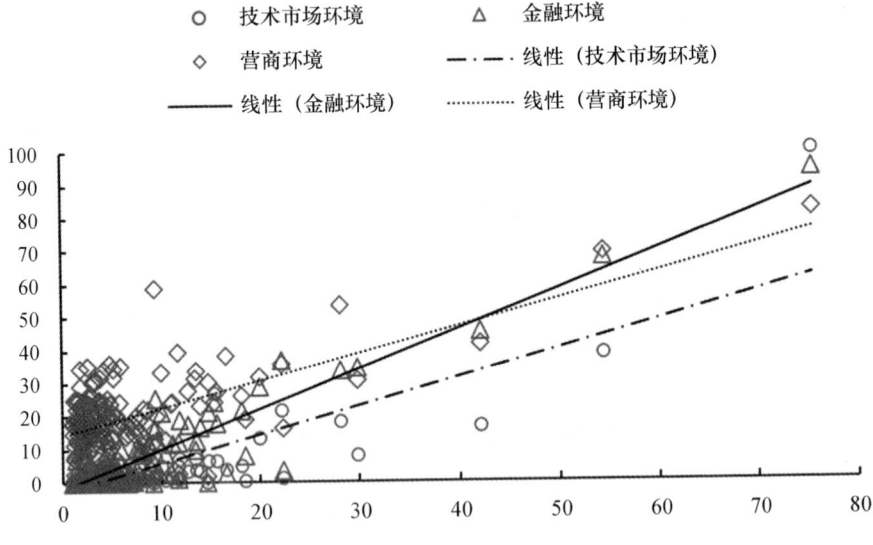

图 6-20 2019年创新产出指数得分对营商环境得分、技术市场环境得分和金融环境得分的回归结果

从定量的角度分析，以2019年169个国家高新区的营商环境得分、技术市场环境得分、金融环境得分及创新产出指数得分为样本，建立普通线性回归模型，将创新产出指数得分分别对营商环境得分、技术市场环境得分及金融环境得分进行回归，得到的结果如表6-15所示。营商环境得分、技术市场环境得分及金融环境得分的系数均大于0，表明营商环境、技术市场环境及金融环境对创新产出的影响均是正面的。其中，技术市场环境得分的系数最大，为0.84，意味着平均而言金融环境得分每增加1单位，则创新产出指数得分增加0.84单位；金融环境得分的系数为0.70，意味着平均而言营商环境得分每增加1单位，则创新产出增加0.70单位；系数最小的是营商环境得分，为0.47，意味着平均而言技术市场环境得分每增加1单位，则创新产出指数得分增加0.47单位。

表6-15　2019年创新产出指数得分分别对营商环境得分、技术市场环境得分及金融环境得分的回归结果

| 创新产出指数得分（被解释变量） | 系数 | t值（0.05水平下） |
| --- | --- | --- |
| 营商环境 | 0.4698 | 10.23 |
| 技术市场环境 | 0.8422 | 20.98 |
| 金融环境 | 0.7035 | 30.74 |

## 第六节　本章小结

创新环境对整个创新系统的良性运转起到支撑作用，是改善创新效率、提升创新能力的关键（赵燕飞等，2019）。本章从创新环境内涵、构成要素入手，通过构建创新环境评价体系，对中国169个国家高新区在2017—2019年的创新环境水平进行评价分析，得到以下结论：（1）总体来看，中国高新区的创新环境正逐年改善，二级指标中，营商环境对创新环境的贡献率最高，在2019年达到71.15%；（2）分地区来看，各地区（东北地区、东部地区、西部地区、中部地区）之间的差距较大，东部地区明显占优，具体体现在政府资金支持力度、创新硬件设施完善程度、输入及吸纳技术的力度及风险投资规模等方面；（3）分省份来看，广东和北京表现突出，2019年，广东在地方政府公共预算支出中科学技术支出、高新区核准面积、吸纳技术成交金额及年末金融机构人民币各项贷款余额4项三级指标中表现最优，北京在政府网上办事绩效指数、输出技术成交金额、年度A股直接融资额及年度风投金额4项三级指标中表现最优；（4）具体到园区层面，北京中关村的创新环境最优，在营商环境、技术市场环境及金融环境都具有绝对的优势，在2019年，9项三级指标中，北京中关村有7项排在第1，分别为政府网上办事绩效指数、高新区核准面积、输出技术成交金额、吸纳技术成交金额、年度A股直接融资额、年度风投金额及创投机构数量。深圳高新区、上海张江、广州高新区及武汉东湖等高新区属于第二梯队，创新环境较为完善，在营商环境、技术市场环境及金融环境方面表现不俗，其中深圳高新区在2019年在地方政府公共预算支出中科学技术支出和年末金融机构人民币

各项贷款余额两项三级指标中表现最优；（5）创新环境对创新产出有显著的促进作用，平均而言高新区创新环境指数得分每增加 1 单位，则创新产出指数得分增加 0.78 单位。二级指标中，营商环境、技术市场环境及金融环境对创新产出均有正向作用，其中技术市场环境及金融环境的促进作用更大。

# 第七章

# 中国国家高新区创新主体互动及其对创新产出的影响

中国的经济增长模式已经进入转型期,为适应新的国家发展形势,中国亟须转变发展模式,由要素驱动、投资驱动向创新驱动转变。在这一背景下,中共中央、国务院于2016年5月印发了《创新驱动发展战略纲要》,提出创新驱动发展战略。在党的十九大报告中,习近平总书记再次强调了"创新是引领发展的第一动力,是建设现代化经济体系的战略支撑"。

在现代经济中,创新主体主要包括企业、高校和科研院所。企业为了在市场竞争中获得优势,对新技术、新知识、新产品进行投资,最终推动整体经济的高质量发展(Lee, 2009)。但是,创新具有很大不确定性(Angelmar, 1985),对于企业而言,这种不确定性意味着高风险,导致企业对创新的投资不足。因此,政府也会加大对创新的投入,弥补创新投入缺口,其中,资助各大高校和科研院所的研究是一大方向。高校和科研院所拥有强大的科研资源和平台,在政府的资助下进行科技研究、培养科研人员并提供和传播科学发明及突破性技术。目前,国内高校和科研院所的问题在于不够市场化,研究成果大多无法商业化,与实际工业界需要的新技术、新产品相差甚远,知识转化率较低。因此,如何实现创新主体之间的良性互动、弥补各自的缺陷至关重要,也是本书研究的重点之一。

## 第一节 创新主体互动指数

本章构建了创新主体互动指数，包含企业数量指数、创新型产业集群指数和产学研合作指数三个二级指标。企业数量指数包含工商注册企业数、规模以上工业企业数和高新技术企业数三个三级指标，创新型产业集群指数包含创新型产业集群营业收入和创新型产业集群年末从业人员数两个三级指标，产学研合作指数包含大学科技园数量、高等院校和科研院所数量和国家级创新平台数量三个三级指标。本书根据三级指标数据，计算出2017—2019年创新主体互动指数的一级指标和二级指标。创新主体互动指数反映了各国家高新区及所处地级市的创新主体（包括企业、高校、科研院所和创新平台等）的集聚程度，该指数越高，创新主体之间的互动频率越高，越有利于新知识、新产品、新技术的传播和推广。

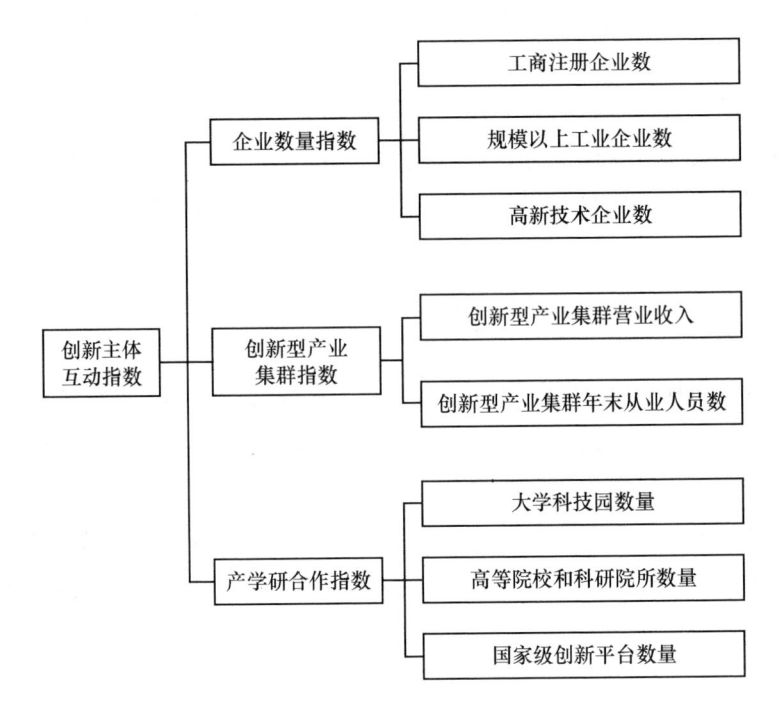

图7-1 创新主体互动指数

## 一 东部地区创新主体互动指数远高于其他地区,东部地区指数持续上升,东北地区指数持续下降

本章计算出以省研发经费作为权重计算出的各地区在各年份创新主体互动指数的最小值、最大值和均值。观察数据发现,2017—2019 年,东部地区的国家高新区创新主体互动指数的最大值和均值位居第一,东北地区指数均值位居第二,但指数最大值位居倒数第一,西部和中部地区指数均值分别位列第三、第四。东部地区国家高新区创新主体互动指数整体水平高于其他区域,且保持逐年上升,其他地区的创新主体互动指数先下降后略有回升。

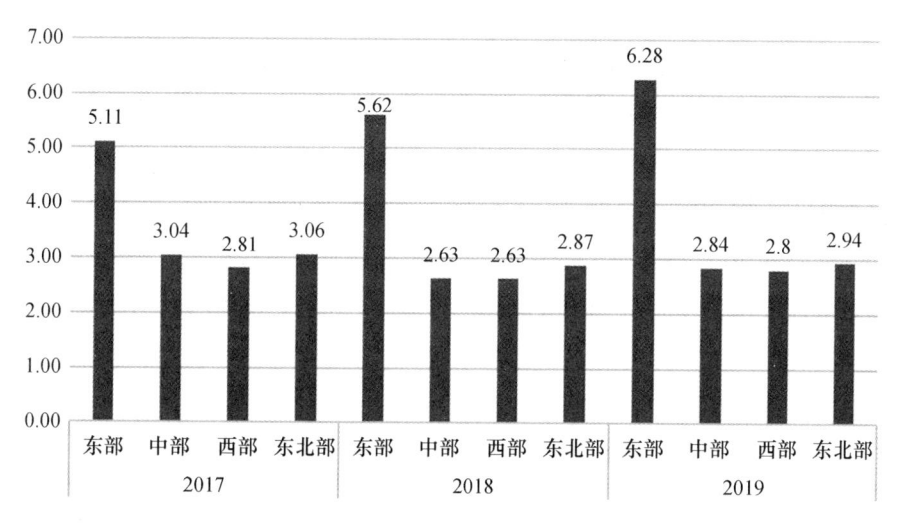

图 7-2 2017—2019 年各地区国家高新区创新主体互动指数均值

表 7-1　　　　2017—2019 年创新主体互动指数描述性统计

| 创新主体互动指数 | | 最小值 | 最大值 | 平均值 |
| --- | --- | --- | --- | --- |
| 2017 | 东部 | 0.00 | 54.35 | 5.11 |
| | 中部 | 0.18 | 22.69 | 3.04 |
| | 西部 | 0.04 | 22.44 | 2.81 |
| | 东北 | 0.02 | 10.73 | 3.06 |

续表

| 创新主体互动指数 | | 最小值 | 最大值 | 平均值 |
|---|---|---|---|---|
| 2018 | 东部 | -0.01 | 59.95 | 5.62 |
| | 中部 | 0.09 | 23.16 | 2.63 |
| | 西部 | 0.13 | 29.23 | 2.63 |
| | 东北 | 0.03 | 13.87 | 2.87 |
| 2019 | 东部 | 0.11 | 75.60 | 6.28 |
| | 中部 | 0.24 | 27.50 | 2.84 |
| | 西部 | 0.08 | 28.50 | 2.80 |
| | 东北 | 0.05 | 11.62 | 2.94 |

注：由于个别开发区缺失数据，故本表中用省的开发经费权重计算替代

## 二 2019 年前 20 名整体排名变化不大，个别国家高新区迅猛增长

本节列出 2019 年以省 GDP 为权重计算的创新主体互动指数前 20 名国家高新区名单，见表 7-2。根据名单发现，2019 年北京中关村和深圳高新区仍占据前二，且北京中关村创新主体互动指数遥遥领先其他国家高新区；前 20 名整体排名变化不大，个别高新区迅猛增长，其中无锡高新区表现突出，在 2018 年排名在 20 名以外，2019 年分别上升 16 位进入前 20。

表 7-2　2017—2019 年创新主体互动指数排名前 20 名单

| 序号 | 2017 年 | 评分 | 2018 年 | 评分 | 2019 年 | 评分 |
|---|---|---|---|---|---|---|
| 1 | 北京中关村 | 54.35 | 北京中关村 | 59.95 | 北京中关村 | 75.60 |
| 2 | 上海张江 | 28.82 | 深圳高新区 | 47.44 | 深圳高新区 | 47.95 |
| 3 | 深圳高新区 | 25.06 | 西安高新区 | 29.23 | 广州高新区 | 28.99 |
| 4 | 武汉东湖 | 22.69 | 上海张江 | 27.97 | 西安高新区 | 28.50 |
| 5 | 西安高新区 | 22.44 | 武汉东湖 | 23.16 | 武汉东湖 | 27.50 |
| 6 | 广州高新区 | 19.10 | 广州高新区 | 23.05 | 上海张江 | 27.29 |
| 7 | 苏州工业园 | 18.50 | 杭州高新区 | 21.94 | 成都高新区 | 22.03 |
| 8 | 南京高新区 | 18.17 | 南京高新区 | 19.94 | 杭州高新区 | 21.19 |
| 9 | 杭州高新区 | 17.55 | 成都高新区 | 19.57 | 苏州工业园 | 18.77 |

续表

| 序号 | 2017年 | 评分 | 2018年 | 评分 | 2019年 | 评分 |
|---|---|---|---|---|---|---|
| 10 | 成都高新区 | 15.31 | 苏州工业园 | 18.77 | 南京高新区 | 17.46 |
| 11 | 长沙高新区 | 14.04 | 长春高新区 | 13.87 | 东莞松山湖 | 14.94 |
| 12 | 南昌高新区 | 10.91 | 合肥高新区 | 12.71 | 合肥高新区 | 13.06 |
| 13 | 长春高新区 | 10.73 | 南昌高新区 | 12.11 | 长沙高新区 | 12.74 |
| 14 | 合肥高新区 | 10.67 | 长沙高新区 | 11.29 | 南昌高新区 | 12.58 |
| 15 | 东莞松山湖 | 9.92 | 东莞松山湖 | 9.27 | 济南高新区 | 12.32 |
| 16 | 佛山高新区 | 9.09 | 宁波高新区 | 9.07 | 无锡高新区 | 11.63 |
| 17 | 厦门火炬高新区 | 8.95 | 厦门火炬高新区 | 8.67 | 长春高新区 | 11.62 |
| 18 | 重庆高新区 | 8.47 | 济南高新区 | 8.08 | 宁波高新区 | 9.93 |
| 19 | 无锡高新区 | 8.27 | 青岛高新区 | 7.97 | 青岛高新区 | 9.43 |
| 20 | 青岛高新区 | 8.12 | 重庆高新区 | 7.71 | 佛山高新区 | 8.65 |

注：由于个别开发区缺失数据，故本表中用省的开发经费权重计算替代

### 三 头部国家高新区优势现象明显

排名靠前的高新区遥遥领先于其他高新区，国家高新区的创新主体互动指数整体分化严重。高新区排名中，头部高新区优势差距减小，与排名中部高新区差距拉大，与排名尾部高新区差距变小。2017—2019年，创新主体互动指数最大值分别为54.35、59.95和75.60，99%分位值分别为28.82、47.44和47.95，最大值分别是99%分位值的1.89倍、1.26倍和1.58倍，分别是50%分位值的36.72倍、46.47倍和55.18倍，是1%分位值的2717.50倍、1998.33倍和945.00倍。

表7-3　　　　　　2017—2019年创新主体互动指数百分位值

| 年份 | p1 | p5 | p10 | p25 | p50 | p75 | p90 | p95 | p99 |
|---|---|---|---|---|---|---|---|---|---|
| 2017 | 0.02 | 0.14 | 0.23 | 0.53 | 1.48 | 4.56 | 9.09 | 18.17 | 28.82 |
| 2018 | 0.03 | 0.14 | 0.21 | 0.48 | 1.29 | 4.2 | 8.67 | 19.57 | 47.44 |
| 2019 | 0.08 | 0.24 | 0.31 | 0.61 | 1.37 | 4.34 | 11.62 | 18.77 | 47.95 |
| 总计 | 0.04 | 0.16 | 0.25 | 0.53 | 1.36 | 4.31 | 9.09 | 18.77 | 47.44 |

注：p代表百分位，p*代表从小到大排序序列的*%位置的值

## 第二节　国家高新区产业集聚

### 一　产业集聚理论

早在古典政治经济学时期，亚当·斯密（1776）在其著名的《国民财富的性质和原因的研究》中，从分工协作的角度，对产业集聚进行了描述，他认为产业聚集是由一群具有分工性质的企业为了完成某种产品的生产联合而组成的群体；李嘉图（1817）根据比较利益学说，研究了生产特定产品的区位问题，指出了产业聚集所形成的聚集经济问题；1890年，马歇尔在《经济学原理》一书中，首次提到了产业集聚概念，反映企业和产业集聚的地理特征以及"一业为主"的产业结构特点，并且提出三个导致产业集聚的原因：一是集聚能促进专业化投入和服务的发展；二是企业集聚与一个特定空间能提供特定产业技能的劳动力市场；三是产业集聚能够产生溢出效应。随着产业集聚理论的发展，产业集聚理论从产业区位、竞争与合作、交易成本、规模报酬等角度探讨了产业集聚的形成原因与发展机理：

1. 产业区位理论。屠能为寻求解释德国工业化前城市周围农业活动的模式，强调区位运输对农业分布的影响，提出了农业圈模型；韦伯在《工业区位论》中提出，工厂在选址时追求费用最小化的区位。

2. 新竞争优势理论。波特认为产业的地理集中是竞争所致，集聚有利于提升产业竞争力和国家竞争力，并且提出基于生产要素、需求条件、相关支撑产业和厂商结构提出了"钻石模型"，在"钻石模型"中，创新对于企业的竞争起着关键的作用。

3. 交易费用理论。科斯在《企业的性质》中提出交易费用理论，认为由于存在有限理性、机会主义、不确定性与小数目条件，使得市场交易费用高昂，因而，产额集聚有助于缩小这些因素对交易的影响，从而降低交易费用。

4. 新经济地理学规模报酬递增理论。克鲁格曼基于新贸易理论和新增长理论的收益递增思想，建立了描述产业集聚的"中心-外围"模型，证明工业集聚将导致制造业中心区的形成。

产业集聚度的测度方法包括行业集中度、区位熵、赫芬达尔-赫希曼指数、空间基尼系数、空间集聚指数，这些指数的计算须使用微观企业数据或者中观行业数据。但本书中能获取的有关高新区产业集聚的数据不适用于以上的计算方法，因此，转而寻找衡量高新区产业集聚度的代理变量。本书拟采用高新区注册企业数、规模以上工业企业数和高新区高新技术企业数衡量产业集聚度，基于这三个数据构造了企业数量指数。企业数量指数衡量了高新区及高新区所处地级市的企业数量，尤其是规模以上工业企业数和高新技术企业数衡量了高新区企业结构和企业总体发展水平。

## 二 东部国家高新区企业数量指数显著大于其他地区

将全国国家高新区按东部、中部、西部和东北地区划分，并做描述性统计。在2017—2019年，东部地区的国家高新区企业数量指数都遥遥领先于其他三个地区。东部地区企业数量指数均值远远高于其他地区，中部地区的国家高新区企业数量指数次之，西部地区国家高新区企业数量指数排名第三，东北地区排最后。

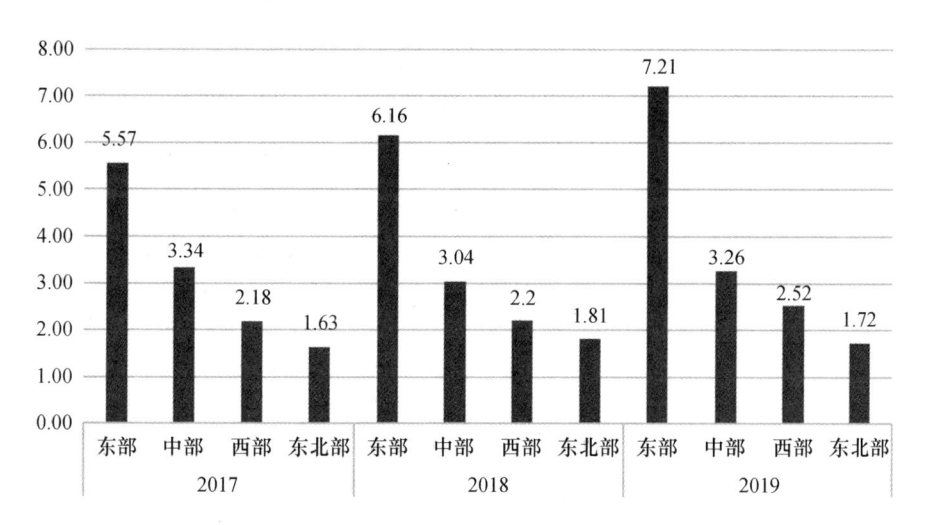

图7-3 2017—2019年各地区国家高新区企业数量指数均值

表7-4　2017—2019年各地区国家高新区企业数量指数统计性描述

| 企业数量指数 | | 最小值 | 最大值 | 平均值 |
|---|---|---|---|---|
| 2017 | 东部 | -0.01 | 65.61 | 5.57 |
| | 中部 | 0.24 | 17.87 | 3.34 |
| | 西部 | 0.04 | 15.49 | 2.18 |
| | 东北 | 0.02 | 5.41 | 1.63 |
| 2018 | 东部 | -0.02 | 69.98 | 6.16 |
| | 中部 | 0.18 | 19.14 | 3.04 |
| | 西部 | 0.04 | 19.37 | 2.20 |
| | 东北 | 0.02 | 7.61 | 1.81 |
| 2019 | 东部 | 0.03 | 72.64 | 7.21 |
| | 中部 | 0.34 | 22.95 | 3.26 |
| | 西部 | 0.05 | 21.47 | 2.52 |
| | 东北 | 0.11 | 5.48 | 1.72 |

国家高新区企业数量取决于高新区的建设面积以及高新区的吸引力，统计各地区高新区核准面积，结果如表7-5所示。东部地区国家高新区的平均核准面积（1322.54公顷）最大，意味着东部地区的国家高新区有更大的空间来安置企业，因此能有最高的企业数量指数不足为奇；中部地区国家高新区平均核准面积（891.80公顷）略高于西部地区（886.19公顷），反映到指数上也是如此；东北地区平均核准面积高达1143.66公顷，仅次于东部地区，比中部和西部地区平均核准面积高出28.24%和29.05%，但指数却低于中部和西部地区，表明东北地区国家高新区在空间上利用率不足，对企业的吸引力不够，国家高新区的政策优势没有得到充分发挥。

表7-5　　　　2019年各地区国家高新区核准面积　　　　（公顷）

| 地区 | 核准面积均值 |
|---|---|
| 东部 | 1322.54 |
| 中部 | 891.80 |
| 西部 | 886.19 |
| 东北 | 1143.66 |

## 三 各地区工商注册企业和规模以上工业企业数增速存在巨大差异，高新技术企业数增速最快

2019年，国家高新区三类企业增速存在差异，高新技术企业数增速最快，工商注册企业数次之，规模以上工业企业数增速最慢。统计2019年各地区国家高新区工商注册企业、规模以上工业企业总数和高新技术企业数，2019年，东部和中部地区的国家高新区企业工商注册企业增速高于西部和东北地区；东部和西部地区规模以上工业企业数增速高于中部和东北地区；中部地区国家高新区的规模以上工业企业数微增0.28%，东北地区国家高新区规模以上工业企业数减少1.41%，中部和东北地区规模以上工业企业发展不顺，东北地区高新区甚至出现倒退；所有地区的工商注册企业数增速均远高于规模以上工业企业数增速，表明各国家高新区企业目前还处于增量阶段，质量增长阶段还没有全面到来，还需要加大对高速发展的中小企业的扶持力度，积极培育创新主体，壮大中小企业的实力，打造一批具有一定规模且具有高创新能力的企业。2019年，各地区的高新技术企业增速均高于工商注册企业数和规模以上工业企业数增速，各地区高新区的企业质量结构改善；其中，东北地区高新技术企业数增速最快，达到了43.39%，远高于其他地区，表现优异。

表7-6  2019年各地区国家高新区工商注册企业总数和增长率

| 地区 | 总和 | 增长率（%） |
| --- | --- | --- |
| 东部 | 1741524 | 24.36 |
| 中部 | 454101 | 25.30 |
| 西部 | 525428 | 21.04 |
| 东北 | 145661 | 20.55 |

表7-7  2019年各地区国家高新区规模以上工业企业数和增长率

| 地区 | 总和 | 增长率（%） |
| --- | --- | --- |
| 东部 | 255772 | 4.60 |
| 中部 | 52517 | 0.28 |

续表

| 地区 | 总和 | 增长率（%） |
|---|---|---|
| 西部 | 49707 | 3.80 |
| 东北 | 10357 | -1.41 |

表7-8　2019年各地区国家高新区高新技术企业数和增长率

| 地区 | 总和 | 增长率（%） |
|---|---|---|
| 东部 | 54402 | 26.16 |
| 中部 | 12720 | 27.60 |
| 西部 | 9516 | 24.41 |
| 东北 | 2941 | 43.39 |

## 四　2019年排名前20的国家高新区以珠三角和长三角地区国家高新区为主

统计2019年企业数量指数前20名的国家高新区，以珠三角和长三角地区的国家高新区为主，其中，排名前20的珠三角地区的高新区有深圳高新区（2）、广州高新区（3）、东莞松山湖高新区（5）、佛山高新区（12），排名前20的长三角地区的高新区有上海张江高新区（4）、苏州工业园区（6）、杭州高新区（9）、宁波高新区（11）、南京高新区（13）、无锡高新区（15）、常州高新区（19）。长三角地区国家高新区前20的数量为7，大于珠三角地区国家高新区前20的数量，但整体排名低于珠三角地区国家高新区。

表7-9　2017—2019年国家高新区企业数量指数排名前20名单

| 序号 | 2017年 | 评分 | 2018年 | 评分 | 2019年 | 评分 |
|---|---|---|---|---|---|---|
| 1 | 北京中关村 | 65.61 | 北京中关村 | 69.98 | 北京中关村 | 72.64 |
| 2 | 苏州工业园 | 24.17 | 深圳高新区 | 34.11 | 深圳高新区 | 49.55 |
| 3 | 上海张江 | 22.71 | 苏州工业园 | 24.29 | 广州高新区 | 28.57 |
| 4 | 深圳高新区 | 18.62 | 上海张江 | 23.10 | 上海张江 | 28.19 |
| 5 | 武汉东湖 | 17.87 | 杭州高新区 | 22.48 | 东莞松山湖 | 26.81 |

续表

| 序号 | 2017 年 | 评分 | 2018 年 | 评分 | 2019 年 | 评分 |
|---|---|---|---|---|---|---|
| 6 | 杭州高新区 | 16.98 | 广州高新区 | 22.28 | 苏州工业园 | 26.67 |
| 7 | 广州高新区 | 16.37 | 成都高新区 | 19.37 | 武汉东湖 | 22.95 |
| 8 | 东莞松山湖 | 16.06 | 武汉东湖 | 19.14 | 成都高新区 | 21.47 |
| 9 | 成都高新区 | 15.49 | 宁波高新区 | 14.11 | 杭州高新区 | 18.34 |
| 10 | 佛山高新区 | 13.12 | 东莞松山湖 | 13.87 | 西安高新区 | 16.62 |
| 11 | 长沙高新区 | 10.46 | 西安高新区 | 13.82 | 宁波高新区 | 16.07 |
| 12 | 西安高新区 | 10.32 | 南京高新区 | 12.99 | 佛山高新区 | 16.03 |
| 13 | 南京高新区 | 10.23 | 佛山高新区 | 11.49 | 南京高新区 | 12.25 |
| 14 | 宁波高新区 | 9.57 | 合肥高新区 | 10.87 | 长沙高新区 | 10.90 |
| 15 | 苏州高新区 | 9.23 | 长沙高新区 | 9.40 | 无锡高新区 | 10.88 |
| 16 | 重庆高新区 | 9.18 | 重庆高新区 | 8.59 | 济南高新区 | 10.47 |
| 17 | 合肥高新区 | 8.75 | 石家庄高新区 | 8.45 | 合肥高新区 | 10.26 |
| 18 | 无锡高新区 | 8.54 | 常州高新区 | 8.45 | 重庆高新区 | 9.62 |
| 19 | 郑州高新区 | 7.65 | 潍坊高新区 | 8.22 | 常州高新区 | 9.18 |
| 20 | 襄阳高新区 | 7.52 | 天津滨海 | 8.07 | 天津滨海 | 8.95 |

## 第三节 产业集群分析

传统的产业集群一般基于地理位置上的聚集，集群内部的企业相互关联，通过集群内企业进行的投入产出联系，进行专业化分工，实现成本的降低，获得外部经济效益。随着知识经济的发展，企业之间激烈的市场竞争推动了对新知识、新技术、新产品、新工艺的需求，企业纷纷加大对知识技术的投资，从而形成了更高级的产业集群，即创新集群。波特在《国家竞争优势》中提出，产业集群若要在国际竞争中保持优势，必须加强对创新的投入，保持自身的优势，产业集群经历知识技术上的"改进和创新"即可以升级为创新集群。产业集群发展为创新集群需要先后经历提升企业技术创新能力、发展企业技术联盟和发展产业技术创新联盟三个阶段，即产业集群内的企业要重视创新，然后基于高新技术企业发展处技术联盟，实现技术优势互补，之后需要推动企业和高校、科研院所的创新互动，加强战略合作，最终演变为创新集群。创新集群包含政府（提供政策指引），知识中心（大学、研究机构、国家实验室、研究和技术开发公司），产业与市场需求（消费者偏好、产品价格、替代品价格、地理位置、政策等）和创新服务业（孵化器、开放实验室、技术市场、科技信息中心、技术评估协会、技术中介组织等）。

本书创新型产业集聚指数的计算包含创新型产业集群营业收入和创新型产业集群年末从业人员两个三级指标，通过创新型产业集聚指数的构建，反映国家高新区所处城市的创新型产业集群的发展水平、创新水平，衡量国家高新区进行创新主体互动的数量和质量。

### 一　东部地区创新型产业集群指数远高于其他地区

根据描述性统计，2017—2019年，东部地区创新型产业集群指数均值远高于中部、西部和东北地区；且东部地区创新型产业集群指数均值逐年上升，中部和东北地区的高新区创新型产业集群指数均值逐年下降；在这三年间，排名第一的国家级高新区始终位于东部地区，表明目前东部地区国家级高新区所处城市产业集群发展水平较高，这也与全国各地区经济发展格局相同。

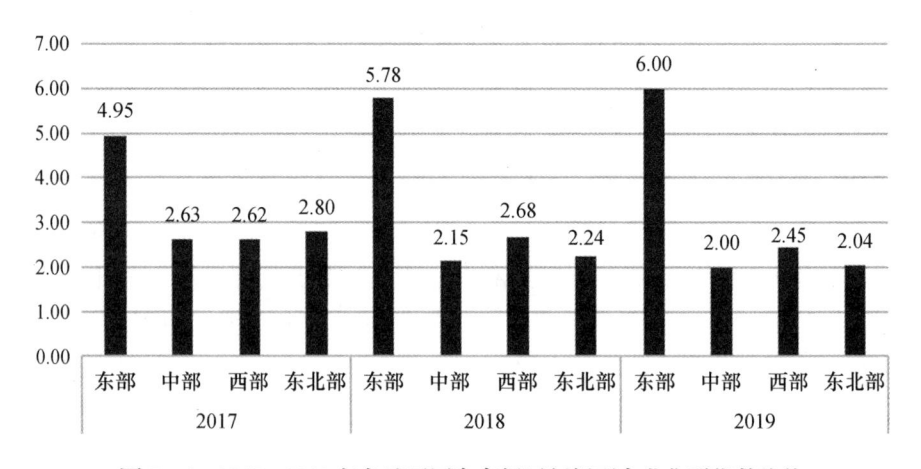

图7-4　2017—2019年各地区国家高新区创新型产业集群指数均值

表7-10　　　　2017—2019年各地区国家高新区创新型
产业集群指数描述性统计

| 年份 | 地区 | 最小值 | 最大值 | 平均值 |
| --- | --- | --- | --- | --- |
| 2017 | 东部 | 0.00 | 50.47 | 4.95 |
|  | 中部 | 0.08 | 21.66 | 2.63 |
|  | 西部 | 0.00 | 31.56 | 2.62 |
|  | 东北 | 0.00 | 9.61 | 2.80 |
| 2018 | 东部 | 0.00 | 99.45 | 5.78 |
|  | 中部 | 0.03 | 22.04 | 2.15 |
|  | 西部 | 0.00 | 45.09 | 2.68 |
|  | 东北 | 0.00 | 12.40 | 2.24 |
| 2019 | 东部 | 0.00 | 100.00 | 6.00 |
|  | 中部 | 0.03 | 21.66 | 2.00 |
|  | 西部 | 0.00 | 35.77 | 2.45 |
|  | 东北 | 0.01 | 9.40 | 2.04 |

**二　排名前20的国家高新区主要位于东部地区，深圳高新区遥遥领先其他国家高新区**

2019年排名前20的国家高新区，东部地区国家高新区优势显著，仅有7个国家高新区在非东部地区，它们是位于西部地区的西安高新区、成都高新区和柳州高新区，东北地区的长春高新区，以及中部地区的武汉东湖新技术开发区、合肥高新区和长沙高新区。2019年，深圳高新区的创新型产业集群指数达到了100分，排名第二的广州高新区仅获得46.69分，排名第20的青岛高新区得分仅7.71分，最低得分为0，表明各城市在创新型产业集群的培育上存在巨大的差距，深圳市在创新型产业集群发展上的优势显著。

表7-11　　　　2017—2019年创新型产业集群指数排名
前20的国家高新区名单

| 序号 | 2017年 | 评分 | 2018年 | 评分 | 2019年 | 评分 |
| --- | --- | --- | --- | --- | --- | --- |
| 1 | 深圳高新区 | 50.47 | 深圳高新区 | 99.45 | 深圳高新区 | 100.00 |

续表

| 序号 | 2017年 | 评分 | 2018年 | 评分 | 2019年 | 评分 |
| --- | --- | --- | --- | --- | --- | --- |
| 2 | 北京中关村 | 41.23 | 北京中关村 | 52.52 | 广州高新区 | 46.69 |
| 3 | 广州高新区 | 33.08 | 西安高新区 | 45.09 | 北京中关村 | 43.42 |
| 4 | 西安高新区 | 31.56 | 广州高新区 | 37.43 | 西安高新区 | 35.77 |
| 5 | 上海张江 | 26.19 | 上海张江 | 24.27 | 武汉东湖 | 21.66 |
| 6 | 武汉东湖 | 21.66 | 武汉东湖 | 22.04 | 上海张江 | 21.11 |
| 7 | 柳州高新区 | 15.57 | 成都高新区 | 15.76 | 成都高新区 | 20.86 |
| 8 | 长沙高新区 | 14.56 | 合肥高新区 | 15.46 | 东莞松山湖 | 18.47 |
| 9 | 珠海高新区 | 13.83 | 苏州工业园 | 15.19 | 苏州工业园 | 16.96 |
| 10 | 苏州工业园 | 13.68 | 杭州高新区 | 14.83 | 南京高新区 | 14.42 |
| 11 | 合肥高新区 | 13.22 | 珠海高新区 | 13.61 | 珠海高新区 | 13.15 |
| 12 | 杭州高新区 | 12.65 | 长春高新区 | 12.40 | 合肥高新区 | 13.14 |
| 13 | 厦门火炬高新区 | 12.45 | 柳州高新区 | 12.17 | 杭州高新区 | 11.40 |
| 14 | 佛山高新区 | 12.00 | 南京高新区 | 11.88 | 济南高新区 | 10.89 |
| 15 | 成都高新区 | 10.51 | 东莞松山湖 | 11.28 | 长沙高新区 | 10.80 |
| 16 | 东莞松山湖 | 10.46 | 厦门火炬高新区 | 10.68 | 佛山高新区 | 10.17 |
| 17 | 南京高新区 | 10.39 | 长沙高新区 | 10.17 | 柳州高新区 | 9.96 |
| 18 | 南宁高新区 | 9.76 | 佛山高新区 | 9.20 | 长春高新区 | 9.40 |
| 19 | 长春高新区 | 9.61 | 大连高新区 | 7.88 | 厦门火炬高新区 | 8.15 |
| 20 | 大连高新区 | 8.78 | 石家庄高新区 | 7.73 | 青岛高新区 | 7.71 |

### 三 创新型产业集群发展放缓

统计全国所有创新型产业集群营业收入、上缴税费、企业总数、年末从业人员与产业联盟组织数五个三级指标，创新型产业集群2018年和2019年整体略微增长，且2019年增速放缓。2018年总营业收入达到494182.69亿元，同比增长5.35%，2019年总营业收入达到533170.67亿元，增速为7.89%；2018年总上缴税费为29288.19亿元，同比增长6.01%，但2019年增速放缓至1.31%；2018年总企业数为20.89万个，同比增长8.77%，2019年增速下滑至5.98%；2018年从业人员数为

3809.85万人，同比增长6.33%，2019年增速下降至3.80%；2018年联盟组织数为2426个，增速高达17.14%，但2019年联盟组织数下降为2383个，下降幅度为1.77%。整体而言，全国所有创新型产业集群在营业收入、上缴税费、企业总数、年末从业人员数保持增长，仅在营业收入保持加速增长。

表7-12　　　　2017—2019年全国创新型产业集群数据

| 年份 | 营业收入（亿元） | 上缴税费（亿元） | 企业数（万个） | 从业人员数（万个） | 联盟组织数（个） |
| --- | --- | --- | --- | --- | --- |
| 2017 | 469101.52 | 27628.83 | 19.21 | 3582.90 | 2071 |
| 2018 | 494182.69 | 29288.19 | 20.89 | 3809.85 | 2426 |
| 2019 | 533170.67 | 29672.50 | 22.14 | 3954.73 | 2383 |

## 第四节　产学研合作分析

产学研协同创新是产学研合作主体之间互动产生良好化学反应，实现协同高效发展，充分发挥政府、企业、高校等合作主体的创新优势，共同遵守联合开发、资源共享、风险共担的原则，构建多学科、多领域交叉研究平台，探索科技和文化相结合的创新模式。[①] 产学研协同创新能够促进国家创新资源有效联合以及科研成果快速转化，根据对协同创新的主体、方式等的不同，可以大致分为下列5种。

美国产学研协同创新模式。美国产学研协同创新模式主要包括大学科技园、企业孵化器、合作研究中心、契约合作研究、咨询协议、技术入股合作模式、大学衍生企业模式。

英国高校协同创新模式。英国高校产学研协同创新模式分为3种类型，分别为教学公司模式、沃里克模式和剑桥科学公园模式。

---

① 于天琪：《产学研协同创新模式研究——文献综述》，《工业技术经济》2019年第7期，第90—94页。

德国校研机构协同创新模式。德国校研机构协同创新模式分为共性模式和个性模式。共性模式包括战略创新平台、联合研究项目、联合聘任大学教授、共享科学设施、共建时效性研究单元模式；个性模式包括校研机构合并、创新人才培养协同、弗朗霍夫模式。

日本产学研协同创新模式。日本产学研协同创新模式是由政府为核心的多种合作模式，主要包括共同研究、委托研究、委托研究员制度、企业捐赠制度、设立共同研究中心、建立科学园区、日本学术振兴等。

韩国产学研协同创新模式。韩国将"科技立国"确立为国家战略，注重以企业需要为核心的联合研发模式，主要包括大学科技园、委托开发研究、产业技术研究组合、产学研合作研究中心、参与国外产学研合作等模式。

中国产学研协同创新模式按创新主体可分为企业主导模式和学研主导模式；按照产学研合作的松弛程度可将协同创新模式划分为技术转让、委托研究、联合攻关、内部一体化、共建基地、共建实体等6种模式。

本书产学研合作指标的构建包含大学科技园数量、高等院校和科研院所数量和国家级创新平台数量三个三级指标，衡量国家高新区所处地级市所拥有的创新平台、高校和科研院所的数量，表征国家高新区进行产学研合作的潜在对象数量。

**一 东部和东北地区产学研合作指数高于中西部地区，东部地区产学研合作指数均值逐年上升，东北地区产学研合作指数逐年下降**

按地区统计各年份产学研合作指标发现，东部和东北地区国家高新区产学研合作指数高于中部、西部地区。2017年和2018年，东北地区产学研合作指数均值最高，东部地区次之，2019年东部地区产学研合作指数领先东北地区排名第一；西部和中部地区在这三年间一直排名第三、第四；每年产学研合作指数最高的国家高新区均位于东部地区。东部地区拥有众多高校资源和研究平台，有足够的经济实力培育大量的国家级孵化器、众创空间、市属大学等，中西部地区经济稍微落后，对于这些研究机构的支持力度不足。

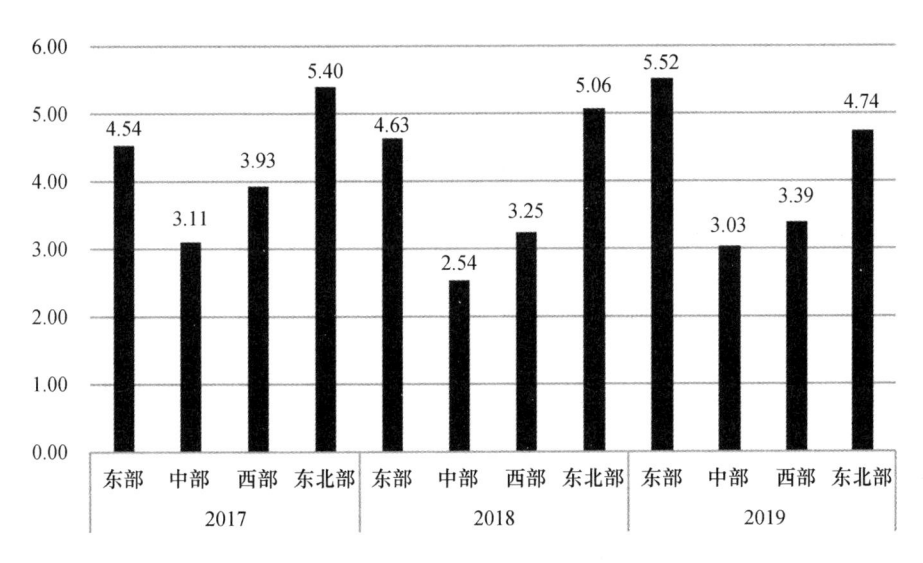

第七章 中国国家高新区创新主体互动及其对创新产出的影响 177

图 7-5 2017—2019 年各地区国家高新区产学研合作指标均值

表 7-13 2017—2019 年各地区国家高新区产学研合作指标描述性统计

| 年份 | 地区 | 最小值 | 最大值 | 平均值 |
| --- | --- | --- | --- | --- |
| 2017 | 东部 | 0.00 | 50.58 | 4.54 |
| | 中部 | 0.00 | 30.94 | 3.11 |
| | 西部 | 0.00 | 31.51 | 3.93 |
| | 东北 | 0.00 | 19.82 | 5.40 |
| 2018 | 东部 | 0.00 | 52.33 | 4.63 |
| | 中部 | 0.00 | 30.31 | 2.54 |
| | 西部 | 0.00 | 36.49 | 3.25 |
| | 东北 | 0.00 | 24.74 | 5.06 |
| 2019 | 东部 | 0.00 | 100.00 | 5.52 |
| | 中部 | 0.00 | 35.94 | 3.03 |
| | 西部 | 0.05 | 35.54 | 3.39 |
| | 东北 | 0.02 | 19.23 | 4.74 |

## 二 产学研合作指数排名前 20 的国家高新区东部地区占一半

本书列出了 2019 年产学研合作指数排名前 20 的国家高新区名单，见表 7-14。前 20 名中，东部地区国家高新区占据 10 席，中部地区占据 4 席，西部地区占据 3 席，东北地区占据 3 席。其中，北京中关村产学研合作指数为 100.00，排名第 2 的武汉东湖新技术开发区产学研合作指数仅为 35.94，第 20 名的石河子高新区仅为 10.55，北京中关村在产学研合作上遥遥领先其他国家高新区。

表 7-14　　　　2017—2019 年产学研合作指数排名前 20 的国家高新区名单

| 序号 | 2017 年 | 评分 | 2018 年 | 评分 | 2019 年 | 评分 |
| --- | --- | --- | --- | --- | --- | --- |
| 1 | 北京中关村 | 50.58 | 北京中关村 | 52.33 | 北京中关村 | 100.00 |
| 2 | 上海张江高新区 | 40.61 | 上海张江高新区 | 38.98 | 武汉东湖 | 35.94 |
| 3 | 南京高新区 | 37.87 | 南京高新区 | 38.41 | 西安高新区 | 35.54 |
| 4 | 西安高新区 | 31.51 | 西安高新区 | 36.49 | 杭州高新区 | 30.57 |
| 5 | 武汉东湖 | 30.94 | 武汉东湖 | 30.31 | 上海张江高新区 | 30.50 |
| 6 | 南昌高新区 | 25.87 | 南昌高新区 | 28.97 | 南京高新区 | 24.71 |
| 7 | 杭州高新区 | 23.32 | 杭州高新区 | 28.24 | 南昌高新区 | 24.28 |
| 8 | 成都高新区 | 19.84 | 长春高新区 | 24.74 | 成都高新区 | 23.37 |
| 9 | 长春高新区 | 19.82 | 成都高新区 | 23.67 | 长春高新区 | 19.23 |
| 10 | 长沙高新区 | 18.88 | 石河子高新区 | 15.50 | 广州高新区 | 17.62 |
| 11 | 兰州高新区 | 17.79 | 深圳高新区 | 15.43 | 无锡高新区 | 16.13 |
| 12 | 石河子高新区 | 15.50 | 长沙高新区 | 15.24 | 长沙高新区 | 15.87 |
| 13 | 鞍山高新区 | 15.17 | 海口高新区 | 14.27 | 合肥高新区 | 15.79 |
| 14 | 苏州工业园 | 14.81 | 苏州工业园 | 14.05 | 济南高新区 | 15.13 |
| 15 | 昆明高新区 | 14.48 | 青岛高新区 | 13.95 | 哈尔滨高新区 | 13.44 |
| 16 | 青岛高新区 | 14.31 | 合肥高新区 | 12.73 | 青岛高新区 | 13.28 |
| 17 | 哈尔滨高新区 | 12.45 | 鞍山高新区 | 12.24 | 苏州工业园 | 12.08 |
| 18 | 太原高新区 | 11.10 | 洛阳高新区 | 11.19 | 沈阳高新区 | 11.81 |
| 19 | 合肥高新区 | 11.00 | 保定高新区 | 10.71 | 深圳高新区 | 11.64 |
| 20 | 重庆高新区 | 10.81 | 厦门火炬高新区 | 10.14 | 石河子高新区 | 10.55 |

**三　头部国家高新区优势明显，头尾部国家高新区产学研合作指数差距明显**

产学研指数衡量的是国家高新区所在地级市所拥有的高校、科研机构和创新平台，这一指标结果表明，不同地级市之间的创新主体数量差距巨大。2017—2019 年，头尾部高新区产学研合作指数差距巨大。2017—2019 年，产学研合作指数的最高值分别为 50.58、52.33 和 100.00，但 2017 年和 2018 年，10% 分位值为 0，2019 年 10% 分位值仅 0.13。比如北京拥有最多的高校、科研机构和创新平台，拥有最多的"985 工程""211 工程"高校和中科院研究所，但是位于排名尾部的高新区所处地级市几乎没有层次较高的高校、科研机构和创新平台资源。

表 7-15　　2017—2019 年国家高新区产学研合作指标百分位值

| 年份 | p1 | p5 | p10 | p25 | p50 | p75 | p90 | p95 | p99 |
| --- | --- | --- | --- | --- | --- | --- | --- | --- | --- |
| 2017 | 0 | 0 | 0 | 0.03 | 0.05 | 5.64 | 14.31 | 19.84 | 40.61 |
| 2018 | 0 | 0 | 0 | 0.03 | 0.1 | 3.6 | 12.24 | 23.67 | 38.98 |
| 2019 | 0 | 0.03 | 0.13 | 0.26 | 0.78 | 3.93 | 12.08 | 19.23 | 35.94 |
| 总计 | 0 | 0 | 0 | 0.03 | 0.26 | 4.48 | 12.24 | 19.84 | 38.98 |

注：p 代表百分位，p* 代表从小到大排序序列的 *% 位置的值

## 第五节　案例分析

### 一　北京中关村和深圳高新区对比

将 2019 年北京中关村和深圳高新区创新主体互动指数的二级指标进行对比。根据雷达图显示，北京中关村在产学研合作指数和企业数量指数这两个二级指数上远高于深圳高新区，创新型产业集群指数远远低于深圳高新区。具体而言，2019 年，北京中关村的产学研合作指数、企业数量指数和创新型产业集群指数分别为 100.00、72.60 和 43.42，深圳高新区的产学研合作指数、企业数量指数和创新型产业集群指数分别为 11.64、49.55 和 100.00。两者在产学研合作指数和创新型产业集群指数存在很大差异，表明中关村产业园区和深圳市高新区在创新上具有不同优势。

北京中关村的产学研合作指数高达 100.00，位居国家高新区首位。北京拥有众多高等院校、创新平台和科研院所，是全国的学术中心，拥有 8 所 "985 工程" 大学，26 所 "211 工程" 大学，中科院 114 个研究所有 38 个在北京，其中又有 15 个在中关村；北京有 17 个国家大学科技园，

2 个国家级孵化器，78 个国家级众创空间，创新主体高度聚集。相比而言，深圳高新区在高等院校、创新平台和科研院所上的资源就比较匮乏，产学研合作指数仅有 11.64，无"985 工程"大学和"211 工程"大学，中科院 114 个研究所仅有 2 个在深圳市，其他创新平台资源也很稀少。

北京中关村的企业数量指数为 72.64，位居前列。北京中关村核准面积高达 13306 公顷，是核准面积最大的国家高新区，因此也吸纳了最多的企业进驻，2019 年，北京中关村注册企业数达到 482799 家，规模以上工业企业数为 3197 家。深圳高新区的企业数量指数仅为 49.55，核准面积为 1150 公顷，远小于北京中关村；2019 年注册企业数为 100843 家，远小于北京中关村；规模以上工业企业数为 100843 家，高于北京中关村。综合而言，深圳高新区在企业数量指数上稍落后于北京中关村。

北京中关村的创新型产业集群指数为 43.42，远低于深圳高新区的 100.00。两者在创新型产业集群营业收入、创新型产业集群上缴税费、创新型产业集群企业总数、创新型产业集群年末从业人员、创新型产业集群产业联盟组织数综合实力相距甚远。

综上，北京中关村创新主体互动指数的主要优势在于北京的学术中心地位和远超其他高新区的核准面积，北京的学术中心地位为北京中关村提供了大量创新互动主体，超大的核准面积也吸纳了大量的企业入驻，这些企业的聚集也催化了创新主体间的互动，推动了创新的传播和进步。

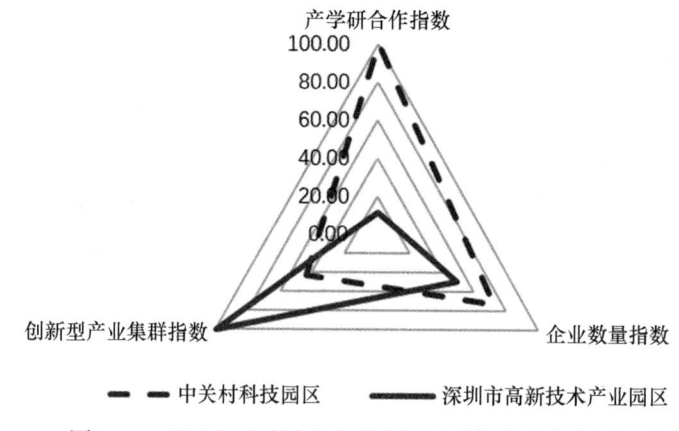

图 7-6 2019 年北京中关村和深圳市高新技术产业园区对比

## 二 2019 年无锡高新区的排名快速上升

2019 年，无锡高新区表现突出，在 2018 年排名在 20 名以外，2019 年上升 16 位进入前 20。2018 年，无锡高新区创新主体互动指数排名 30，当年创新主体互动指数为 5.74，2019 年迅速上涨至 11.63，排名也上升至 11 名。其中，产学研合作指数由 6.06 大幅上升至 16.13，企业数量指数由 6.94 上升至 10.88，创新型产业集群指 2018 年的 3.60 上升至 2019 年的 5.99。具体而言，无锡高新区工商注册企业数由 37851 家上升至 42664 家，上升幅度达到 12.72%；规模以上工业企业数由 5846 家上升至 6215 家，上升幅度高达 6.31%，而整体国家高新区规模以上工业企业数增速仅有 3.68%；高新技术企业数由 433 家上升至 613 家，上涨幅度达到 41.58%。而产学研合作指数和创新型产业集群指数包含的三级指标无变化。因此，无锡高新区创新主体互动指数的增长主要源于三类企业数量的增加。

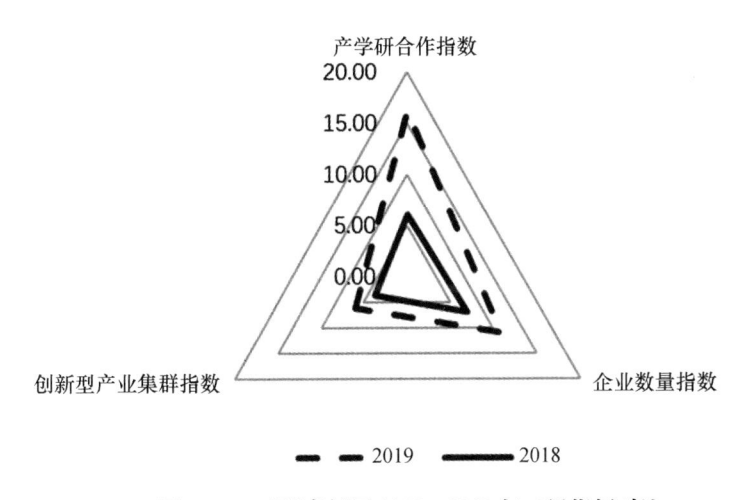

图 7-7 无锡高新区 2018、2019 年二级指标对比

无锡高新区为吸引企业入驻，为发展中科技型企业提供租金、融资、现金补贴等优惠措施，解决中小企业发展中前期遇到的资金困难。比如，无锡高新区为中小企业提供代理记账服务、通过种子基金跟投中小企业、通过苏科贷和锡科贷提供间接融资支持、对高新技术企业进行认证补贴

等。综上，国家高新区需要通过各类激励措施，吸引优质中小企业入驻，培育创新新动力，扩大创新主体基本盘。

## 第六节 创新主体互动与创新产出

创新主体互动指数反映了各国家高新区及所处地级市企业、高校、科研机构聚集程度，该指数越高，说明创新主体数量越多，创新主体之间的互动频率可能越高，越有利于新知识、新产品、新技术的传播和推广，国家高新区的创新效率也会越高，创新产出也会越高。因此，创新主体互动指数衡量的是企业、高校和科研机构之间进行知识、技术和科学技术研发上互动的可能性。根据上述分析，本书的创新主体互动指数与创新产出指数应该呈正相关。

对创新产出指数和创新主体互动指数进行简单 OLS 回归，可发现两者基本呈现正向关系，即创新主体互动能提高高新区的创新产出。

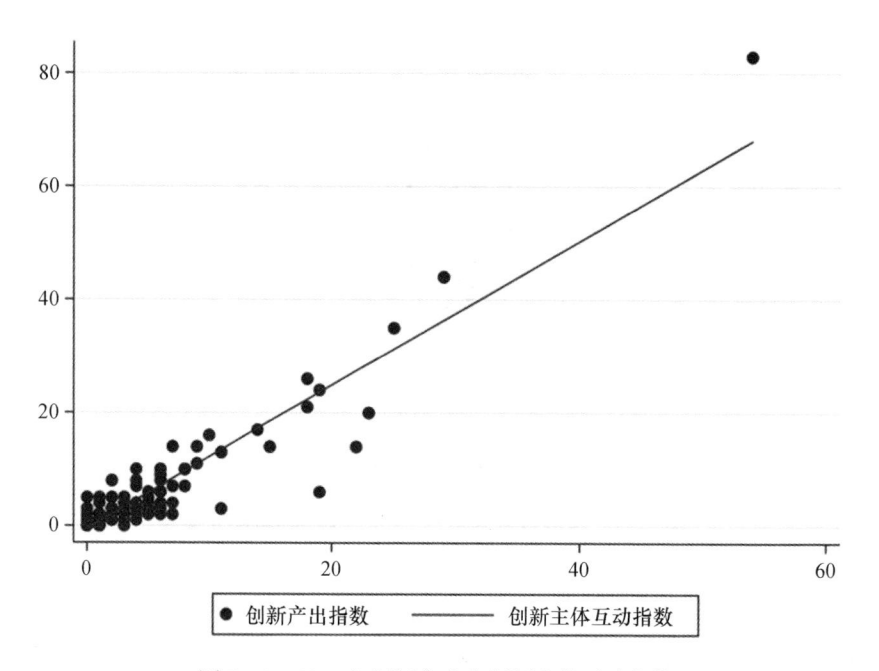

图 7-8　2017 年创新产出和创新主体互动指数

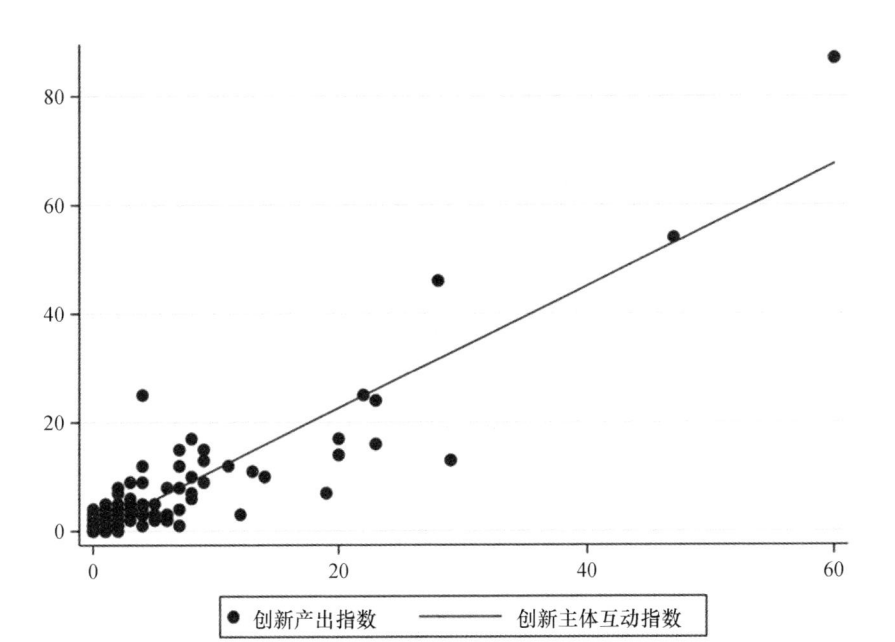

图 7 – 9　2018 年创新产出和创新主体互动指数

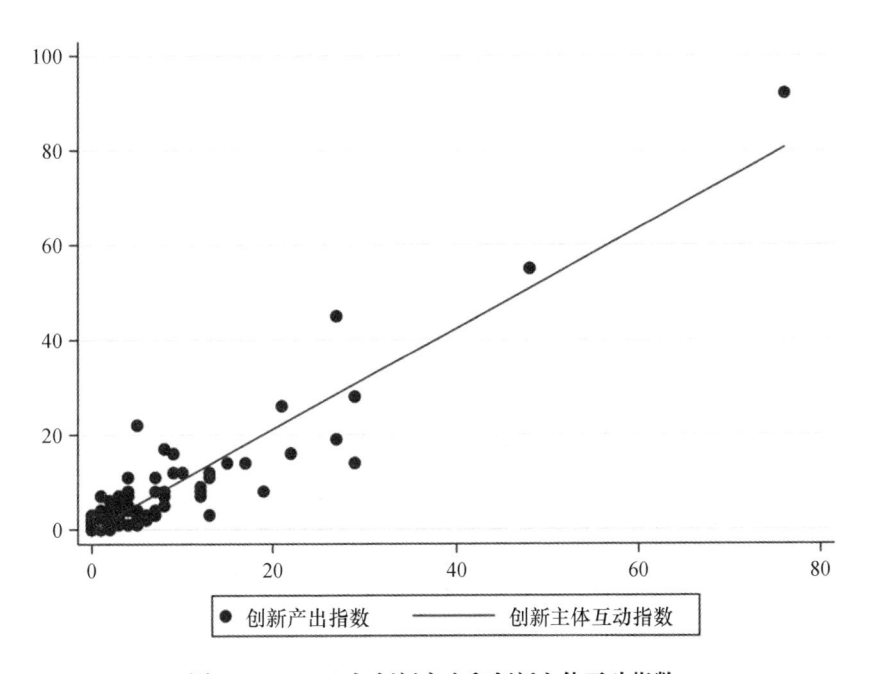

图 7 – 10　2019 年创新产出和创新主体互动指数

本书用创新产出指数（一级指标）作为因变量，创新主体互动指数（一级指标）、创新型产业集群指数（二级指标）、产学研合作指数（二级指标）和企业数量指数（二级指标）作为解释变量，并在回归中加入个体固定效应和时间固定效应，回归结果见表7-16。结果表明，所有回归系数显著为正，表明创新主体之间互动能有效提高高新区的创新产出，这一结果也表明了高新区及所处地级市拥有的企业、高校和科研机构的数量对高新区的产出效率有正向影响。

表7-16　　　　　　　　　基准回归结果

|  | 创新产出 | | | |
| --- | --- | --- | --- | --- |
| 创新主体互动 | 1.139***<br>(0.08) | | | |
| 创新型产业集群指数 | | 0.799***<br>(0.06) | | |
| 产学研合作指数 | | | 0.752***<br>(0.11) | |
| 企业数量指数 | | | | 1.144***<br>(0.07) |
| 常数项 | 0.125<br>(0.22) | 1.467***<br>(0.20) | 1.376***<br>(0.30) | 0.282<br>(0.18) |
| 样本量 | 495 | 495 | 495 | 495 |

注：*** 代表 p 值小于 0.01

本书分东部、中部、西部和东北地区进行异质性分析，以创新产出指数为因变量，创新主体互动指数作为解释变量，分组进行回归，回归结果如下。结果表明，仅有东部和中部地区的回归结果显著为正，而西部和东北地区的回归结果不显著，表明创新主体互动对于国家高新区的促进作用具有地区异质性。

表7-17　　　　　　　　　　地区异质性回归结果

| | 创新产出（东部） | 创新产出（中部） | 创新产出（西部） | 创新产出（东北） |
| --- | --- | --- | --- | --- |
| 创新主体互动指数 | 1.003*** <br> (9.7) | 0.958*** <br> (5.18) | -0.143 <br> (-0.58) | 0.416 <br> (0.7) |
| 常数项 | 1.532** <br> (2.61) | -0.278 <br> (-0.53) | 2.923*** <br> (4.28) | 1.054 <br> (0.6) |
| 样本量 | 208 | 125 | 114 | 48 |

注：*** 代表 p 值小于 0.01，** 代表 p 值小于 0.05

## 第七节　本章小结

本章用三类企业数、创新型产业集群、科研机构、大学科技园和创新平台构建了企业数量指数、创新型产业集群指数和产学研合作指数三个二级指标以及创新主体互动指数，用以衡量国家高新区及所处地级市的创新主体的集聚程度，并分析了创新主体的集聚对创新产出的影响。本章主要结论如下：①总体而言，东部地区国家高新区创新主体集聚程度最高，且远超其他三个地区；②2019年，国家高新区三类企业增速存在差异，高新技术企业数增速最快，工商注册企业数次之，规模以上工业企业数增速最慢，表明企业质量结构有一定改善；③头部高新区和尾部高新区的各级指标得分差距极大；④2018年和2019年，深圳市高新区的创新型产业集群指标遥遥领先其他高新区，而中关村产业园区的产学研合作指数遥遥领先其他高新区；⑤企业数、创新型产业集群、科研机构、大学科技园和创新平台对创新产出都存在显著的正效应。因此，各高新区需要积极培育创新主体，尤其是规模以上工业企业和高新技术企业，扩大创新主体基本盘。

# 第 八 章

# 京津冀、长三角、粤港澳大湾区和成渝地区国家高新区创新能力比较

京津冀、长三角、粤港澳大湾区和西部的成渝地区是中国原始创新的策源地、创新要素的集散地和创新成果的转化地，引领着中国科技创新发展的方向，是中国走向世界科技创新的最前沿。国家"十四五"规划明确指出，以京津冀、长三角、粤港澳大湾区为重点，提升创新策源能力和全球资源配置能力，加快打造引领高质量发展的第一梯队。成渝地区作为中国西部最重要的经济圈，也提出打造全国影响力的重要经济中心、科技创新中心、改革开放新高地、高品质生活宜居地的战略要求。本章将对京津冀、长三角、粤港澳大湾区和成渝地区高新区创新能力进行比较分析，进一步了解中国四大区域创新发展的现状与特点。

## 第一节　京津冀国家高新区创新能力概述

京津冀地区是中国的"首都经济圈"，是中国北方经济规模最大、最具活力的地区。范围包括北京市、天津市和河北省的保定、廊坊、唐山、石家庄、邯郸、秦皇岛、张家口、承德、沧州、邢台、衡水 11 个地级市以及定州和辛集 2 个省直管市，覆盖面积 218000 $km^2$。2014 年 2 月 26 日，习近平总书记在专题听取京津冀协同发展工作汇报时，强调实现京津冀协同发展是一个重大国家战略，是面向未来打造新的首都经济圈、推进区域发展体制机制创新的需要，是探索完善城市群布局和形态、为优化

开发区域发展提供示范和样板的需要。

设立于1988年的北京中关村是中国第一个国家级高新区，也是京津冀高新技术产业带的核心园区。根据2015年4月30日，中共中央政治局召开会议，审议通过的《京津冀协同发展规划纲要》，指出要发挥北京的辐射带动作用，打造以首都为核心的世界级城市群。其中特别强调，支持中关村科技创新资源有序转移、共享聚集，推动部分优质公共服务资源合作。《中华人民共和国国民经济和社会发展第十四个五年规划和2035年远景目标纲要》也提出，提高北京科技创新中心基础研究和原始创新能力，发挥中关村国家自主创新示范区先行先试作用，推动京津冀产业链与创新链深度融合。可以说，京津冀地区是以北京中关村为驱动，辐射带动京津冀协同创新发展。

### 一 总指标情况

京津冀地区国家高新区包括北京中关村、天津滨海，以及河北的石家庄高新区、唐山高新区、保定高新区、燕郊高新区和承德高新区，总共7家。作为京津冀地区的创新引擎，北京中关村稳居创新指数总排名第一位，与其他高新区拉开明显差距。其次是天津滨海2019年创新指数总排名在第14位，而河北5家高新区进入前100名的有石家庄高新区、保定高新区和唐山高新区，其余高新区的创新指数排名则较落后。

从近三年高新区创新指数排名的变化来看，天津滨海创新能力显著提升，指数排名从2017年的第18位上升至2019年第14位。而河北5家高新区的创新指数排名全都出现下滑，创新能力发展滞后，未能有效承接北京中关村、天津滨海的产业转移，推动实现自身的转型升级。换句话说，北京中关村和天津滨海对河北地区高新区的创新辐射与带动作用仍然有限，京津冀地区的创新协同发展有待进一步突破。

表8-1　　京津冀地区高新区创新指数排名前100的情况

| 京津冀高新区名单 | 2017年 | 2018年 | 2019年 |
| --- | --- | --- | --- |
| 北京中关村 | 1 | 1 | 1 |

续表

| 京津冀高新区名单 | 2017 年 | 2018 年 | 2019 年 |
|---|---|---|---|
| 天津滨海 | 18 | 14 | 14↑① |
| 石家庄高新区 | 28 | 28 | 32↓ |
| 保定高新区 | 47 | 55 | 63↓ |
| 唐山高新区 | 90 | 98 | 96↓ |

## 二 分指标情况

北京中关村在创新环境、创新要素投入、创新主体互动和创新产出各分指标的得分都是第一，且远远超过京津冀其他高新区。天津滨海虽然远不及北京中关村，但诸多指标也大幅超过河北的高新区。河北各高新区在分指标得分较好的是创新要素投入和创新环境方面，创新主体互动和创新产出则得分较低。

表 8-2　2019 年京津冀地区排名前 100 的高新区分指标得分情况

| 京津冀高新区名单 | 创新环境指数 | 创新要素投入指数 | 创新主体互动指数 | 创新产出指数 |
|---|---|---|---|---|
| 北京中关村 | 91.69 | 87.44 | 75.60 | 92.05 |
| 天津滨海 | 19.37 | 18.64 | 7.84 | 17.01 |
| 石家庄高新区 | 9.58 | 20.31 | 5.54 | 2.28 |
| 保定高新区 | 3.70 | 16.63 | 4.94 | 1.05 |
| 唐山高新区 | 5.19 | 13.16 | 0.78 | 0.71 |

在创新环境方面，北京中关村技术市场环境得分在所有高新区中最高，为 100 分。2019 年，北京中关村输出技术成交金额 5695 万元，吸纳技术成交金额 3224 万元。金融环境方面，2019 年度 A 股直接融资额为 93375 万元，风投金额为 2710 万元，营商环境得分相对低一些，为 82.34 分。天津滨海在营商环境、金融环境的表现尚可，技术市场环境得分则

---

① 注：↑表示相比 2017 年，高新区创新指数 2019 年排名上升；↓表示相比 2017 年，高新区创新指数 2019 年排名下降。其中 2018 年获批的国家级高新区，与 2018 年比较排名变化情况。下同。

差距较大，仅4.95分。2019年天津滨海输出技术成交额仅909万元，吸纳技术成交金额仅462万元，不足北京中关村的20%。此外，石家庄高新区、唐山高新区和承德高新区的营商环境相对尚可，得分在10分以上，河北其余高新区在创新环境各三级指标得分均未超过10分。

在创新要素投入方面，北京中关村在创新人力资本投入方面得分也为最高分100分，而京津冀其他高新区的创新人力资本投入指数得分均不足10分。可以说，北京中关村依托北京作为全国政治中心、文化中心、国际交往中心、科技创新中心的优势形成了明显的创新人才虹吸效应。相较之下，天津、河北对创新人才的吸引力十分不足。北京中关村创新物质资本投入得分为75.60，天津滨海则得分较低，仅10.16分，甚至略低于石家庄高新区。从数据来看，天津高新区科技活动人员科技活动经费为241.23亿元/万人，而石家庄高新区则略高，为251.54亿元/万人。在创新人力资本结构方面，除北京中关村、天津滨海外，河北的石家庄高新区、保定高新区和唐山高新区得分都较高，主要表现在大专以上学历人员占年末从业人员的比例都达到了50%左右。

在创新主体互动方面，北京中关村在产学研合作的表现最好，为100分，其在企业数量和创新型产业集群的得分相对较低，分别为72.64分和43.41分。以省市区层面的数据来说，北京中关村2019年创新型产业集群营业收入为4.52亿元，创新型产业集群年末从业人员为131162人，与河北省级层面的数据相当。在企业数量方面，北京中关村2019年工商注册企业数为480135家，但规模以上工业企业数仅3121家，尚不及天津滨海规模以上工业企业数4614家。不过，天津、河北各高新区在产学研合作、企业数量和创新型产业集群的得分也都不到10分，实际承接北京产业转移的表现一般，未能形成京津冀产业链和创新链的协同与融合发展。

在创新产出方面，北京中关村在创新转化收益和创新企业竞争力指数得分都是全国最高，为100分，创新成果指数的得分相对较低为76分。截至2019年底，北京中关村A股上市企业共有336家，营业收入6.64万亿元，上缴税收2597.14亿元；而天津滨海A股上市企业仅11家，营业收入仅5417.61亿元，上缴税收183.78亿元，而河北的高新区数据更低，与北京中关村呈现显著差距。不过在创新成果方面，北京中关村2019年新开发项目数5559个，当年专利授权数48775件，与天津滨海、河北地区高新区拉开的差距稍微小一些。

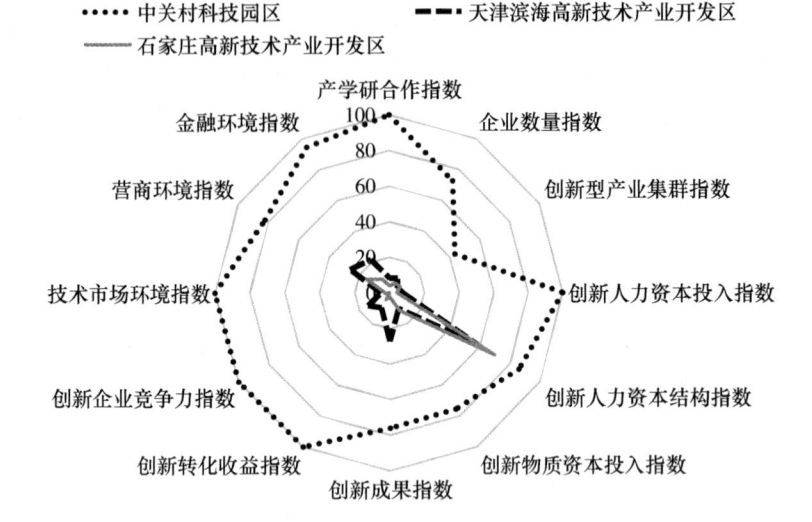

图 8-1 京津冀地区排名前 3 的高新区二级指标得分情况

## 第二节　长三角国家高新区创新能力概述

长江三角洲城市群是以上海为核心，承担着长江经济带"龙头"的区域发展战略。2016 年 5 月 11 日，国务院常务会议通过《长江三角洲城市群发展规划》。2019 年 5 月 13 日，中共中央政治局会议通过，由中共中央、国务院于 2019 年 12 月印发实施《长江三角洲区域一体化发展规划纲要》，指出推动长三角一体化发展，增强长三角地区创新能力和竞争能力，提高经济集聚度、区域连接性和政策协同效率，对引领全国高质量发展、建设现代化经济体系意义重大。根据规划，长江三角洲范围包括上海市、江苏省、浙江省和安徽省全域共 41 个城市，区域面积达 35.8 万平方千米。

在加强协同创新产业体系建设方面，《长江三角洲区域一体化发展规划纲要》指出，要走"科创+产业"道路，促进创新链与产业链深度融合，以科创中心建设为引领，打造产业升级版和实体经济发展高地，不断提升在全球价值链中的位势，为高质量一体化发展注入强劲动能。《中华人民共和国国民经济和社会发展第十四个五年规划和2035年远景目标纲要》指出，提升长三角一体化发展水平，强调要瞄准国际先进科创能力和产业体系，加快建设长三角G60科创走廊和沿沪宁产业创新带，提高长三角地区配置全球资源能力和辐射带动全国发展能力。

## 一 总排名情况

长三角地区共设立国家高新区34个，其中上海市2个，浙江省8个，安徽省6个，江苏省设立的高新区最多，共有18个。上海张江，江苏的苏州工业园和南京高新区与浙江杭州高新区4个高新区属于长三角的第一梯队，在国家高新区创新指数总榜中排名前10。第二梯队创新指数排名11-50的高新区有12个，第三梯队创新指数排名51-100的高新区有13个。此外100名后的高新区有5个，属于长三角高新区的第四梯队。

从近三年创新指数的排名变化看，相比于2017年，长三角高新区2019年排名上升的有18个，持平的有3个，下降的有13个，排名整体呈上升趋势。具体来看，长三角第一梯队高新区2017-2019年的创新指数排名表现一般，其中上海张江和南京高新区的排名都出现了下滑，杭州高新区和苏州工业园的排名保持不变；第二、三梯队高新区排名上升明显；第四梯队高新区排名则全部下滑。这在某种程度上表明，近年来长三角头部高新区的创新发展动力可能不足，中部高新区的创新能力发展均衡稳劲，尾部高新区的创新发展落后较多。

表8-3　　长三角地区高新区创新指数排名前100的情况

| 长三角高新区名单 | 2017年 | 2018年 | 2019年 |
| --- | --- | --- | --- |
| 上海张江 | 2 | 3 | 3↓ |
| 杭州高新区 | 6 | 4 | 6 |
| 苏州工业园 | 9 | 10 | 9 |
| 南京高新区 | 8 | 8 | 10↓ |
| 合肥高新区 | 11 | 11 | 11 |
| 宁波高新区 | 27 | 19 | 16↑ |
| 上海紫竹 | 14 | 18 | 20↓ |

续表

| 长三角高新区名单 | 2017 年 | 2018 年 | 2019 年 |
|---|---|---|---|
| 无锡高新区 | 24 | 37 | 22 ↑ |
| 常州高新区 | 29 | 25 | 27 ↑ |
| 苏州高新区 | 43 | 39 | 29 ↑ |
| 连云港高新区 | 42 | 38 | 31 ↑ |
| 萧山临江 | 122 | 74 | 39 ↑ |
| 徐州高新区 | 77 | 58 | 45 ↑ |
| 南通高新区 | 34 | 45 | 48 ↓ |
| 芜湖高新区 | 54 | 49 | 49 ↑ |
| 昆山高新区 | 60 | 33 | 50 ↑ |
| 武进高新区 | 65 | 63 | 52 ↑ |
| 江阴高新区 | 44 | 35 | 55 ↓ |
| 温州高新区 | 116 | 47 | 56 ↑ |
| 马鞍山慈湖 | 72 | 70 | 66 ↑ |
| 扬州高新区 | 88 | 61 | 67 ↑ |
| 湖州莫干山 | 113 | 75 | 71 ↑ |
| 绍兴高新区 | 153 | 89 | 76 ↑ |
| 泰州医药高新区 | 76 | 97 | 79 ↓ |
| 嘉兴秀洲高新区 | 101 | 87 | 81 ↑ |
| 蚌埠高新区 | 67 | 69 | 83 ↓ |
| 常熟高新区 | 86 | 77 | 89 ↓ |
| 衢州高新区 | 106 | 85 | 93 ↑ |
| 宿迁高新区 | 147 | 122 | 98 ↑ |

## 二 分指标情况

总体来看，上海张江在创新环境、创新要素投入、创新主体互动和创新产出四个一级指标的得分在长三角地区都是最高的，尤其在创新要素投入和创新产出方面表现突出。杭州高新区在创新主体互动和创新环境方面的优势更为明显。而苏州工业园在创新环境、创新要素投入方面的表现更好，但在创新产出方面有待提升。

在创新环境方面，近年来长三角地区多措并举，加快形成法治化、国际化、便利化的营商环境、金融环境和技术市场环境，推动长三角区域一体化高质量发展。整体来看，长三角高新区创新环境最优的是上海张江、苏州工业园和杭州高新区3家。其中苏州工业园营商环境得分远超过长三角其他高新区。主要原因是苏州工业园的核准面积达到8000公顷，仅次于北京中关村，在全国高新区中排名第二。同时，苏州工业园的政府网上办事绩效指数为0.8，也超过上海张江、杭州高新区等指数得分情况。

**表8-4  2019年长三角地区排名前100的高新区分指标得分情况**

| 长三角高新区名单 | 创新环境指数 | 创新要素投入指数 | 创新主体互动指数 | 创新产出指数 |
| --- | --- | --- | --- | --- |
| 上海张江 | 37.80 | 50.26 | 27.29 | 45.27 |
| 杭州高新区 | 27.41 | 36.17 | 21.19 | 25.86 |
| 苏州工业园 | 32.54 | 31.90 | 18.77 | 7.92 |
| 南京高新区 | 21.03 | 28.83 | 17.46 | 13.89 |
| 合肥高新区 | 18.53 | 29.95 | 13.06 | 12.29 |
| 宁波高新区 | 17.66 | 18.52 | 9.93 | 11.70 |
| 上海紫竹 | 9.88 | 32.45 | 1.15 | 6.72 |
| 无锡高新区 | 12.98 | 15.86 | 11.63 | 9.00 |
| 常州高新区 | 13.63 | 13.66 | 6.75 | 7.63 |
| 苏州高新区 | 16.92 | 15.04 | 5.95 | 1.91 |
| 连云港高新区 | 6.99 | 25.16 | 1.99 | 2.74 |
| 萧山临江 | 9.62 | 12.04 | 4.34 | 6.73 |
| 徐州高新区 | 6.59 | 17.37 | 2.09 | 4.24 |
| 南通高新区 | 8.08 | 14.24 | 1.75 | 5.58 |
| 芜湖高新区 | 8.35 | 17.44 | 2.46 | 2.19 |
| 昆山高新区 | 1.71 | 11.55 | 3.77 | 10.91 |
| 武进高新区 | 3.53 | 12.45 | 3.51 | 8.21 |
| 江阴高新区 | 4.08 | 13.17 | 2.78 | 7.29 |
| 温州高新区 | 13.09 | 9.31 | 3.12 | 2.77 |
| 马鞍山慈湖 | 7.06 | 15.66 | 1.43 | 0.99 |
| 扬州高新区 | 7.97 | 14.33 | 1.18 | 1.49 |
| 湖州莫干山 | 10.05 | 8.97 | 1.37 | 3.35 |

续表

| 长三角高新区名单 | 创新环境指数 | 创新要素投入指数 | 创新主体互动指数 | 创新产出指数 |
|---|---|---|---|---|
| 绍兴高新区 | 8.77 | 10.10 | 2.36 | 2.12 |
| 泰州医药高新区 | 7.44 | 13.43 | 0.90 | 1.18 |
| 嘉兴秀洲高新区 | 8.22 | 9.42 | 1.20 | 3.12 |
| 蚌埠高新区 | 8.30 | 11.05 | 1.29 | 1.43 |
| 常熟高新区 | 4.01 | 10.65 | 2.26 | 3.70 |
| 衢州高新区 | 8.55 | 8.45 | 1.64 | 2.01 |
| 宿迁高新区 | 9.91 | 8.64 | 0.81 | 0.79 |

在创新要素投入方面，创新人力资本投入、创新物质资本投入指数得分在长三角地区最高的都是上海张江，但创新人力资本结构得分结构最高的是杭州高新区。2019年上海张江科技活动人员为413987人，年末从业人员为1314021人，研发经费内部支出478.71亿元，科技活动经费占工业总产值12.78%，均远超过长三角其他高新区。在创新人力资本结构方面，杭州高新区科技活动人员和大专以上学历人员占年末从业人员比重分别为34.60%和81.24%，而上海张江分别为31.51%和72.81%。

在创新主体互动方面，上海张江在产学研合作、企业数量和创新型产业集群的得分都是最高的。杭州高新区的产学研合作得分与上海张江相当，在企业数量和创新型产业集群方面则稍逊。2019年，上海张江规模以上工业企业数为8776家，而杭州高新区有5698家。苏州工业园的企业数量得分也较高，其工商注册企业数和规模以上工业企业数分别为91166家和11042家，均高于长三角其他高新区。

在创新产出方面，上海张江的创新成果、创新转化收益和创新企业竞争力得分都是最高的。昆山高新区的创新成果得分次之，其2019年当年专利授权数高达14675件，超过杭州高新区和苏州工业园的数据。其中昆山高新区的实用新型专利授权数尤其高，为12109件，与上海张江的数据相当。合肥高新区的创新转化收益与杭州高新区相当。2019年合肥高新区营业收入6222.11亿元，净利润512.83亿元，略低于杭州高新区，但上缴税收高达481.85亿元，超过杭州高新区和苏州工业园的数据。此外，创新企业竞争力得分较高的是杭州高新区。

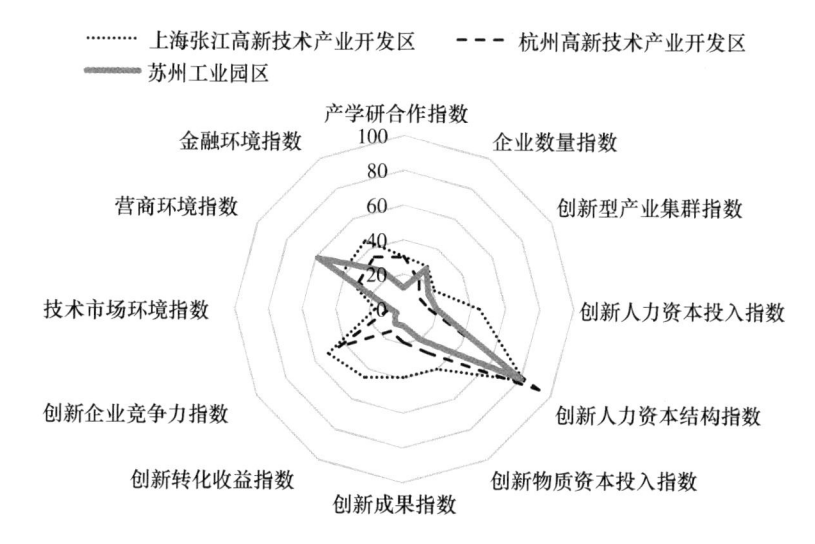

图 8-2　长三角地区排名前 3 的高新区二级指标得分情况

## 第三节　粤港澳大湾区国家高新区创新能力概述

自明清以来，珠江三角洲经济发达、商贸繁荣、文教兴盛，是广府文化的核心地带。2017 年 7 月 1 日，国家发展改革委和粤港澳三地政府在香港共同签署《深化粤港澳合作　推进大湾区建设框架协议》，随后"粤港澳大湾区"首次写入政府工作报告，正式成为国家战略。根据规划，粤港澳大湾区包括香港特别行政区、澳门特别行政区和广东省珠三角九市，即广州市、深圳市、珠海市、佛山市、惠州市、东莞市、中山市、江门市和肇庆市。

2019 年 2 月 18 日，中共中央、国务院印发《粤港澳大湾区发展规划纲要》。粤港澳大湾区的五大战略定位之一即具有全球影响力的国际科技创新中心。《中华人民共和国国民经济和社会发展第十四个五年规划和2035 年远景目标纲要》中再次强调要加强粤港澳产学研协同发展，完善广深港、广珠澳科技创新走廊和深港河套、粤澳横琴科技创新极点"两廊两点"架构体系，推进综合性国家科学中心建设，便利创新要素跨境流动。

粤港澳大湾区创新要素集聚，拥有一批在全国乃至全球具有重要影响力的高校、科研院所、高新技术企业和国家大科学工程，创新要素吸引力强，具备建设国际科技创新中心的良好基础。根据世界知识产权组织发布的《2020全球创新指数报告》披露，中国深圳—香港—广州科技集群蝉联全球第二大创新集群，超过了美国硅谷的圣何塞—旧金山创新集群，排名在日本东京—横滨之后。

### 一　总排名情况

粤港澳大湾区国家高新区覆盖珠三角九市，包括广州高新区、深圳高新区、中山火炬高新区、佛山高新区、惠州仲恺、珠海高新区、东莞松山湖、肇庆高新区和江门高新区共9家高新区。以2019年创新指数排名情况来说，第一梯队以深圳高新区、广州高新区为代表，综合创新能力突出，在粤港澳大湾区扮演了创新引擎的角色。第二梯队包括东莞松山湖、佛山高新区、珠海高新区、中山火炬高新区和惠州仲恺，创新指数总排名在前50名。第三梯队包括江门高新区和肇庆高新区。江门和肇庆地处于珠三角西岸，创新实力与珠三角东岸高新区相比存在一定差距。

从近三年创新指数排名的变化来看，深圳高新区和广州高新区的创新指数排名都有所提升，深圳高新区从2017年全国第3名到2019年稳坐第2名，广州高新区排名则从2017年全国第5名到2019年排名第4名，超过杭州高新区、苏州工业园等高新区。此外，东莞松山湖、佛山高新区、中山火炬高新区、惠州仲恺和江门高新区的创新指数排名都有所上升。

表8-5　粤港澳大湾区高新区创新指数总排名前100的情况

| 粤港澳大湾区高新区名单 | 2017年 | 2018年 | 2019年 |
| --- | --- | --- | --- |
| 深圳高新区 | 3 | 2 | 2↑ |
| 广州高新区 | 5 | 6 | 4↑ |
| 东莞松山湖 | 15 | 17 | 12↑ |

续表

| 粤港澳大湾区高新区名单 | 2017 年 | 2018 年 | 2019 年 |
|---|---|---|---|
| 佛山高新区 | 19 | 15 | 18↑ |
| 珠海高新区 | 17 | 16 | 19↓ |
| 中山火炬高新区 | 52 | 22 | 25↑ |
| 惠州仲恺 | 68 | 31 | 37↑ |
| 江门高新区 | 94 | 71 | 64↑ |

## 二 分级指标情况

总体来说，深圳高新区和广州高新区在创新环境、创新要素投入、创新主体互动和创新产出各分指标都远超过大湾区其他高新区，成为粤港澳大湾区创新发展的标杆。东莞高新区在创新要素投入、创新主体互动方面也表现突出，珠海高新区在创新环境方面得分较高，中山火炬高新区在创新产出方面表现较好。

表 8-6  2019 年粤港澳大湾区排名前 100 的高新区创新指数分指标得分情况

| 粤港澳大湾区高新区名单 | 创新环境指数 | 创新要素投入指数 | 创新主体互动指数 | 创新产出指数 |
|---|---|---|---|---|
| 深圳高新区 | 61.98 | 52.52 | 47.95 | 55.35 |
| 广州高新区 | 36.76 | 34.32 | 28.99 | 28.20 |
| 东莞松山湖 | 16.50 | 21.74 | 14.94 | 14.29 |
| 佛山高新区 | 14.76 | 14.97 | 8.65 | 16.35 |
| 珠海高新区 | 19.71 | 17.96 | 6.54 | 11.43 |
| 中山火炬高新区 | 7.25 | 8.36 | 4.50 | 21.69 |
| 惠州仲恺 | 14.83 | 11.66 | 4.50 | 3.32 |
| 江门高新区 | 11.07 | 8.99 | 3.06 | 2.59 |

在创新环境方面，广州高新区与深圳高新区在技术市场环境、营商环境和金融环境各二级指标均存在一定差距。尤其是金融环境方面，深圳高新区表现更加活跃，广州高新区则得分不高。地市级层面数据显示，

2019年深圳高新区年度风投金额高达698.05亿元，投资项目537例，而广州高新区年度风投金额仅189.94亿元，投资项目为240例，均不足深圳的一半。在年度A股直接融资方面，深圳上市企业远多于广州，股票融资和债券融资金额也均是广州的两倍以上。此外，粤港澳大湾区各高新区在营商环境整体较好，除广州高新区、深圳高新区外，东莞松山湖、佛山高新区、珠海高新区、惠州仲恺和江门高新区的营商环境得分都在30分以上。粤港澳大湾区高新区在技术市场和金融环境的得分则相对较低，除广州高新区、深圳高新区外，其他高新区的得分均在10分左右或不足10分。

在创新要素投入方面，东莞松山湖仅在深圳高新区、广州高新区排名之后，属于第二梯队，相比珠三角其他高新区有一定的优势。具体看二级指标得分，东莞松山湖在创新物质资本投入与广州高新区得分相当。东莞松山湖在当年实际使用外资、研发经费内部支出、科技活动经费占工业总产值比重等创新物质投入方面虽不及深圳高新区和广州高新区，但在每万人科技活动人员科技活动经费方面的投入尤其高。2019年，东莞松山湖科技活动人员科技活动经费为719.82万亿元/万人，而广州高新区仅291.45万亿元/万人，深圳高新区也仅396.61万亿元/万人。创新人力资本投入方面，东莞松山湖则与广州高新区、深圳高新区仍有较大差距，在一定程度上显示东莞在创新人才要素方面的吸引力不足。例如2019年，东莞松山湖科技活动人员、研发人员全时当量与留学归国人员分别仅有25656人、15577人和629人，而广州高新区则分别为184116人、84454人和3899人，深圳在创新人力资本的投入则更高。在创新人力资本结构方面，广州高新区、深圳高新区、东莞松山湖、佛山高新区、珠海高新区得分则都超过了40分，主要反映为科技活动人员和大专以上学历人员占年末从业人员比重较高。

在创新主体互动方面，粤港澳大湾区企业数量在全国前列，广东省每千人拥有企业54户，接近发达国家水平。深圳高新区、广州高新区和东莞松山湖在创新主体互动方面的总得分同样占据了前三位，并显示出一定的分数梯度。具体到二级指标可以看到，在产学研合作方面，广州高新区的得分比深圳高新区高。截至2019年，广州高等院校数量多达67家，而深圳仅有4家；广州高新区的国家级创新创业平台有164家，而深圳高新区有126家。在企业数量方面，东莞松山湖的得分比广州高新区略高。广州高新区工商注册企业数虽然比东莞松山湖要多，但在规模以上工业企业数上，东莞松山湖截至2019年的数量为10658家，而广州高新区仅5804家。

从创新产出来看，广州高新区创新企业竞争力指数高，但创新成果和创新转化收益指数较低。深圳高新区在创新成果、创新转化收益和创新企业竞争力的得分都很高。相较而言，广州高新区和深圳高新区在创新成果方面的差距明显，具体来说，广州高新区的当年专利授权数、发明专利授权数、发明专利数和实用新型专利授权数等都不及深圳高新区。此外，中山火炬高新区创新成果尤为突出，从具体数据来看，中山火炬高新区2019年当年专利授权数为38873件，这一数字甚至略高于深圳高新区当年专利授权数，其中尤其是外观设计专利授权数高达19794件，而深圳高新区当年仅7832件。

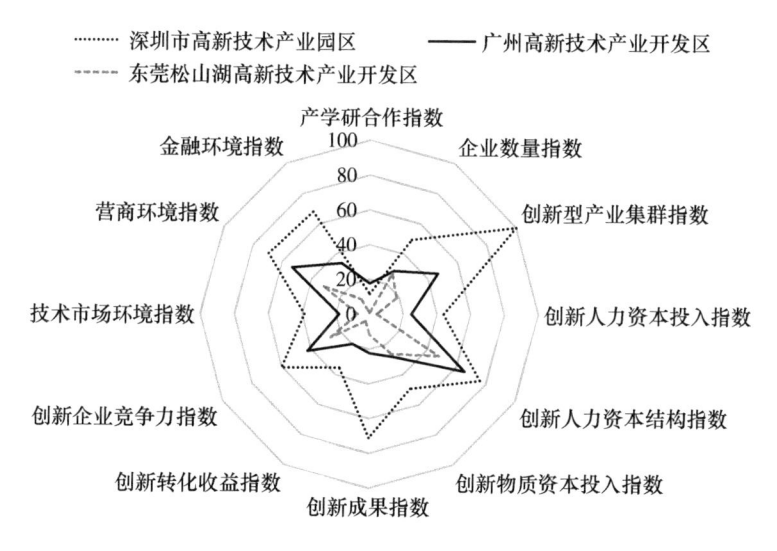

图8-3 2019年粤港澳大湾区排名前3的高新区二级指标得分情况

## 第四节 成渝地区国家高新区创新能力概述

成渝地区双城经济圈是中国西部地区发展水平最高、发展潜力较大的城镇化区域，是实施长江经济带和"一带一路"倡议的重要组成部分。具体范围包括重庆市 27 个区（县）以及开州、云阳的部分地区，四川省的成都、自贡、泸州、德阳等 15 个市，总面积 18.5 万平方公里。2018 年 11 月，《中共中央 国务院关于建立更加有效的区域协调发展新机制的意见》明确要求以成都、重庆为中心，引领成渝城市群发展，带动相关板块融合发展。2011 年，国务院批复，国家发展改革委印发《成渝经济区区域规划》；2016 年，国家发展改革委、住房和城乡建设部联合印发《成渝城市群发展规划》。《2019 年新型城镇化建设重点任务》明确将成渝城市群与京津冀城市群、长三角城市群和粤港澳城市群并列。

2020 年 10 月 16 日，中共中央政治局召开会议，审议《成渝地区双城经济圈建设规划纲要》。会议指出，当前中国发展的国内国际环境继续发生深刻复杂变化，推动成渝地区双城经济圈建设，有利于形成优势互补、高质量发展的区域经济布局，有利于拓展市场空间、优化和稳定产业链、供应链，是构建以国内大循环为主体、国内国际双循环相互促进的新发展格局的一项重大举措。

## 一 总排名情况

成渝地区高新区有 11 家，其中重庆有 4 家高新区，包括重庆高新区、璧山高新区、永川高新区和荣昌高新区，四川省有成都高新区、绵阳高新区、乐山高新区、内江高新区、德阳高新区、泸州高新区和自贡高新区 7 家高新区。

在成渝双城经济圈的建设背景下，重庆和四川两地加强创新资源共建共享，大力培育新动能、激发新活力，重点在提升科技创新平台、集聚科技创新资源要素、推进核心技术攻关和成果转化、深化国际科技交流合作等方面发力，全面提升成渝地区协同创新发展能力。但目前整体来说，成渝地区的高新区创新指数排名较落后，2019 年成都高新区排名第 8，重庆高新区排名第 30，绵阳高新区排名第 59，其余 8 家高新区都在 100 名之后。从 2017 年到 2019 年排名变化来看，成渝地区的高新区排名呈现明显上升趋势。相比 2017 年，成渝地区高新区 2019 年有 7 个高新区的创新指数排名都有提升，占到成渝地区高新区的 63.64%。

表8-7　成渝地区国家高新区创新指数总排名前100的情况

| 成渝地区高新区名单 | 2017 年 | 2018 年 | 2019 年 |
| --- | --- | --- | --- |
| 成都高新区 | 10 | 9 | 8↑ |
| 重庆高新区 | 23 | 26 | 30↓ |
| 绵阳高新区 | 69 | 50 | 59↑ |

## 二　分指标情况

成都高新区、重庆高新区是成渝地区创新发展的"火车头"，在创新环境、创新要素投入、创新主体互动和创新产出各分指标得分中都是成渝地区最高的高新区。此外，绵阳高新区在创新环境、创新要素投入和创新主体互动的得分都在成渝地区的前列，其中在创新要素投入方面甚至超过重庆高新区。

表8-8　2019年成渝地区排名前100的国家高新区分指标得分情况

| 成渝地区高新区名单 | 创新环境指数 | 创新要素投入指数 | 创新主体互动指数 | 创新产出指数 |
| --- | --- | --- | --- | --- |
| 成都高新区 | 26.35 | 34.57 | 22.03 | 16.25 |
| 重庆高新区 | 11.88 | 11.51 | 8.16 | 6.74 |
| 绵阳高新区 | 10.65 | 12.82 | 2.86 | 1.62 |

在创新环境方面，成渝地区高新区的营商环境得分尚可，其中成都高新区、重庆高新区、绵阳高新区、内江高新区和德阳高新区的得分都超过20分。2019年成都高新区地方政府公共预算支出中科学技术支出达到105.78亿元，远高于成渝地区其他高新区。成渝地区高新区在金融环境和技术市场环境的得分则都较低，除成都高新区外，其他高新区基本都在1分左右。

在创新要素投入方面，成渝高新区的创新物质投入得分普遍要高于创新人力资本投入，其中绵阳高新区的创新物质资本投入得分超过重庆高新区；成都地区各高新区的创新人力资本结构得分则相对较高，其中成都高新区高达80.81分，主要反映其在科技活动人员占年末从业人员比重、大专以上学历人员占年末从业人员比重较高，分别为28%和78%。

此外，重庆、绵阳、璧山和德阳高新区的创新人力资本结构得分也都达到 30 分以上。

在创新主体互动方面，成都高新区工商注册企业数达到 138787 家，规模以上工业企业数为 3614 家，拥有 4 家大学科技园，8 家国家级孵化器，17 家国家级众创平台，其在产学研合作、企业数量的指数得分在成渝地区都是最高的。其次得分较高的是重庆高新区，重庆高新区工商注册企业数有 78921 家，规模以上工业企业数超过成都高新区，拥有 6694 家；大学科技园、国家级孵化器和国家级众创平台数量略低于成都高新区，分别有 3 家、3 家和 7 家。在创新型产业集群得分中，成渝地区高新区得分则都较低，除成都高新区外，其他都不足 5 分。

在创新产出方面，成渝地区高新区的创新成果、创新转化效益和创新企业竞争力得分都不高，除成都高新区创新转化收益得分 13.09 分，创新企业竞争力得分 26.78 分，其余高新区在各二级指标得分都不足 10 分。成都高新区的创新企业竞争力主要体现在拥有 8 家主板上市企业和 6 家创业板上市企业，重庆高新区拥有 5 家主板上市企业，成渝地区其他高新区上市企业则寥寥可数。

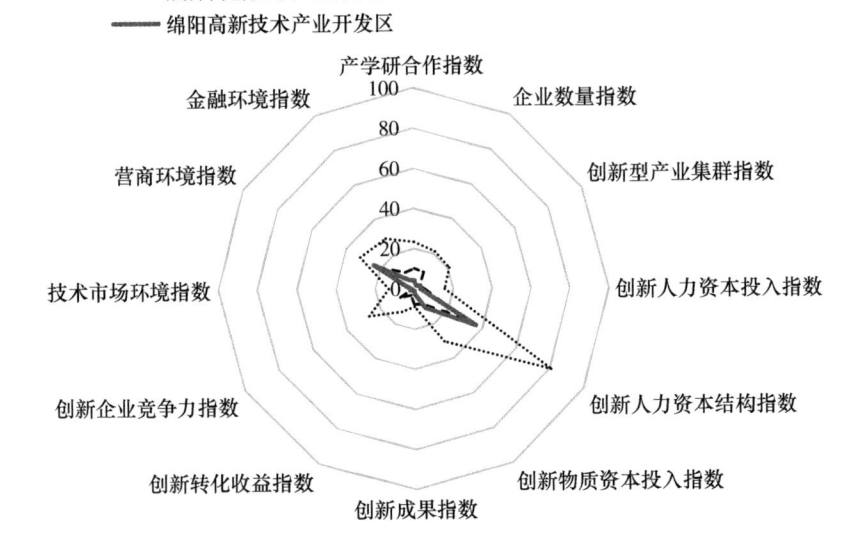

图 8-4　2019 年成渝地区排名前 3 的高新区二级指标得分情况

## 第五节 四大区域国家高新区创新能力横向比较

京津冀、长三角、粤港澳大湾区和成渝地区的创新实力强，创新氛围活跃，创新要素丰富，创新相关的政策支持力度大，在全国起到了创新引领作用。本部分将对京津冀、长三角、粤港澳大湾区和成渝地区的创新能力发展进行横向比较，总结四大区域创新能力的发展特点。

### 一 总体比较

从2019年高新区创新指数总排名来看，前十位中有8家高新区来自于京津冀、长三角、粤港澳大湾区和成渝地区，前50名中也有超过半数来自四大区域。可以说，四大区域高新区引领了中国高新区创新发展，是中国高新区创新发展的前沿阵地。

表8-9　　　　2019年四大区域高新区创新指数排名情况

|  | 京津冀地区 || 长三角地区 || 粤港澳大湾区 || 成渝地区 ||
| --- | --- | --- | --- | --- | --- | --- | --- | --- |
|  | 计数 | 占比（％） | 计数 | 占比（％） | 计数 | 占比（％） | 计数 | 占比（％） |
| 1~10 | 1 | 14.28 | 4 | 11.76 | 2 | 22.22 | 1 | 9.09 |
| 11~50 | 2 | 28.57 | 12 | 35.29 | 5 | 55.56 | 1 | 9.09 |
| 51~100 | 2 | 28.57 | 13 | 38.24 | 1 | 11.11 | 1 | 9.09 |
| 100以后 | 2 | 28.57 | 5 | 14.71 | 1 | 11.11 | 8 | 72.73 |
| 总计 | 7 | 100.00 | 34 | 100.00 | 9 | 100.00 | 11 | 100.00 |

注：总计是指各地区的国家高新区总和

从平均分来看，2019年全国所有高新区创新指数的平均分为7.93分，而京津冀地区、粤港澳大湾区的平均分都在18分以上，远超过全国的平均水平，长三角地区高新区创新指数平均分也高于平均水平，成渝地区的创新发展相对较弱，目前仍在平均水平之下。从标准差来看，长三角地区和成渝地区的创新发展都更为均衡，标准差低于所有高新区的数值，相比之下京津冀地区和粤港澳大湾区区域内高新区的创新能力差距更大。

表 8–10　2019 年四大区域高新区创新指数得分情况

|  | 京津冀地区 | 长三角地区 | 粤港澳大湾区 | 成渝地区 | 所有高新区 |
|---|---|---|---|---|---|
| 总分 | 130.76 | 333.37 | 162.11 | 70.27 | — |
| 平均分 | 18.68 | 9.80 | 18.01 | 6.39 | 7.93 |
| 中位数 | 6.45 | 7.19 | 14.01 | 4.18 | 5.42 |
| 标准差 | 28.36 | 7.82 | 15.00 | 6.02 | 9.00 |

具体来看各区域内部分指标的情况，京津冀地区在创新要素方面投入更多，在创新产出方面的内部差距最大；长三角地区同样在创新要素投入方面得分最高，在创新环境方面的内部差距最大；粤港澳大湾区在创新环境、创新要素投入和创新产出方面都较出色，在创新环境和创新产出方面的内部差距最大；成渝地区在创新环境、创新要素投入方面较好，在创新要素投入方面的内部差距也较大。

表 8–11　2019 年四大区域高新区分指标平均分、标准差情况

|  | 京津冀地区 |  | 长三角地区 |  | 粤港澳大湾区 |  | 成渝地区 |  |
|---|---|---|---|---|---|---|---|---|
|  | 平均分 | 标准差 | 平均分 | 标准差 | 平均分 | 标准差 | 平均分 | 标准差 |
| 创新环境指数 | 19.31 | 30.05 | 11.03 | 8.16 | 21.19 | 16.63 | 8.43 | 6.50 |
| 创新要素投入指数 | 24.97 | 25.81 | 16.47 | 9.76 | 19.88 | 13.97 | 10.57 | 7.91 |
| 创新主体互动指数 | 13.65 | 25.44 | 5.21 | 6.69 | 13.37 | 14.61 | 3.59 | 6.21 |
| 创新产出指数 | 16.32 | 31.41 | 6.39 | 8.52 | 17.10 | 16.05 | 3.23 | 4.54 |

（一）京津冀地区高新区以北京中关村为创新引擎

中关村是京津冀地区乃至全国科技创新的引擎。作为全国第一家国家级高新技术开发区，北京中关村的设立时间已长达 30 余年，尤其是扩容至"一区十六园"以来，北京中关村几乎覆盖了整个北京的创新资源，核定面积达到 13306 平方公里，与整个粤港澳大湾区所有高新区的总核定面积相当。在北京中关村的带动下，京津冀高新区的创新指数平均分在四大区域中得分最高。

与北京中关村超强创新能力形成鲜明对比的是，京津冀地区的其他高新区，尤其是河北省的 5 个高新区的创新能力呈现巨大悬殊，内部差

第八章 京津冀、长三角、粤港澳大湾区和成渝地区国家高新区创新能力比较 205

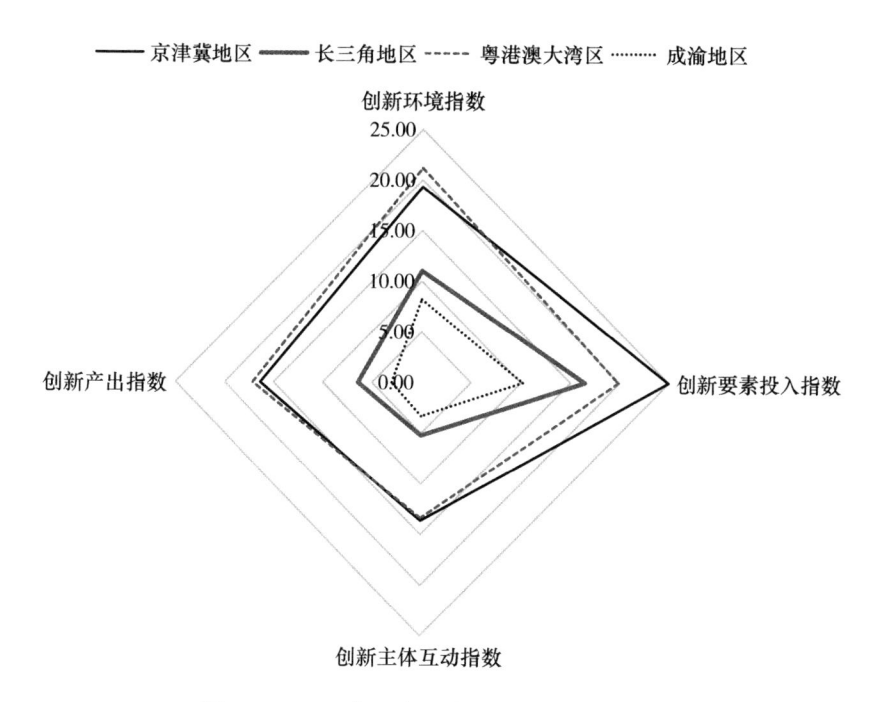

**图 8-5 2019 年四大区域分指标平均得分情况**

距在四大区域中最大，标准差达到 28.36。从 2019 年创新指数排名上看，相比粤港澳大湾区、长三角地区，京津冀地区内创新能力排名在前 10、前 50 和前 100 的高新区占比都是最少的。值得注意的是，京津冀地区的高新区数量在四大区域中也是最少的，总共仅有 7 家高新区。从区域规划来看，京津冀地区的范围包括北京市、天津市，以及河北省的 11 个地级市和 2 个省直管市。但该区域内的高新区除北京中关村、天津滨海外，河北省仅有 5 个高新区，占比远远落后于粤港澳大湾区、长三角和成渝地区，仍有很大的扩容空间（见图 8-6）。

在四个一级指标方面，京津冀地区由于北京高校科研院所、国际化科技人才集聚，在创新主体互动指数和创新要素投入指数的得分在四个区域中最高，而在创新环境、创新产出方面则稍稍不及粤港澳大湾区的表现。

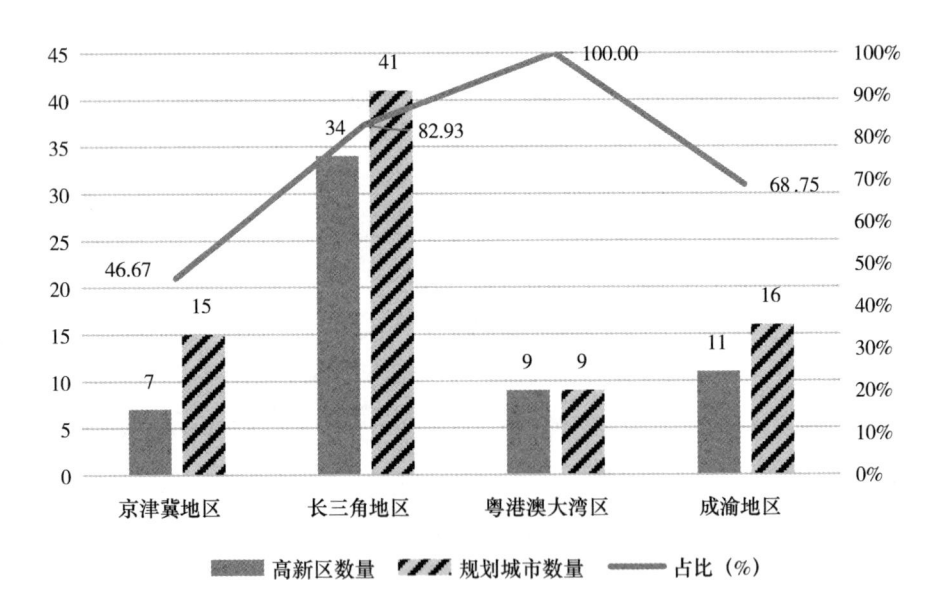

图 8-6  2019 年四大区域高新区数量与规划城市数量比较

(二) 长三角地区高新区创新发展均衡稳劲

长三角地区覆盖了上海、浙江、江苏、安徽三省一市，总共 41 个城市，区域内设立的高新区也多达 34 个，远远超过其他区域。从高新区核定面积来看，长三角地区所有高新区的总核定总面积是成渝地区的将近三倍，是粤港澳大湾区的两倍之多，比京津冀也要多出 20%。

长三角覆盖的高新区众多，高新区创新指数总得分是其他三大区域高新区创新能力总得分的两倍左右，区域内排名前 10、前 50 和前 100 的高新区数量也都是四大区域中最多的。与粤港澳大湾区、京津冀地区相比，长三角内部各个高新区的创新实力更为均衡，标准差的数值远低于另外两个区域。其中长三角地区的高新区创新指数排名主要集中在第 11—100 名之间，共有 25 个高新区，数量占到长三角高新区的 73.53%。这在一定程度上构成长三角地区高新区创新稳劲均衡发展的基础。

具体来看，长三角地区在创新环境、创新要素投入、创新主体互动和创新产出四个一级指标的平均分都要落后于粤港澳大湾区和京津冀地区，尤其是在创新产出方面与京津冀、长三角地区的差距稍大。

(三) 粤港澳大湾区高新区创新实力强劲

粤港澳大湾区覆盖了珠三角九市，整体创新实力强劲。根据 2019 年创新指数总排名，粤港澳大湾区进入全国创新十强的高新区有2个，进入前50强的有7个，前100强的有8个。从数量来看，由于粤港澳大湾区腹地空间小，区域内高新区数量远不及长三角地区，甚至比成渝地区还少。但从百分比来看，粤港澳大湾区在2019年创新指数总榜中排名前50和前100的高新区数量占比在四大区域中都是最高的。

从平均分与标准差的数据来看，由于粤港澳大湾区高新区实力较强者的占多数，拉高了粤港澳大湾区的平均分，同时区域内高新区的差距也并不十分凸显。与京津冀地区相比，粤港澳大湾区高新区创新指数的平均分与京津冀相差不大，但内部各个高新区的差距远远低于京津冀。与长三角地区相比，粤港澳大湾区内部各个高新区的差距虽较长三角更大，但平均分又大幅高于长三角。

具体在一级指标方面，粤港澳大湾区的创新环境、创新产出的平均分都是最高的，在创新主体互动和创新要素投入方面稍微落后于京津冀地区，但也仍高于长三角和成渝地区。

（四）成渝地区高新区创新实力有待提升

成渝地区是中国西部地区发展水平最高、发展潜力较大的城镇化区域，是构建以国内大循环为主体、国内国际双循环相互促进的新发展格局的一项重大举措。但从创新能力来看，成渝地区高新区仍有较大的上升空间。

成渝地区覆盖的高新区共有11个，在四大区域中甚至超过粤港澳大湾区和京津冀地区。但从创新指数的排名来看，成渝地区排名进入前10、前50和前100的高新区分别仅有1个、2个和3个。成渝地区排名在100名以外的高新区高达72.73%，这一比例在四大区域中最高，也意味着成渝地区大多数高新区的创新能力有待进一步提升。不过由于成渝地区的高新区整体实力较为落后，其内部差距在四大区域中最小，标准差仅6.02。

从分级指标来看，成渝地区各分级指标的平均分也在四大区域中最低。相比之下，粤港澳大湾区、长三角地区、京津冀地区比成渝地区的创新指数得分甚至高出一倍多。具体来说，成渝地区的创新环境、创新要素投入、创新主体互动和创新产出方面均与其他区域拉开差距，其中创新环境的差距稍小，而在创新主体互动方面差距最大。

## 二 创新环境：四大区域营商环境普遍较优

创新环境是创新活动所依赖的各种外在条件的总和，是创新活动赖以生存的土壤。近年来，京津冀地区、长三角地区、粤港澳大湾区和成渝地区都出台了诸多政策，着力在营商环境、金融环境和技术市场环境等方面改善提升。

作为改革开放的前沿，粤港澳大湾区以"敢为人先"的精神不断开拓创新，支持民营企业发展，营商口碑好。从创新环境指数的平均分看，粤港澳大湾区得分最高，京津冀和长三角地区次之。从标准差的数值看，粤港澳大湾区和长三角内部各个高新区创新环境的情况较为接近，京津冀内高新区间创新环境的差距最大。成渝地区内高新区创新环境的情况差距不大，但相比其他高新区有一定提升空间。

表8-12　　　　　2019年四大区域高新区创新环境指标比较

|  | 京津冀地区 | 长三角地区 | 粤港澳大湾区 | 成渝地区 |
| --- | --- | --- | --- | --- |
| 平均分 | 19.31 | 11.03 | 21.19 | 8.43 |
| 中位数 | 5.19 | 8.33 | 14.83 | 6.64 |
| 标准差 | 30.05 | 8.16 | 16.63 | 6.50 |

具体来看，营商环境、金融环境和技术市场交易环境3个二级指标。随着《国务院办公厅关于进一步优化营商环境更好服务市场主体的实施意见》的发布，全国各地加大力度深化"放管服"，优化营商环境，以更大激发市场活力，增强发展内生动力。世界银行发布的《2020年营商环境报告》显示，中国的全球营商便利度排名继2018年大幅提升32位后，2019年又跃升15位，升至全球第31位。世界银行称，由于"大力推进改革议程"，中国连续两年跻身全球优化营商环境改善幅度最大的十大经济体。

在此背景下，粤港澳大湾区、长三角、京津冀和成渝地区的营商环境方面的得分都较好，而金融环境、技术市场环境的发展则有待进一步提升。其中在营商环境方面表现最优的是粤港澳大湾区，金融环境和技术市场环境发展最发达、最活跃的都是京津冀地区。长三角地区在各个方面的发展较为均衡,其中在营商环境和金融环境方面表现更好。成渝地区相对来说都有些落后,其中营商环境方面的得分最高,技术市场环境方面则得分最低。

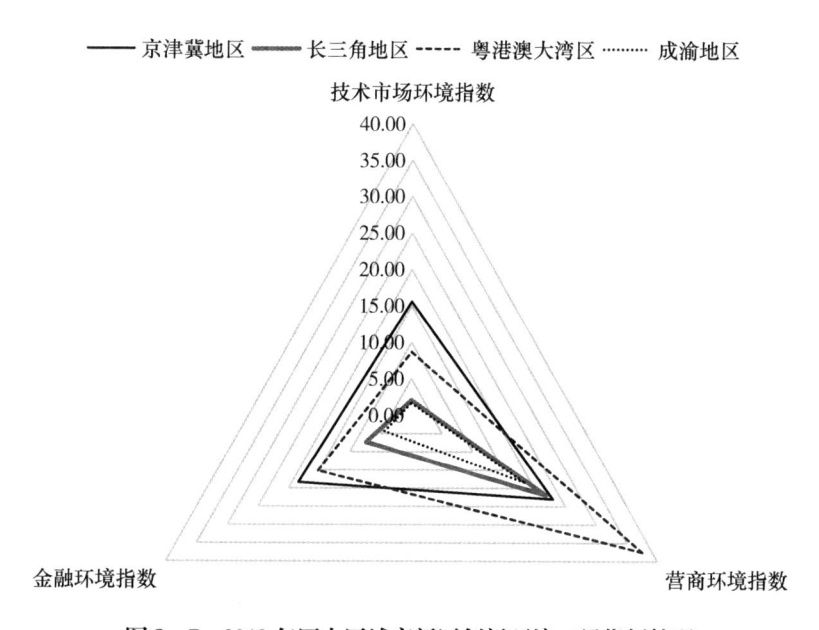

**图 8-7　2019 年四大区域高新区创新环境二级指标情况**

在营商环境方面,粤港澳大湾区珠三角九市在打造良好营商环境方面一直走在全国前列,在商事登记、行政审批等方面推出一系列改革创新举措,打造优化营商环境的示范样本。从营商环境指标得分来看,粤港澳大湾区的得分在四大区域中得分也是最高的,且拉开了一定差距。此外,长三角地区的营商环境得分略低于京津冀地区,成渝地区的得分相对落后,但差距不大。

在金融环境方面,京津冀地区以北京为引领,不断推动金融高水平对外开放,国家金融管理中心建设取得重大成果,金融产业、金融服务、金融要素资源集聚等方面发展提升显著。在此背景下,京津冀地区的金融环境指数得分最高,紧随其后的是粤港澳大湾区,长三角和成渝地区在金融环境方面的发展则相对落后。

在技术市场环境方面,粤港澳大湾区、京津冀和长三角地区发展都尚不完善，指数得分都处在较低水平，因此彼此间拉开的差距也不是很大。相比之下，京津冀地区的技术市场环境得分相对更高，其次是粤港澳大湾区，长三角和成渝地区则更低。对此，2020年3月30日，中共中央、国务院印发《关于构建更加完善的要素市场化配置体制机制的意见》，将技术市场列为"五大要素市场"之一。加快推动技术要素市场化配置改革，着力研究和全力建设满足新时期创新发展需求的现代技术要素市场体系，对于提升科技创新供给质量、促进经济高质量发展具有重要意义。

### 三 创新要素投入：四大区域创新物质资本投入多

创新要素投入是为创新发展提供持续稳定的生产资料支撑。随着知识经济的到来，人力资本在数量上和收益上远超过物质资本。人才成为创新的核心要素，加大创新人力资本的投入，提升创新人力资本结构，才能从根本上保障科技创新驱动发展战略的有序有效持续推进，实现成效最大化。

从创新要素投入指数的平均分和标准差数值来看，京津冀地区的得分最高。其次是粤港澳大湾区的创新要素投入水平，略高于长三角地区。相比之下，长三角地区高新区创新要素投入更加平衡。成渝地区的内部差距虽然最小，但平均得分也是最低的。

表8-13 2019年四大区域高新区创新要素投入指标比较

|     | 京津冀地区 | 长三角地区 | 粤港澳大湾区 | 成渝地区 |
| --- | --- | --- | --- | --- |
| 平均分 | 24.97 | 16.47 | 19.88 | 10.57 |
| 中位数 | 16.63 | 13.30 | 14.97 | 7.74 |
| 标准差 | 25.81 | 9.76 | 13.97 | 7.91 |

从二级指标得分来看，粤港澳大湾区、长三角、京津冀和成渝地区在创新人力资本的投入都不及创新物质资本的投入水平，创新人力资本投入有待进一步优化。人才是区域创新发展的根基，人才要素的匮乏和结构性问题将会严重影响到四大区域发展的创新活力和创新水平。具体

看四个区域的得分情况，粤港澳大湾区在创新物质资本投入方面与其他区域拉开一定差距；在创新人力资本投入方面，京津冀地区的投入最多；在创新人力资本结构方面，京津冀地区相比于其他三个区域表现更优，其次是长三角地区和粤港澳大湾区，成渝地区在几个方面都尚有一定差距。

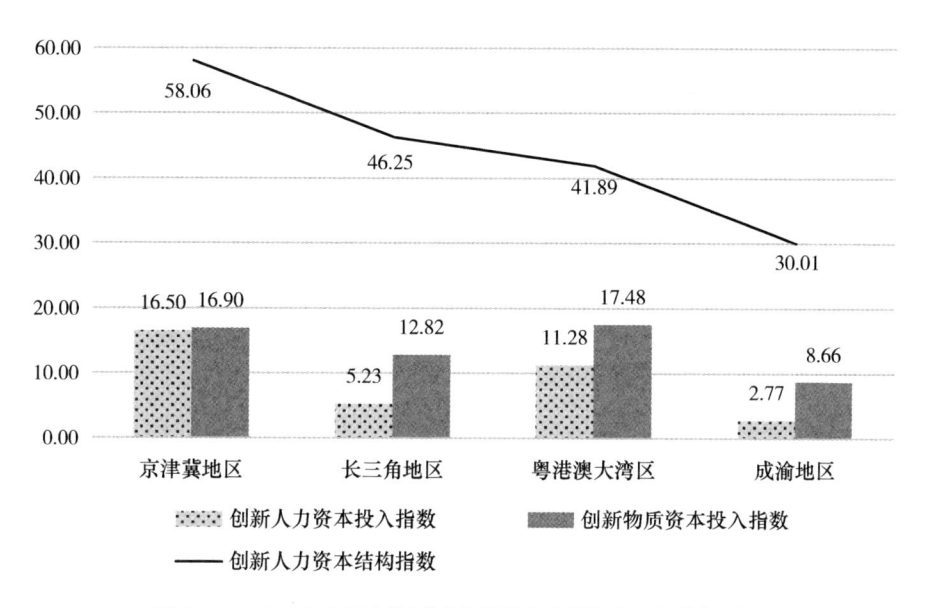

**图 8-8　2019 年四大区域高新区创新要素投入二级指标情况**

在创新人力资本投入方面，中关村依托北京众多的高校科研院所资源以及北京对人才的吸引力，成为创新人才的集散地，在该指标得分与其他三个区域拉开一定距离。在此之外，粤港澳大湾区的创新人力资本投入排名第二，长三角地区则稍显不足。

在创新人力资本结构方面，京津冀地区的创新人力资本结构最优，长三角地区也显示出一定优势，以上海、杭州、合肥为代表的长三角地区科技活动人员、大专以上学历人员占年末从业人员的比重高，甚至超过北京、广州、深圳等地。此外，粤港澳大湾区和成渝地区的得分相对靠后。

在创新物质资本投入方面，粤港澳大湾区、京津冀和长三角地区高新区的差距不是很大，说明三个区域高新区在研发经费、科技活动经费、每万人科技活动人员科技活动经费，以及当年实际使用外资金额等方面的水平大体相当。不过，成渝地区仍落后较多，该指标得分不足10分。

### 四 创新主体互动：四大区域创新主体互动各有优势

加强企业、高校科研院所等创新主体之间的互动，要深化产业链的融合，促进产学研合作，推动协同创新发展。为贯彻十九届五中全会精神，深入实施创新驱动发展战略，加快发展现代产业体系，促进创新链产业链深度融合，推进创新型产业集群高质量发展，科技部火炬中心研究于2020年发布了《创新型产业集群评价指引（试行）》。创新型产业集群也是创新主体互动指数考察的重要内容。

总体来说，粤港澳大湾区、京津冀、长三角和成渝地区在创新主体互动方面的得分都不高，彼此间差距并不十分突出。相对来说，京津冀得益于中关村完善的产学研合作机制，在创新主体互动的平均得分更高，但内部差距仍然是最大的。粤港澳大湾区的平均分略低于京津冀地区，且内部发展更为均衡。而长三角和成渝地区的平均分较低，但标准差也更小，意味着内部发展更加均衡。

表8-14　　2019年四大区域高新区创新主体互动比较

|  | 京津冀地区 | 长三角地区 | 粤港澳大湾区 | 成渝地区 |
| --- | --- | --- | --- | --- |
| 平均分 | 13.65 | 5.21 | 13.37 | 3.59 |
| 中位数 | 4.94 | 2.17 | 6.54 | 1.03 |
| 标准差 | 25.44 | 6.69 | 14.61 | 6.21 |

在二级指标方面，粤港澳大湾区、京津冀、长三角和成渝地区显示出各自的优势。京津冀地区在产学研合作方面非常突出，但创新型产业集群和企业数量方面发展较弱；粤港澳大湾区在创新型产业集群和企业数量方面更胜一筹，但在产学研合作方面存在短板。相对来说，长三角地区和成渝地区在产学研合作、创新型产业集群均稍落后，企业数量方面的得分相对更高。

第八章　京津冀、长三角、粤港澳大湾区和成渝地区国家高新区创新能力比较　213

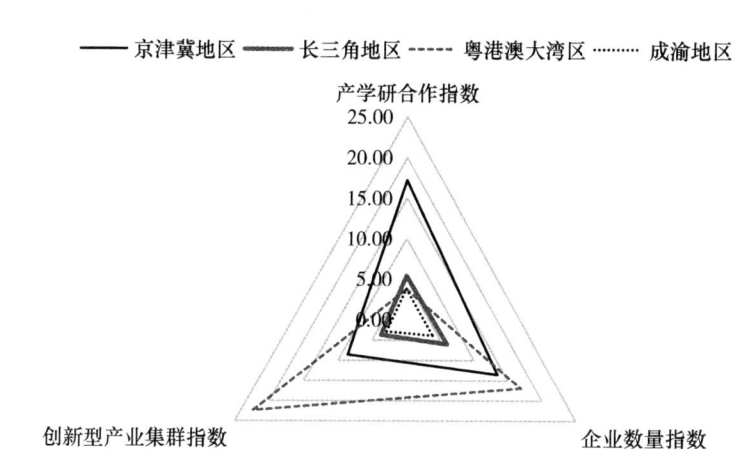

**图 8-9　2019 年四大区域高新区创新主体互动二级指标情况**

在产学研合作方面，近年来四大区域都着力促进科研机构、高等院校与企业的市场化合作，建立和完善协同研发、成果转化的产学研结合机制。京津冀以北京中关村为代表，依托高校科研院所资源，在产学研方面积累了丰富的经验，该指标得分尤其突出，远超过其他三大区域。粤港澳大湾区、长三角地区和成渝地区的表现相当，与京津冀存在一定差距。

在企业数量和创新型产业集群方面，粤港澳大湾区民营经济发达，产业链发展更为完善，在企业数量和创新型产业集群的得分也表现突出，与其他三大区域拉开较大差距。其次是京津冀地区，长三角和成渝地区的得分相对较低。

## 五　创新产出方面：四大区域创新转化收益有待提高

长期以来，中国存在创新成果多，但创新转化收益不足的现象。根据世界知识产权组织（WIPO）发布的报告，2019 年中国首次超越美国成为全球最大专利申请来源国，2020 年中国专利申请量稳居第一。但由于科技创新与产业发展存在一定脱节，创新成果未能充分转化为经济效益和企业竞争力。

从四大区域的创新产出指标看，粤港澳大湾区高新区的平均分最高，但内部存在一定差距。京津冀地区高新区的平均分排在其后，反映内部差距的标准差也更高。长三角地区与京津冀、粤港澳大湾区高新区相对存在一定差距，但内部发展更为平衡，标准差较低。成渝地区内部高新区创新能力差距最小，但与其他区域的平均分差距较大。

表 8–15　　2019 年四大区域高新区创新产出指标比较

|      | 京津冀地区 | 长三角地区 | 粤港澳大湾区 | 成渝地区 |
| --- | --- | --- | --- | --- |
| 平均分 | 16.32 | 6.39 | 17.10 | 3.23 |
| 中位数 | 1.05 | 3.24 | 14.29 | 1.19 |
| 标准差 | 31.41 | 8.52 | 16.05 | 4.54 |

整体来说，四大区域高新区都呈现创新成果多，创新企业竞争力强，但创新转化收益方面稍显不足的特点。粤港澳大湾区高新区的创新成果和创新企业竞争力得分尤其突出；京津冀地区高新区的创新产出各分指标较为均衡，其中创新转化收益在四个区域中得分最高；长三角和成渝地区高新区在创新成果、创新转化收益和创新企业竞争力三方面相对落后。

具体在创新成果和创新企业竞争力方面，粤港澳大湾区、京津冀、长三角和成渝地区高新区依次拉开一定差距。在创新转化收益方面，京津冀地区高于粤港澳大湾区，长三角和成渝地区则存在一定差距。

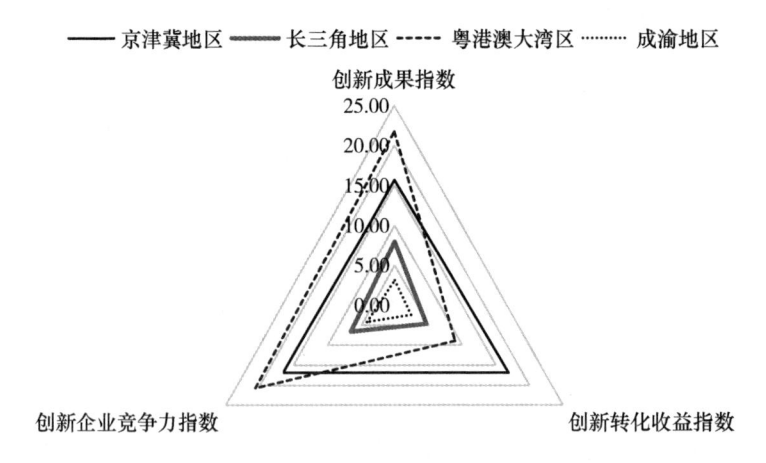

图 8–10　2019 年四大区域高新区创新产出二级指标情况

## 第六节　本章小结

本章分析了京津冀地区、粤港澳大湾区、长三角地区和成渝地区四大区域高新区各自的发展特点并进行了横向比较。

总体来看，四大区域高新区引领了中国高新区创新发展的前沿，是中国高新区创新发展的主要阵地。国家高新区创新指数总排名前10、前50的高新区中均有超过半数的高新区来自京津冀地区、长三角地区、粤港澳大湾区和成渝地区四大区域。其中京津冀地区、粤港澳大湾区和长三角地区高新区的创新指数平均分都在所有高新区创新指数的平均水平之上。

横向比较来说，京津冀地区、粤港澳大湾区、长三角地区以及成渝地区高新区发展各具特点。京津冀地区以北京中关村为创新引擎，对人才、资本等要素的虹吸效应明显，由此与天津、河北高新区的创新发展拉开较大差距，尤其是河北地区高新区在承接北京"非首都"功能，实现产业转型升级等方面仍有较大提升空间。长三角覆盖"三省一市"，规划城市多，覆盖区域广。这一方面长三角集聚了丰富的创新要素资源，容纳了一批充满创新活力、创新发展稳劲的高新区，成为长三角创新发展的坚实基础，另一方面排名靠后的高新区也拉低了长三角创新发展的平均水平，为长三角创新融合发展，提高整体创新实力带来一定难度。粤港澳大湾区腹地空间小，在某种程度上制约了粤港澳大湾区的创新发展，但珠三角九市高新区创新实力强劲且上升动力十足，在创新环境和创新产出等方面表现优异。相比之下，成渝地区创新实力相对落后，但区域内的差距小，创新协同发展的协调难度相对较低，创新实力呈现不断提升的趋势。

# 第九章

# 中国国家高新区创新发展总结

## 第一节　国家高新区创新发展成效显著

第一，国家高新区不断探索创新驱动发展模式，在整体规模和创新能力方面成效显著。自从1988年国务院批复成立第一家高新区（北京市高新技术产业开发试验区）以来，中国国家高新区的建设加速，截止到2019年已经建成169家国家高新区，遍布全国166个城市，30个省市自治区。三十多年来，国家高新区紧紧围绕"发展高科技，实现产业化"的使命，不断探索创新驱动发展的道路，各高新区根据自身发展实际和地区优势，先行先试形成了"中关村模式""张江模式"等独具特色的国家高新区创新发展路径。国家高新区作为一种区域性的经济产业导向政策，发挥了集中力量办大事的制度优势，推动产业集聚效应和规模效应的形成。2019年，全国国家高新区内共有高技术产业的企业达73679家，企业共拥有发明专利85.8万件，国家高新区企业认定登记的技术合同成交金额达到6783.90亿元。经过测算，中关村科技园区、上海张江、深圳高新区等头部高新区的创新投入产出效率达到了相对最优，在2017—2019年间创新投入产出有效的高新区数量保持增长趋势。

第二，国家高新区成为推动中国经济高质量发展的重要力量。国家高新区创新产出成果突出，在中国国家高新区内突破性的研发和制造了世界第一个U盘、中国第一台超级计算机、第一部国产手机、第一枚人工智能芯片、第一个量子通信卫星。2019年，全国国家高新区生产总值达到12.1万亿元，上缴税额1.9万亿元，以占全国0.1%的土地面积，贡献了全国12%的GDP和税收。国家高新区企业每万名从业人员中R&D

人员为822.1人年,是全国平均水平的13.8倍。国家高新区结合国家战略性新兴产业,在电子信息、生物医药、新一代信息技术等产业方面已经形成了较完整的产业链,掌握了一批处在世界前沿的核心技术,在诸多细分领域培育了龙头企业,成为中国参与全球产业分工和竞争的中坚力量。

第三,国家高新区创新要素不断集聚,创新环境持续优化。国家高新区通过财政支持和税收优惠等手段促进创新物资资本投入,国家高新区研发经费内部支出不断增加,根据测算国家高新区创新人力资本结构对于创新产出的影响作用最大。2019年,国家高新区共有各类大学1052所,研究院所3893家;博士后科研工作站2481个,其中国家级1447个,累计建设国家重点实验室370个、国家工程研究中心109个(包括分中心)、国家工程技术研究中心248个、国家工程实验室160个、国家地方联合工程研究中心436个。高新区在创新环境方面进步较为明显,2017—2019年创新环境指数得分大幅提升。各国家高新区在营商环境、金融环境和技术市场环境方面出台了诸多政策措施,着重培育和形成鼓励创新和促进创新的园区环境。

第四,国家高新区创新空间分布差异明显,头部高新区引领创新发展。国家高新区主要沿海通道和长江通道布局与中国"两横三纵"的城市空间布局相一致,重点集中在京津冀、长三角、粤港澳大湾区和成渝双城城市群。国家高新区创新发展也呈现梯度分布特征,东部地区国家高新区在创新要素投入、创新环境、创新主体互动和创新产出方面都具有绝对优势。京津冀、长三角、粤港澳大湾区和成渝地区是中国重要的创新要素集散地和创新成果转化地,区域创新能力强。中关村科技园区、深圳市高新技术产业园区和上海张江高新技术产业园三大头部国家高新区创新发展的综合实力较强,与其他开发区在创新方面拉开较大差距。当前整体经济发展正处在提质换挡的关键期,多数高新区也面临传统支柱产业增长放缓与新兴产业带动不足的两难问题,约75%的开发区的分数集聚现象明显,创新能力有待突破。

## 第二节　国家高新区创新发展展望

第一，在新一轮科技革命与产业变革深度演进，新冠肺炎疫情反复冲击和逆全球化叠加的背景下，提升创新能力是国家高新区建设的首要任务。当前全球科技创新空前活跃，颠覆性技术全面爆发，全球产业发展格局和经贸规则都面临重塑，各国围绕创新资源、科创产业的竞争加剧。新冠肺炎疫情进一步加速逆全球化的趋势，发达国家"制造业回流"趋势明显，中美贸易争端下对中国创新合作管制更加严格。以科技创新为核心着力提升自主创新能力，突破"卡脖子"的技术难题，是创新驱动战略中国家高新区承担的重要任务。一方面，国家高新区集聚了大量的大学、研发机构等科创资源和优质的研发人才，有利于开展面向世界科技前沿和国家重大需求的前瞻性基础研究和前沿技术研究，增强基础研究和原始创新能力。另一方面，依托国家高新区创新平台的优势，增强企业的创新能力，孵化培育更多的瞪羚企业和独角兽企业，在重点领域、重点行业补链强链，推动中小企业向"专精特新"方向发展。

第二，强化区域协同与产城融合成为国家高新区发展重点，推动辐射带动区域创新高质量发展。在《关于促进国家高新技术产业开发区高质量发展的若干意见》中强调国家高新区要在新时代高质量发展中发挥好示范引领和辐射带动作用。发挥作为国家战略新兴产业的重要发展平台和科技创新的重大载体的优势，配合国家推动京津冀协同发展、粤港澳大湾区建设、长三角一体化发展等重大战略实施，优化区域经济布局。深化东部国家高新区和东北、西部国家高新区的交流合作，通过探索一区多园、飞地经济等高新区合作模式，强化区域创新高地带动作用。部分高新区还存在发展空间受限、土地利用效用不高的问题，未来需要进一步优化土地资源配置，推动生产、生活和生态功能平衡发展，实现产城有机融合。

第三，提升创新成果转化，促进科技金融发展，推动高新区创新链、产业链与资金链有机融合。提高科技成果转移和转化的效率是高新区创新发展面临的重点问题，需要探索科技创新成果筛选、交易和落地全过程的政策创新，壮大技术转移服务机构，探索政产学研协同模式，通过提升跨区域技术转移能力，加强关键核心技术创新和成果转移转化。建立健全高新产业金融支撑体系，促进科技金融发展，突破产业链、创新链、资金链信息不对称，投资效率低的问题。积极搭建科技金融综合服务平台，通过多种金融工具和金融手段的组合运用，丰富投融资方式，优化投融资结构，为高新技术产业化和高科技企业发展提供资金支持，促进技术创新、科技成果转移转化和产业化。

# 参考文献

曹贤忠：《国内外城市开发区转型升级研究进展与展望》，《世界地理研究》2014年第3期。

陈恒、侯建：《R&D投入、FDI流入与国内创新能力的门槛效应研究——基于地区知识产权保护异质性视角》，《管理评论》2017年第29卷第6期。

陈良文、杨开忠、沈体雁、王伟：《经济集聚密度与劳动生产率差异——基于北京市微观数据的实证研究》，《经济学（季刊）》2009年第8卷第1期。

陈升、王京雷：《开发区创新转型整体水平测度》，《城市问题》2019年第1期。

陈文丰：《中国国家高新区发展模式解读》，《中关村》2012年第108卷第5期。

陈益升、欧阳资力、陆容安：《国家高新区考核评价指标体系设计》，《科研管理》1996年第11期。

陈永品、刘会武、何来刚：《国家高新区开放型创新发展模式研究》，《科技管理研究》2009年第10期。

程郁、陈雪：《创新驱动的经济增长——高新区全要素生产率增长的分解》，《中国软科学》2013年第11期。

楚天骄、宋韬：《中国独角兽企业的空间分布及其影响因素研究》，《世界地理研究》2017年第26卷第6期。

崔维军：《欧盟创新指数研究进展》，《中国科技论坛》2009年第11期。

党兴华、李全升：《基于熵权改进TOPSIS的陕西国家级高新区创新发展能力评价》，《科技管理研究》2017年第3期。

范柏乃：《国家高新区技术创新能力的评价研究》，《科学学研究》2003年第21卷第6期。

方大春、张凡、芮明杰：《我国高新技术产业创新效率及其影响因素实证研究——基于面板数据随机前沿模型》，《科技管理研究》2016年第36卷第7期。

方玉梅、刘凤朝：《我国国家高新区创新能力评价研究》，《大连理工大学学报》（社会科学版）2014年第35卷第4期。

冯海红：《国家高新区发展三维分析模型及综合评价研究》，博士学位论文，中国科学院大学，2017年。

顾元媛、沈坤荣：《简单堆积还是创新园地？——考察高新区的创新绩效》，《科研管理》2015年第9期。

胡海鹏、袁永、廖晓东：《基于指标特征的国内外典型创新指数比较研究》，《科技管理研究》2017年第37卷第20期。

胡佳露、杨丹萍：《高技术产业技术创新与产业集聚协同发展实证研究——基于京津冀、长三角、珠三角的比较》，《宁波大学学报》（理工版）2021年第34卷第3期。

胡树华、解佳龙、牟仁艳等：《国家高新区竞争力空间动态差异研究》，《科技进步与对策》2013年第30卷第11期。

科技部火炬高技术产业开发中心：《中国国家高新区创新能力评价报告》，科学技术文献出版社2015年版。

寇宗来、刘学悦：《中国企业的专利行为：特征事实以及来自创新政策的影响》，《经济研究》2020年第55卷第3期。

勒川：《瞪羚企业成为高新区创新发展的新引擎》，《中关村》2016年第8期。

雷挺、栗继祖：《营商环境优化如何激发企业的创新活力——内在机制及创新边际》，《山西财经大学学报》2020年第42卷第12期。

李金保：《我国政府R&D资金配置模式创新研究》，《征信》2010年第28卷第2期。

李凯、任晓艳、向涛：《产业集群效应对技术创新能力的贡献——基于国家高新区的实证研究》，《科学学研究》2007年第3期。

李力行、申广军：《经济开发区、地区比较优势与产业结构调整》，《经济学》（季刊）2015年第3期。

李梦玲、赵希男：《高新技术产业开发区系统评价与分析》，《科研管理》1995年第1期。

李芹芹、刘志迎：《国内外创新指数研究进展述评》，《科技进步与对策》2013年第30卷第2期。

李双杰、孙一曼：《国家创新绩效评价研究》，《统计与决策》2019年第35卷第8期。

李习保：《区域创新环境对创新活动效率影响的实证研究》，《数量经济技术经济研究》2007年第8期。

李永周、辜胜阻：《国外科技园区的发展与风险投资》，《外国经济与管理》2000年第22卷第11期。

李政、杨思莹：《国家高新区能否提升城市创新水平？》，《南方经济》2019年第363卷第12期。

林伯强、谭睿鹏：《中国经济集聚与绿色经济效率》，《经济研究》2019年第54卷第2期。

林宇佳、谷玉飒、郭远哲、张立民：《企业创新投入与产出关系实证研究——基于医药行业上市公司的分析》，《会计之友》2014年第19期。

刘秉镰、王钺：《京津冀、长三角与珠三角发展的比较及思考》，《理论与现代化》2020年第3期。

刘辉：《技术市场建设及市场环境创新》，《情报科学》2004年第1期。

刘会武：《国家高新区30年：评价指标演变及新的指引方向》，《科技中国》2018年第9期。

刘满凤、李圣宏：《国家级高新技术开发区的创新效率比较研究》，《江西财经大学学报》2012年第3期。

刘瑞明、赵仁杰：《国家高新区推动了地区经济发展吗？——基于双重差分方法的验证》，《管理世界》2015年第8期。

吕承超、商圆月：《高技术产业集聚模式与创新产出的时空效应研究》，《管理科学》2017年第30卷第2期。

马宇文、刘偲、吴炜：《创业－瞪羚－独角兽：企业"非线性成长"的跃迁之路》，《中国工业和信息化》2020年第6期。

孙早、许薛璐：《前沿技术差距与科学研究的创新效应——基础研究与应用研究谁扮演了更重要的角色》,《中国工业经济》2017 年第 3 期。

谭静、张建华:《国家高新区推动城市全要素生产率增长了吗?》,《经济与管理研究》2018 年第 9 期。

田新豹:《我国高新区经济发展影响因素的实证分析》,《宏观经济研究》2013 年第 6 期。

王承云、蒋世敏、熊文景、戴添乐:《基于空间计量分析的浙江省区域创新产出研究》,《华中师范大学学报》(自然科学版) 2021 年第 55 卷第 5 期。

王鹏、张剑波:《研发的内外溢出效应与区域创新增长——基于 2001~2012 年我国省际面板数据的实证分析》,《软科学》2015 年第 29 卷第 4 期。

王胜光:《高新区创新中国:中国高新区 20 年发展报告》,中国经济出版社 2013 年版。

王胜光、朱常海:《中国国家高新区的 30 年建设与新时代发展——纪念国家高新区建设 30 周年》,《中国科学院院刊》2018 年第 33 卷第 7 期。

王霞、王岩红、苏林等:《国家高新区产城融合度指标体系的构建及评价:基于因子分析及熵值法》,《科学学与科学技术管理》2014 年第 35 卷第 7 期。

卫平、杨宏呈、蔡宇飞:《基础研究与企业技术绩效——来自我国大中型工业企业的经验证据》,《中国软科学》2013 年第 2 期。

卫平、张跃东、姚潇颖:《国内外科技园区发展模式异质性研究》,《中国科技论坛》2018 年第 7 期。

温军、张森:《专利、技术创新与经济增长——一个综述》,《华东经济管理》2019 年第 33 卷第 8 期。

吴林海:《科技园区研究:一个新的理论分析框架》,《科学管理研究》2003 年第 5 期。

肖仁桥、钱丽、陈忠卫:《中国高技术产业创新效率及其影响因素研究》,《管理科学》2012 年第 25 卷第 5 期。

徐珺:《国际科技园区发展历程、经验与新趋势》,《科学发展》2014 年第 5 期。

闫国庆、孙琪、陈超等:《国家高新区创新水平测度指标体系研究》,《中国软科学》2008 年第 4 期。

杨本建、黄海珊：《城区人口密度、厚劳动力市场与开发区企业生产率》，《中国工业经济》2018 年第 365 卷第 8 期。

于天琪：《产学研协同创新模式研究——文献综述》，《工业技术经济》2019 年第 38 卷第 7 期。

张杰：《进口对中国制造业企业专利活动的抑制效应研究》，《中国工业经济》2015 年第 7 期。

张洁、李志勇：《硅谷和剑桥两大高科技园区成败探因》，《外国经济与管理》2000 年第 22 卷第 4 期。

张伟：《中国高新技术区的综合评价》，《地理研究》1998 年第 3 期。

张永安、郄海拓、颜斌斌：《基于两阶段 DEA 模型的区域创新投入产出评价及科技创新政策绩效提升路径研究——基于科技创新政策情报的分析》，《情报杂志》2018 年第 37 卷第 1 期。

赵青霞、夏传信、施建军：《科技人才集聚，产业集聚和区域创新能力——基于京津冀，长三角，珠三角地区的实证分析》，《科技管理研究》2019 年第 39 卷第 24 期。

赵彦飞、陈凯华、李雨晨：《创新环境评估研究综述：概念、指标与方法》，《科学学与科学技术管理》2019 年第 40 卷第 1 期。

郑健壮：《独角兽企业：现状、特征及发展对策》，《企业经济》2019 年第 38 卷第 12 期。

周姣、赵敏：《我国高新区创新效率及其影响因素的实证研究》，《科技管理研究》2014 年第 34 卷第 10 期。

朱巍、陈慧慧、张景等：《基于专利角度的创新投入产出绩效比较研究——以北京、上海、深圳、青岛、杭州等九城市为样本》，《科技管理研究》2018 年第 38 卷第 5 期。

朱雪忠、胡成：《专利是测度企业技术创新绩效的有效工具吗?》，《科学学研究》2021 年 8 月 8 日。

Alder S., Shao L. and Zilibotti F., "Economic Reforms and Industrial Policy in a Panel of Chinese Cities", *Journal of Economic Growth*, Vol. 21, No. 4, 2016, pp. 305 – 349.

Angelmar R., "Market Structure and Research Intensity in High-Technological-Opportunity Industries", *The Journal of Industrial Economics*, Vol. 34, No. 1, 1985, pp. 69 – 79.

Bronwyn H. Hall. Handbook of the Economics of Innovation, 2010.

Lee C. Y., "Competition favors the prepared firm: Firms' R&D responses to competitive market pressure", *Research Policy*, Vol. 38, No. 5, 2009, pp. 861 – 870.

Lu Y., Wang J. and Zhu L., Do Place-based Policies Work? Micro-level Evidence from China's Economic Zone Program [R]. SSRN Working Paper, 2015.

Wang J., "The Economic Impact of Special Economic Zones: Evidence from Chinese Municipalities", *Journal of Development Economics*, No. 101, 2013, pp. 133 – 147.

Zheng S., Sun W., Wu J. et al., "The birth of edge cities in China: Measuring the effects of industrial parks policy", *Journal of Urban Economics*, Vol. 100, 2017, pp. 80 – 103.